大学的挑战

变革中的时代与大学

［英］埃德·伯恩（Ed Byrne）
［英］查尔斯·克拉克（Charles Clarke） 著

吴寒天　曾令琴　译

THE UNIVERSITY
CHALLENGE
CHANGING UNIVERSITIES
IN A CHANGING WORLD

华东师范大学出版社
·上海·

图书在版编目(CIP)数据

大学的挑战：变革中的时代与大学/(英)埃德·伯恩，(英)查尔斯·克拉克著；吴寒天，曾令琴译. —上海：华东师范大学出版社，2022
 ISBN 978 - 7 - 5760 - 2736 - 5

Ⅰ.①大… Ⅱ.①埃…②查…③吴…④曾… Ⅲ.①高等教育-教育改革-研究 Ⅳ.①G642.0

中国版本图书馆 CIP 数据核字(2022)第 050531 号

Authorized translation from the English language edition, entitled THE UNIVERSITY CHALLENGE, 1st Edition by EDWARD BYRNE & CHARLES CLARKE, published by Pearson Education Limited, Copyright © Pearson Education limited 2020 (print and electronic).
All Rights Reserved. No part of this publication may be reproduced or transmitted in any form or by any means, electronic or mechanical, including photocopying, recording or by any information storage retrieval system, without permission from Pearson Education Limited.
CHINESE SIMPLIFIED language edition published by EAST CHINA NORMAL UNIVERSITY PRESS LTD., Copyright © 2022.

本书译自 Pearson Education Limited 2020 年出版的 THE UNIVERSITY CHALLENGE, 1st Edition by EDWARD BYRNE & CHARLES CLARKE.
版权所有。未经 Pearson Education Limited 许可，不得通过任何途径以任何形式复制、传播本书的任何部分。
简体中文版©华东师范大学出版社有限公司，2022。
上海市版权局著作权合同登记 图字：09 - 2020 - 1079 号

大学的挑战：变革中的时代与大学

著　者	埃德·伯恩(Ed Byrne)　查尔斯·克拉克(Charles Clarke)
译　者	吴寒天　曾令琴
策划编辑	彭呈军
责任编辑	朱小钗
责任校对	郭　琳　时东明
装帧设计	刘怡霖
出版发行	华东师范大学出版社
社　　址	上海市中山北路 3663 号　邮编 200062
网　　址	www.ecnupress.com.cn
电　　话	021 - 60821666　行政传真 021 - 62572105
客服电话	021 - 62865537　门市(邮购)电话 021 - 62869887
地　　址	上海市中山北路 3663 号华东师范大学校内先锋路口
网　　店	http://hdsdcbs.tmall.com
印刷者	上海展强印刷有限公司
开　本	787×1092　16 开
印　张	19
字　数	260 千字
版　次	2022 年 7 月第 1 版
印　次	2022 年 7 月第 1 次
书　号	ISBN 978 - 7 - 5760 - 2736 - 5
定　价	58.00 元

出版人　王　焰

(如发现本版图书有印订质量问题，请寄回本社客服中心调换或电话 021 - 62865537 联系)

对《大学的挑战：变革中的时代与大学》一书的推介语

作为新千禧年之初的英国高等教育部长（在时任教育和技能大臣查尔斯·克拉克的开明领导之下），我经常被公众告知我们所需要的是水管工而非大学毕业生。然而他们自己的孩子却从来都不用担心成为了水管工。在我看来，这一论调概括了英国社会与其世界一流的大学体系之间令人不安的关系。在本书中，我的老上司（和本书的另一位作者埃德·伯恩）倾注了他对教育的热情和远见卓识，为大学和政府就如何帮助解决我们这个时代的问题提供了蓝图。此外，在撰写本书的过程中，他们同时回应了催生出迈克尔·戈夫著名论断的虚无主义观点，即所谓人们已经受够了"专家"们的声音。

——英国前大学部长（2003—2004 年）及教育和技能大臣（2006—2007 年）
艾伦·约翰逊（Alan Johnson）

既有的僵化认识将大学视为无需为我们的社会或地球的未来负责的静态事物，而埃德·伯恩教授和查尔斯·克拉克部长的工作以及他们的新书《大学的挑战》让我们看到了些许光和热。作为世界顶尖大学的校长和富有热情的英国内阁大臣，伯恩和克拉克为我们所有人讲述了如何着手从冰河时代解救新兴未来大学的思想过程。在冰封之下，大学未能很好地适应即将到来的变革，更遑论为此作好准备。引发变革的原因包括技术的革新、政治和社会的复杂性，以及气候因素和地缘政治所带来的全球性变化。伯恩和克拉克以冷峻的笔调概述了现代大学应如何演进、如何通过摆脱过去的官僚结构来应对诸多挑战，以及为什么和如何开始将精力集中于为社会贡献积极的成果上。对于任何一个专注于思考大学及其未来使命的人来说，这是一本必读书。

——亚利桑那州立大学校长 迈克尔·M·克劳（Michael M. Crow）

本书是为变革吹响的号角。两位作者埃德·伯恩和查尔斯·克拉克要求大学永远保持对自身及其潜在影响力的了解。在面对困境时，高等教育可以帮助社会应对变革、提供替代性方案，以及促进技能与知识的增长。如果他们失败了呢……

——澳大利亚国立大学克劳福德公共政策学院执行院长、
政治学杰出教授格林·戴维斯（Glyn Davis AC）

这是一本重要而及时的书，它探讨了全球大学的角色以及所面临的挑战。两位作者埃德·伯恩和查尔斯·克拉克完全有资格对大学进行评论。它对于高等教育领域内外的许多人而言是一本重要的读物。

——曼彻斯特大学校长女爵士南希·罗斯韦尔教授（Dame Nancy Rothwell）

目录

۞ 译者序   1

۞ 英文版序   1

第1章　变革的大学,变革的时代   1

第2章　历史视角与国际比较   29

第3章　大学与工作   55

第4章　科研:了解和改变世界   81

第 5 章	大学对地方经济与社会的影响	115
第 6 章	谁将从大学教育中获益？	137
第 7 章	终身教育	165
第 8 章	谁为大学出资？	189
第 9 章	大学治理、领导力与国家	219
第 10 章	关于大学未来的十个问题	251
第 11 章	结语	279

出版商致谢　　　286

译者序

在人类文明的演进中,大学始终是一种无比奇特而富有魅力的存在:它并非政府机构,却被人们赋予了极为多样化的社会角色,甚至于被视为国家崛起的引擎;它常常处于变革的最前沿,在其漫长的历史中孕育出无数重要的创新,然而对于传统的执念又让它在一些时候显得与时代格格不入;它肇始于中世纪的欧洲,却伴随着近代化与全球化的浪潮在世界各个文明当中衍生出千姿百态的样貌,以至于难以为其下一个具有普适性的定义。大学,无数人身在其中,在其间接受教育抑或是开展对高深学问的研究;更多的人则深受其影响,或得益于因其存在而蓬勃发展的本地社区,又抑或从发端于大学的新思想中收获启迪。总而言之,大学仿佛是我们"最熟悉的陌生人",有时看似一座遗世独立的象牙塔,有时却又像是充满温情的邻舍,曾在人生的十字路口给予我们指引。这或许就是为大学视作生命的"声誉"的来源——古今中外,莫不如是。

对于大学的永恒性,笔者时常会作如是假设:如果人类社会未曾经历自本世纪以来的种种变化(尤其是近10年来的巨大的变化),大学或许仍可以完全以其本来的样貌存在下去——大学生们或许仍可以如12世纪身处牛津镇的前辈那样,以延续千年的相同方式学习、思考,以及度过他们的校园生涯;而对于大学中的学者而言,与那些每日身披罩袍手抚华丽手抄本的同行相比,他们的工作和生活方式在几个世纪里或许并不需要发生太多实质性的变化。然而,人类文明并没有因为科学技术的革新而摆脱不断披荆斩棘的宿命,努力拓展着认知边界的人类似乎更像是滚动巨石的西西弗斯——看似距离山巅只有一步之遥,触手可及的彼岸实则却是另一段相似征途的起点。时代没有给予人类故步自封、沾沾自喜的资本,同样也没有给予大学丝毫因循守旧、抱残守缺的机会。面对快速变化的世界,大学能否像十个世纪以来那样继续赢得周遭的信任,取决于它如何在履行好传统职能的同时,为全球范围内的贫困、气候与环境、能源以及政治冲突与族群冲突等问题提供解决方案。可以想象,这种方案或是一项可直接应用的技术革新,或是一种能在一定程度上改变人们观念的新思想、新理论,又或者是在人才培养的过程中纳入全新的要素,以期在更长的时间尺度上间接地发挥积极作用。不难看出,上述路径无一例外都与大学最为传统也最为本质的职能(即育人与科研)相互交织,然而又势必要使传统职能的固有形态发生深刻甚至颠覆性的变化。在当今充满变化的世界中,大学的变革既迫在眉睫又充满风险——它势必要在荆棘丛生的征途中扮演我们这个时代的普罗米修斯,以充满勇气的献祭在阴霾中擦亮一丝微光。

针对大学在变革时代的挑战,众多从事高等教育研究的学者尝试给出自己的答案。时至今日,对世界各国大学的研究已然成为了一门专门的学问。然而作为国际与比较高等教育的专业研究者,笔者并不敢妄言能对上述问题给出全面且理想的回答,也不认为有哪一位"塞外高人"能以一己之力为亟待变革的大学指点迷津。这在一方面显然是因为上述问题的空前复杂性,势必有赖于大学共同体内外部的所有相关方共同贡献智慧。这在另一方面则是囿于学科或研究领域发展的规律——原本松散的学术共同体一旦形成紧密的行会,身在其中的专业人士便不免得陇望蜀,试图通过对抽象术语的建构筑起牢固的学科边界。而在边界之内有限的"领地"上,分工精细化与知识生产过程的"内卷化"则难以避免,以至于对研究对象的观察和评述总免不了"只见树木，不见森林"。诚然，对"树木"细节的精微分析自有其意义，但在迎接大学乃至全人类前所未有的变革时，也不妨听听那些曾经年累月俯瞰"森林"的人有何独特的见解。

本书的两位作者埃德·伯恩(Ed Byrne)和查尔斯·克拉克(Charles Clarke)分别是英国伦敦大学国王学院校长和前英国教育大臣。伯恩的本职工作是神经科学家，曾在澳大利亚的墨尔本大学和莫纳什大学担任相关学院的负责人，在成为伦敦大学国王学院校长之前，他曾担任英国伦敦大学学院副校长和莫纳什大学校长。此外，伯恩也是英联邦大学协会的现任主席。克拉克早年曾担任过英国全国学生联合会主席。作为一名政治家，他曾担任过英国教育与技能大臣、工党主席，以及内政大臣等职，并在担任教育大臣期间推动了英国大学的重大改革。诚如伯恩在本书的英文版序言中所言，前者在东西两个半球担任研究者、教师、院长以及大学校长的经历，与后者作为一位致力于实现变革的政府部长的经历相辅相成。两位作者都坚信，对于大学的变革而言，"自负的魔鬼和汪洋恣肆的未来主义蓝海之间有着一条晦暗难明的界线"，而他们写作本书的目的，即是试图基于各自的经历和思考提出一些能激发进一步讨论的想法，以供高等教育的研究者和实践者参考。

有鉴于此，笔者携弟子将本书的中文版译出，以飨海内外中文读者。得益于两位作者作为高等教育管理者、实践者、改革者，以及思考者（而非专业研究者）的独特身份，本书行文挥洒自如、视角高远，读之酣畅淋漓，其间也绝少使用晦涩的辞藻，因此笔者在翻译过程中也尽量避免使用有可能给非专业研究者带来困惑的术语，并且在尊重中文语言习惯的前提下尽量忠实于原文的语义与文风。因水平有限，其中定有不当之处甚至谬误，望方家海涵并给予批评。因历史、文化及制度背景差异，文中部分表达对于中文读者而言或颇难理解，故而在翻译过程中加入了原创注释（即译者注），如有不妥之处亦盼指正。此外，两位作者的部分观点亦有待商榷（例如对英国和澳大利亚教育产业化发展路径的片面赞赏，以及对大学排名略显表面化的理解等），望读者以辩证之视角审视之,取其精华而弃其糟粕,使他山之石为我所用。

最后,即便抛开本书译者的身份,无论是作为大学的研究者,抑或是身在其中的从业者,笔者都认为本书实为值得一读的佳作。

吴寒天

2021年秋于求是园

英文版序

当我们谈论撰写本书以及当今大学所面临的挑战时,我们曾互相问及为什么我们会对大学如此感兴趣。我们在我们的家庭背景中发现了一些惊人的相似之处。以下是我们的回答。

来自埃德·伯恩的序言

我的父母在十几岁的时候就离开了学校。我的祖父是一个不识字的煤矿工人。我的父亲最终从杜伦大学毕业并成为了一名医生,这得益于二战后他作为一名归国军人获得了进入大学的机会。在我的家庭中,教育在个人成长和生活机会方面具有革命性价值,这是不言而喻的。

当成为了一名医学博士和神经科顾问医师后,我明白了我们对于人类疾病成因的了解充其量只是零散的,而解决这一问题的研究主要在大学中展开。这两个因素——尊重教育的家族传统和我对于科研日益增长的热情——像磁铁一样吸引我进入了大学的世界。

有点出乎意料的是,随着我在领域内变得更为资深、更多地参与大型多学科协作研究项目，以及更多地接触到多学科大学丰富而深厚的人才资源，我开始欣赏大学作为文明社会不可或缺和不可替代的元素所作出的贡献。

当前，随着信息和技术革命对工作场所及整个社会的重塑，变革之风前所未有地吹遍全球，我对一件事情愈发地感兴趣，即对知识的尊重这一大学使命的核心将如何被保留下来，并且在这个充满挑战的时代发展地更为强大且与大学的时代使命更加契合。

与查尔斯·克拉克一起工作的机会对我来说十分特别。我在东西两个半球（译者注：即英国和澳大利亚）担任研究员、教师、院长，以及大学校长的经历，与他作为一位致力于实现变革的政府部长的经历相辅相成。自负的魔鬼和汪洋恣肆的未来主义蓝海之间有一条晦暗难明的界线，而在这本简短的书中，我们试图提出一些理应能激发讨论和辩论的想法。其中一些有可能是正确的！

来自查尔斯·克拉克的序言

我母亲的祖父是一名矿工，在达勒姆郡的煤矿工作。她的父母都是维尔代尔的教师，她也在那里出生和长大。据称她是家族中第一个上大学的孩子，曾就读于伦敦贝德福德学院（现为私立伦敦摄政大学）。我的父亲出生在德比郡，他的父母也是教师，他获得奖学金资助进入基督公学就读，然后去了剑桥大学攻读数学。20 世纪 60 年代末，我的中学和大学生涯延续了这一中产阶级传统教育路径。

我曾参与学生政治运动，以促进剑桥大学变得更为开放，让学生在大学治理中拥有代表，努力使大学的行为更加合乎道德（例如不在当时正处于种族隔离的南非进行投资等）。在 20 世纪 70 年代中期，我担任了全国学生联合会主席。它在当时开展了许多活动，例如试图取消对大学和理工学院的区分、确保师范学生能在毕业后找到工作，以及停止在学生补助金申请过程中进行父母收入状况调查。

当尼尔·金诺克(Neil Kinnock)被吉姆·卡拉汉(Jim Callaghan)任命为工党教育发言人时,我开始追随他从事政治工作。我们试图为大学教育及16至19岁群体教育的未来制定明确的政策。

当尼尔于1992年结束了他的工党领袖职位后,我负责了英国校长常务会议(Standing Conference of Principals)(即现在的 GuildHE①,一个由大约50所高等教育机构组成的团体)的一个项目,使一些高校能够在提升本科教育质量的前提下获得大学地位。

在成为国会议员后,我于2003—2004年推动了英国大学的重大改革——我始终坚信大学具有造福社会的力量,但同时也相信它们需要经历变革以有效地完成这一使命。

近年来,我再次与大学合作,这让我再次意识到需要在大学世界中与那些拒绝接受变革的保守主义力量进行持续的斗争。正如我所发现的,埃德·伯恩是变革最忠实的拥趸之一,他在莫纳什大学和伦敦大学国王学院的经历证明了这一点。我很高兴能与他一起工作,以尽可能有力地证明变革的必要性。

当然,我们希望与数以百万计的人分享这个关于大学变革的故事。大学教育是一种在世界各个大洲都能产生共鸣的故事——这是一个关于争取权利和解放的故事。这就是为什么早在1987年8月,尼尔·金诺克即在当年的英国大选演讲中如是说:"为什么我是千年以来金诺克家族中第一个能上大学的人?"——拜登在总统竞选期间抄袭了这句话。这是一个强大而励志的信息,或许比其他任何信息都要重要,并且适用于任何场景。这是在呼吁为了某种目的而进行变革。

在这本书中,我们概述了大学可以采取何种步骤,将自己融入全社会变革的前沿,以应对我们所有人正在面临的挑战。

---

① https://guildhe.ac.uk.

第1章 变革的大学,变革的时代

§ 引言 §

当我们相信大学比以往任何时候都重要时,许多人却对大学失去了信心。在未来的几十年中,这个星球以及居住在星球上的我们都面临着巨大的挑战。到 21 世纪中叶,我们不仅需要养活全球 100 亿人口,而且还需要确保人们有一定的生活质量,例如能够较为公平地获得通常十分昂贵的医疗服务。人类所有的创造力和创新能力都必须经历前所未有的统合,并发挥其史无前例的作用。

本书的中心论点是,高质量的大学是应对和克服这些挑战的关键因素。大学让杰出的年轻人作好准备,成为有信心的公民和变革者,使之在各个部门、领域和社会舞台上作出自己的贡献。大学推动着世界上诸多最具有前途和创新性的研究,并被视为先进知识型经济皇冠上的明珠。大学通常将来自不同学科的杰出人才汇聚一堂,这非常适合开展多学科交叉研究——对所有重大社会挑战的研究都仰赖这种研究方法。因此,如果大学要很好地发挥这一作用,它们不仅需要继续扮演好它们的传统角色,还必须通过改革以真正适应我们所面临的挑战。如果它们要继续在使世界变得更美好这项事业中发挥重要作用,则必须探索自身更高层次的定位——不仅是以不同的方式扮演固有的角色,而且要尝试扮演截然不同的新角色。

有人声称大学(尤其是西方大学)目前所面临的声誉问题主要是由于大学的日常工作通常不为人所了解,但是我们认为原因远不止于此——大学需要以谦逊的姿态经历真正的变革。

我们认为,能使大学有效发挥作用的动力必须内生自大学本身,而非由政府驱动。政府的作用通常应该是鼓励并促进变革的发生,而非一定要为变革设定方向和路径(尽管这在某些情况下是必要的)。事实上,我们想要发出如是警示:过度的政府监管威胁着大学作出自身必要贡献的能力。通过高度的调控来创造卓越不仅是不可能的,而且是危险的。

例如,在英国存在一个非常现实的危险,即新成立的国家监管机构"学生事务办公室(the Office for Students)"[①]的权力大大增强,这将分散高等教育系统的精力并制约其创造力。政府设立该办公室的管理方式可能会大大削弱世界上最具实力的大学体系之一(译者注:即英国高等教育体系),因为这一监管框架不尊重机构在学术标准制定、教学法实施,以及课程设置方面的自主权。

我们的分析从现代大学形成的环境开始,进而探索大学中的研究对现实世界的理解如何发展、变化。我们的研究涵盖了大学与工作之间的现代关系,特别是伴随着人工智能的扩张。大学需要服务于整个社区,而非仅仅服务特定年龄阶段和社会阶层的小群体。"牛桥"(牛津大学和剑桥大学)和常春藤盟校已经为人类作出并将继续作出卓越的贡献,但它们也不可避免地延续着精英主义的教育观念。在此,我们以更为宽广的视角审视大学——审视其如何塑造和装备我们的下一代以应对他们所要面临的挑战。我们同样关注大学在促进全球互动关系中应当发挥的作用,以及大学应如何被

---

① https://www.officeforstudents.org.uk。

资助和管理,以使其能够真正实现可持续发展。

在此分析评估的基础上,我们将就大学应如何应对这些挑战以及如何实现自身角色的转变提出建议。我们将在本书的最后一章中详细阐述这些建议。

⽣ 变化无处不在 ⽣

显而易见,我们周围的世界正在快速变化。其激烈程度使得身处其中的人们很难理解他们的子孙后代所生活的世界。这一现象延伸至我们生活的方方面面,例如:

工作

几千年来,带来相应收入的工作一直是我们社会和经济运转的核心。但是,就谁在工作、在何处进行工作、使用哪些机器进行工作,以及如何使用这些机器完成工作而言,一切都在发生着难以置信的迅速变化。当前职业类型和工作模式的变化,特别是自动化系统和人工智能的发展,颇具有革命性的意味。

自第二次世界大战以来,工作结构发生了巨大的变化。其中的一个例子是,如今最大最有实力的公司在二战以前根本就不存在——它们全部来自信息技术领域而非传统制造业。年轻人对"谷歌"和"苹果"的看法与我们这一代人对IBM和柯达的看法相似,这也和我们的父母辈对通用汽车公司和福特公司的看法一样。

但是在接下来的几十年中,与上个世纪相比,变化将会更大。美国东北大学(North-Eastern University)校长约瑟夫·奥恩(Joseph Aoun)在他的著作《Robot-

Proof：人工智能时代的高等教育》中非常清晰地阐明了这一点。① 正如他所说：

> 唯一可以肯定的是，世界将与众不同，新的挑战和机遇也将随之而来。这在许多情况下是相同的，而教育将使之有所不同。

在大学（通常被视为相对左翼的）在其机构文化和具体实践方面保持保守态度的同时，变革正在加速。它倾向于以较小的增量来思考可能的变化，尽管重大转变正在不可避免地快速发生。在社会的其他领域中，微小的变化通常被认为是极具挑战性且难以实现的（尽管如此，大学在过去的30年中经历并成功实现了重大变革）。但是变革的过程尚未结束，因此任何保守的心态都需要迅速做出改变。这部分是由于扁平化、非等级化以及学院式的结构所致。一个成功的校长通常是通过影响而不是命令来实现变革的。这种协商氛围是几乎所有优秀大学的核心特质，而关键的挑战或困境则在于如何在不弱化这一氛围的前提下加快变革。

通讯和旅行

笔记本电脑和移动电话及其支持技术不仅彻底改变了我们与世界各地的朋友、家人相互交流的方式，也改变了我们的日常生活（例如理财和购物）。我们以周游世界的方式度假或工作，这是我们的祖父母无法想象的。

如今，在几乎所有社交环境中，如果审视整个房间，就会看到几乎每个人都被捆绑在移动设备上。简而言之，个体的私人空间已经从周围可实际接触到的人扩展到了可以在一秒钟之内联系上的人。史蒂夫·乔布斯至少像亨利·福特那样改变了世界。

---

① https：//www.amazon.co.uk/Robot-Proof-Higher-Education-ArtificialIntelligence/dp/0262037289.

家庭与社会结构

在许多国家,距同性恋合法化不过 50 年。但如今,在大多数国家中,它是现代生活中普遍被接受和欢迎的一部分。此外,由于人们的寿命更长,并且由于现代通讯技术的发展,家庭和社会的基本结构也在发生变化。许多工作场所都展现出令人振奋的新方法来实现全体员工的性别平等,并且人们普遍认为公平社会能够满足其潜在需求,以确保每个人(不论性别、种族或性取向)都能发挥自己的潜力。这还有很长的路要走,但这无疑是整个世界的发展趋势。

尽管大多数现代社会比 19 世纪更宽容,但仍有许多领域有待完善,特别是在跨文化和跨宗教理解这两个领域,而在这两个重要领域大学都应成为其解决方案的一部分。

更好的健康状况和更长的寿命

医学的进步使我们大多数人都能更长寿和更好地生活,这显然对我们的社会福利体系以及我们一生规划工作和休闲的方式产生了重大影响。这也对财富在整个社会中的分布产生了影响。

在所有西方国家中,目前全球普遍的人口结构趋势是人口的老龄化,因为人们的寿命延长而出生率却持续降低。年龄超过 50 岁的父母通常拥有大量的财富资本,包括价值大幅提升的家庭房产,但他们的孩子往往不能像他们的父母辈那样在较为年轻的时候进入房地产市场。这会导致代际传递的不公平,并常常导致显而易见的不满。

老年人的护理费用正在上升,并且随着大学里不时研发出的新技术以及这类新技术的日渐普及,这一费用甚至会越来越高。

主要的战略性课题围绕着健康和社会护理的最佳体系的展开，这将传统医学和社会科学、经济学以及法律融合在一起。多学科大学在为此提供解决方案方面处于有利地位。

艺术、文化和饮食

大多数人都在大规模扩展其艺术和文化体验，包括他们所吃的食物和所穿的衣服。我们在上文中提到，随着财富的增加，工作方式的变化很可能会减少工作时间，并使休闲时间的比例在人的一生中显著增加。高水平的教育扩大了个体的智力范围，使他们对整个社会的文化活动有充分的智力包容。

在这种情况下，对人文学科的研究在所有社会中都将变得越来越重要（这些领域不被世界上很多大学重视），并将被视为对于人类正在进行的前所未有的旅程至关重要。正如约瑟夫·奥恩（Joseph Aoun）指出的那样（他为人类在经济活动中增强相对于机器的比较优势提供了例证）：

> 创造力与精神上的灵活性相结合使人类独树一帜……它们将继续成为我们作为个体在经济活动中脱颖而出的方式……人类最重要的工作将是创造性的工作。这就是为什么我们的教育应该教我们如何将之（进行创造性工作）做好。[1]

对人文学科的研究是我们记录和重新解释过去，以及传播文化的工具，并赋予个体与过去和现在的人类知识及创造力对话的能力，使之能够对生活进行反思。[2] 它也

---

[1] https://www.amazon.co.uk/Robot-Proof-Higher-Education-ArtificialIntelligence/dp/0262037289.
[2] 琳达·伍德海德（Linda Woodhead）教授的评论。

使人们融入了不断发展的文化之中,并使之成为真正的参与者。这种类型的研究对社会具有非常高的实用性,并且对于处在不断变化环境中的未来工作越来越重要。因此,这是非常值得鼓励的研究。

贫困问题

尽管整个世界的经济发展大大降低了贫困甚至饥荒的水平,但巨大的挑战仍然存在。斯蒂芬·平克(Stephen Pinker)[1]、鲍比·达菲(Bobby Duffy)[2]、汉斯·罗斯林(Hans Rosling)[3],以及尤瓦尔·赫拉利(Yuval Harari)[4]等乐观主义思想家对人类成功克服这一世纪挑战的能力充满信心。

与此同时,发达经济体的平等程度也有所降低,极少数人拥有全球资产相当大的一部分,并且通常没有合理利用其金钱和权力。事实上,不仅在最发达的国家中,即便在被视为"第三世界"的一部分国家中,财富的积累也通常是加剧而非缓解经济领域的不平等,即少数人拥有了大量财富。

---

① For example, The Better Angels of our Nature: https://www.amazon.co.uk/Better-Angels-Our-Nature-Violence/dp/0141034645/ref = sr_1_1? adgrpid = 54093381795&gclid = EAIaIQobChMI3pnS7bSb4gIVSrftCh0UUwOHEAAYASAAEgKWgvD_BwE&hvadid = 259115930807&hvdev = c&hvlocphy = 1006598&hvnetw = g&hvpos = 1t1&hvqmt = e&hvrand = 8160392200995997872&hvtargid = kwd-299965536442&hydadcr = 10809_1789874&keywords = steven + pinker + better + angels&qid = 1557850373&s = gateway&sr = 8-1.

② For example, The Perils of Perception: https://www.amazon.co.uk/Perils-Perception-Wrong-Nearly-Everything/dp/1786494566/ref = sr_1_1? keywords = bobby + duffy&qid = 1557850486&s = gateway&sr = 8-1.

③ For example, Factfulness: https://www.amazon.co.uk/Factfulness-ReasonsWrong-Things-Better/dp/1473637465/ref = sr_1_1? crid = 1A1797Z2H6G513&keywords = hans + rosling&qid = 1557850590&s = gateway&sprefix = Hans + Rosling%2Caps%2C168&sr = 8-1.

④ For example, Sapiens: https://www.amazon.co.uk/Sapiens-HumankindYuval-Noah-Harari/dp/0099590085/ref = sr_1_1? crid = 391T3JBNMQLZ9&keywords = sapiens + a + brief + history + of + humankind&qid = 1557850672&s = gateway&sprefix = sapiens%2Caps%2C174&sr = 8-1.

气候变化与能源利用

越来越多的科学证据表明,人类的行为正在缓慢而持续地改变着世界的气候。这带来了巨大的风险,尤其是对于那些易受气候变化影响的社区,这要求我们寻找并使用能减少这些风险的新能源形式。

尤其值得一提的是,在欧洲、英国和澳大利亚,这一领域比其他任何领域都更为充斥着所谓的"另一种真相"。

在这些国家/地区中,右翼势力越来越多地发出反气候科学的声音,这种声音因诋毁(这一领域以及其他领域)科学观点而兴旺,并造成了为数不少的公众对于现实的混乱认识。这种情绪主要由以下观点推动,即化石燃料将继续作为一种必不可少的能源。由于政治或个人原因,包括部分知名媒体人士在内的一部分人已经觉察到他们有能力忽略科学证据甚至谴责整个科学研究过程。例如,英国资深政治家迈克尔·戈夫(Michael Gove)在 2016 年英国脱欧公投中谴责了对"专家"的依赖,而他的观点在投票中占了上风。

大学在与鼓吹接受"另一种真相"的斗争中起着至关重要的作用。诚然,大学就其本质而言是非政治性的,而且必须为所有观点提供讨论的平台。但是它们必须支持经过证实的科学(这与似是而非的观点之间通常有一条清晰的边界线)。这也要求大学研究人员必须接受他们的受众不仅仅是科学同行,并且需要积极参与到时常充斥着谎言的激烈公共政策辩论之中。

全球政治与冲突

我们当下的政治和公共生活比以往任何时候都更具有国际性。移民现象和诸如虚假新闻以及恐怖袭击的极端政治事件影响着我们每个人。

尽管人们似乎很容易对这种变化追根溯源,但它所产生的巨大影响力的确是前所未有的——从造成欧洲部分地区和美国中西部"铁锈带"的工业荒凉到刺激大规模的移民潮(由各种社会、环境和经济变革所引发),以及普遍化的暴力政治冲突对我们所处社区的直接冲击。

各国政府以及联合国和欧盟等国际机构试图从一些方面解决这一变革所带来的问题,并试图朝着有益的方向促进和引导变革。《联合国千年发展目标》和最新的《可持续发展目标》都是很好的例证。

但是迄今为止,这些努力仅仅取得了有限的成功,并且常常显得充满善意而无用。与此同时,实际发生的变革过程仍充满争议。全球化的进程,人工智能技术的日益发展,社会的老龄化以及跨国移民潮带来极为现实而直接的影响,并且这些影响通常被认为是负面的。

因此,面对这些变化所带来的挑战,全世界数以百万计的人们利用其政治影响力进行抗议,尤其是对于政府和机构在应对这些挑战方面显而易见的失败。这些抗议活动通常只是象征性的、小规模的,例如在一年一度的达沃斯论坛期间经常发生的"占领运动"和"反抗灭绝"抗议活动。

然而,实质性的政治动荡同样存在:在美国,我们看到"茶党"运动,然后是唐纳德·特朗普当选美国总统;在南欧,希腊的激进左翼联盟统一社会阵线(Syriza)和西班牙的左翼政党"我们可以党"(Podemos)相继崛起;在英国,先是英国反泛欧主义极右翼政党英国独立党(UKIP)的兴起,继而是英国的"脱欧"公投——类似的例子几乎遍布全世界。总而言之,这一政治进程的特点是拒绝第二次世界大战以来居于主导地位的主流政党和主流意识形态。人们似乎正在为他们所觉察到的问题寻求解决方案,但随之而来的则是不确定性和不稳定性。

民粹主义运动的主要教条是:"全球化"和在过去70年中主导全球政治文化的国

际主义方法缺乏实质性的效果。强烈的民族主义,日益强烈的对限制移民的呼声,对自由贸易敌对情绪的加剧,甚至对提高关税的诉求(尤其是在特朗普执政后的美国),现今都成为了政治生活的常态,而这在15年前是无法想象的。自第二次世界大战以来,"本土民粹主义"业已成为国际性问题。几代人对于全球化思维方式看似根深蒂固的信心现在正面临着实质性的威胁。这一现象对于那些长期恪守全球化思维和全球一体化发展理念的大学具有重大影响。这些大学通常支持和鼓励学者、教师和思想的自由流动。

在这一回合的较量中,大学在巨大的社会和经济变革过程中处于边缘地位,当它们所代表的价值观遭到唐纳德·特朗普和迈克尔·戈夫等政客的抨击,它们并没有做出持续性和一致性的回应。对于那些蔑视全球化和西方政治中的"自由"这一核心共识的人来说,大学确实是被嘲弄的主要对象。他们中的许多批评家认为,高等教育的大众化阻碍了经济发展并使大学贬值。

大学是知识的殿堂。宣扬"另一种真相"的政治主张是对大学所代表的一切的攻击。

尽管大学对已经发生的许多积极变化作出了贡献,但它们在处理巨大且具有威胁性的变化方面所付出的努力却十分有限。它们沉浸在基于"良性自尊心(healthy self-esteem)"的世界观中志得意满。因此,当开始意识到它们没有像自己想象的那样受到外界尊重时,大学深感震惊。这一领域充满了狂妄自大。

对于社会和大学自身而言至关重要的是,他们(大学)必须找到可以利用其技能和知识来帮助社会应对这些潜在惊人变革的方法。

就传统而言,大学是对其自身成就的评判者,并通常(或许是不恰当地)被称为"象牙塔"。这种心态必然使之坚定地屈从于过去,因为在将来,全社会将越来越普遍地成为大学成就的评判者,而大学(作为其使命的一部分)则必须超越而不仅仅是满足或应付不断提高的社会期望。大学必须面对日益增长的政治和公众审视,这在大学依赖于大量公共资金的时代既是适当的也是不可避免的。

  第一次世界大战结束后的 60 年里，英国大学所获得的公共资金激增。这既增加了生均资金投入，又推动了高等教育的扩张。此后，从 1980 年到 2000 年前后，资源单位持续下降，英国大学从那时起再一次经历了财政收入的实际增长，并且资金的来源变得多样化。尽管英国大学试图将来自学生贷款（基于收入提供）的资金收入归类为"私人资金"而不是"公共资金"，但有关大学治理和问责制的争论却激起了轩然大波并引发了紧张气氛。类似情况在政府各部门中都有发生，包括《兰伯特报告》(Lambert Review)①和入学公平办公室(Office for Fair Access, OFFA)②的建立，继而是通过《2017 年高等教育和研究法案》(Higher Education and Research Act 2017)中设立的新"学生事务办公室"进行更大程度的干预。与此同时，大学已经成为由国际资源推动的庞大研究机构和教育机构。许多大学已经与其所在的城市融为一体（而不仅仅是位于某座城市的独立机构）。巨额的资金收入，全球化的进程，以及依托社区发展策略的缺乏暴露了大学领导团队的心态和脆弱性。

  这种持续变化过程的结果是，大学的活动和行为占据了公众辩论话题的四分之一。我们在本书中主要考虑的问题之一便是这一比例是否是合理的。

  许多需要进行合法公开辩论的问题是复杂的，并且通常深陷政治分歧之中。诸如对转基因食品的争议以及关于所谓疫苗接种与自闭症之间联系的讨论，应该进行科学的评估。这类问题很复杂且需要科学的投入，但公众对科学家的信心却日渐丧失，这在伦理学和社会学层面构成了重大的政策挑战。应对这些争论并不仅仅是政府和政治家的职责，大学和科学界必须全面投入到公众辩论中去并且扮演负责任的角色。

---

① https://web.archive.org/web/20071002100441/http://www.hm-treasury.gov.uk/consultations_and_legislation/lambert/consult_lambert_index.cfm.
② https://en.wikipedia.org/wiki/Office_for_Fair_Access.

❧ 应对全球变化的四项关键性贡献 ❧

传统的高等教育思想认为,大学的核心使命是教育和学术研究。我们对此表示赞同,但这一类角色和使命应被视为基础性的。

大学在帮助世界应对加速的变革及其所带来的挑战方面作出了四项重要的贡献。它们是大学在现代世界中发挥影响力的支柱:

- 了解世界的变化并对此作出解释;
- 提供利用变革过程实现总体利益的方法;
- 教育和培养掌握应对变革所需技能的专家;
- 在全社会营造一种崇尚知识的氛围和文化,继而促进相互理解和崇尚科学的美德。

在以上方面,大学已经成为非常重要的贡献者,但当然不是唯一的。

现如今,在多个知识领域的投入对于解决所有复杂问题都至关重要,大学则有机会成为最具跨学科特质的机构。这给它们提供了一个宝贵的机会,即可以作为高度跨学科的机构在应对日益严峻的挑战中发挥特殊作用,而应对这些挑战需要越来越多相互依存和相互关联的路径。

大学已经提供了很多令人瞩目的例子,例如美国亚利桑那州立大学(Arizona State University)正在开创一种新的包容性卓越模式,华威大学(Warwick University)则引领着英国中部地区的工业复兴。英国基尔大学(Keele University)在几十年前便尝试开创新的教育范式。

目前,大学或许已经在医学和卫生领域作出了最佳贡献。这一领域直接关乎我们社会中一些最为深远和深刻的积极变化,因此大学在这一重要领域的贡献尤其值得关注。我们在这里仅简要列举,本书的第 4 章和第 5 章将就此进行论述。

近年来,大学研究经常与慈善机构和私人公司合作,在许多医学相关领域都取得了重大突破,包括在研究癌症和心脏健康问题方面的重大实质性进展。这些进步为全世界预期寿命的显著提高作出了重要贡献。

通过人类基因组测序、干细胞研究、HIV 治疗、寨卡病毒(Zika)研究,人类乳头瘤病毒疫苗接种、靶向癌症疗法、腹腔镜手术、仿生肢体、面部移植,以及脊髓刺激等诸多成就,医学研究已经改变了数百万人的生活。当然,避孕和公共卫生研究方面的突破,包括那些促成禁烟立法的研究,都是我们正在经历变革的重要组成部分。

在拓宽人类知识边界这一愿望的驱使下,这类研究取得了非常重要的成果,例如预期寿命的延长,儿童死亡率的降低,消除衰弱性疾病,以及民众普遍健康水平的提高。这当然也会导致人口的老龄化,从而带来一系列新的挑战。

这类研究中的一些是有争议的,有时甚至引发冲突,但它们仍然是大学作出的巨大贡献。

这类突破存在于各种不同层面的研究。突破性的基础科学〔有时称为"蓝天研究(blue sky research)"〕,例如 DNA 和遗传密码的发现,对细胞行为的解读,或是对大脑工作原理的描绘,都对于改善健康至关重要。大学在开展应用研究的同时一直以来都在进行这样的"蓝天研究"。尽管当今社会更为期望近期可见的成果,但应切记今天的"蓝天研究"将推动明天的应用研究。随着变革步伐的加快,这一点显得更为重要。

诸如量子力学等在过去数十年间被认为是艰涩深奥的研究,而在当下技术进步中则与牛顿力学一样重要。新生物学的伦理问题需要哲学、伦理学、公共政策和法律等方面开展创新性的工作,以和科学的进步相适应。

大学中的研究将所获得的知识应用于解决特定的健康问题,并开始制定具体的解决方案。然而,仍然有许多我们知之甚少的领域(例如关于大脑和老年痴呆症),亟待学术研究探索可能的前进方向。此外,全世界对精神健康问题重要性的认识日益提高,使之成为重要的研究领域。

与此同时,研究确定了特定人群中特定健康问题的倾向,并通过随机对照试验寻找提高健康水平的最佳方法。基于DNA革命的个性化医学已经在我们身边,基于分子诊断测试的分层医学潜力巨大。

简而言之,大学(通常与英国国民保健服务等临床健康系统合作)对健康问题进行的研究和探索对于使全人类有效应对其面临的健康挑战是必不可少的。

同样是大学,它们通常与制药公司建立产业伙伴关系,从而主导探索新型药物或新型治疗方法,进而改变人们的健康习惯。这对于全人类的健康有普遍的益处。这类贡献遍布世界各地,对提高卫生和保健标准具有重大影响。

在世界各地,大学都是教育和培训卫生工作者、医生、急救人员、护士以及所有医疗保健人员的机构。医学教育的直接贡献便是健康标准的提高和健康问题的减少。

医学教育的标准是一个永恒的问题,它既取决于超越传统的创新和改进的能力,也取决于对工作的完全胜任。但大学在教育和培训卫生系统所依赖的专业人员方面所作的贡献是毋庸置疑的。

大学在创建有关健康和医学的知识文化中同样扮演着重要角色,这是一切医疗卫生工作的基础。大学可以并且业已向全社会传播了对那些为提高人口健康水平而必做之事的理解。

国民保健服务的最新进展说明了大学作为卫生系统合作伙伴的力量。若干年前,一种普遍的看法是,英国的国民保健服务相对僵化且缓慢,无法进行必要的改革。戴维·库克西爵士(David Cooksey)所支持的一系列改革使大学医学研究与医疗卫生系统更加紧密地结合在一起,从而改善了临床水平①。现在,基于这种合作伙伴关系,国民保健服务正在从刚性系统向柔性系统过渡,并且已经取得了很大进步。这种合作伙伴关系鼓励医疗人员寻找基于科学知识的方法(而非趋于反智的)来改进工作。

健康和医学领域的例子清楚地表明,大学如何从上述四个方面有助于世界应对这一领域的加速变化——这是它卓越成就的明证。纵使仍有许多未尽的工作和尚需改进的空间(例如在世界的某些地方与肥胖作斗争,以及在其他一些地方与疾病作战),大学的工作表明了可以被实现的目标。

在诸如信息与通信技术以及工程学等领域,大学同样具有很强的实力。

然而,环境和气候变化领域是一个有趣反例。在这一领域,大学研究已经明确了气候变化的现实及其挑战,并影响了大多数政府和公众舆论对于应对当下威胁的呼声。这在一定程度上反映在 2015 年的《巴黎协定》上,该协定敦促政府制定旨在降低气候变化风险的目标。

不过如前所述,我们丝毫没有自满的余地,包括美国和澳大利亚在内的数个主要政府已经开始放弃《巴黎协定》,以回应传统化石燃料行业的游说。

这或许是因为大学在提供可减轻气候变化威胁的实际方法方面、教育和培训该领域的专家方面,以及在改变相关问题所涉及的整体认知氛围和文化方面远未取得成功。

还有一些领域,例如教育、善政、法治与治安、移民,以及促进平等和消除贫困等方面,大学在上述四个支柱中的任何一个方面都未能为应对变化所带来的挑战作出决定性的贡献。

---

① https://assets.publishing.service.gov.uk/government/uploads/system/uploads/attachment_data/file/228984/0118404881.pdf.

许多杰出的人们正在这些领域中做着出色的工作,但是对社会的影响力水平尚不足以满足国家和全世界的需求——只要看一看解决难民危机的困难,以及在某些国家煽动起仇外民粹主义情绪是多么的容易。

当伊丽莎白女王(Queen Elizabeth)在 2008 年 11 月向伦敦政治经济学院的经济学家们提问"为什么没有人注意到它(金融危机)?"时,她的提问充满了对公众情绪的表达。她在 2012 年 12 月访问英格兰银行(Bank of England)时得到了答案,有人可能会说这是学术界回应速度的典型代表。

这可能是"学术"一词具有贬义性的原因之一,意思是一些难以被理解、与日常生活不相关,以及缺乏准确性的事物。

显然,事实并非如此,但确实凸显了大学所面临的沟通问题。在社交媒体和点播内容已改变了社会期望的高度互联的世界中,学术研究与学术参与似乎过于烦琐。

默文·金勋爵(Lord Mervyn King)最近的著作《炼金术的终结》(*The End of Alchemy*)①批评了当前的金融稳定方法,澄清了理论经济学目前在多大程度上都无法影响现实世界的经济和金融实践。

因此,我们认为,在本节开头所界定的四个支柱中的任何一个方面,大学所面临的挑战是如何使其自身在应对不断变化的世界所带来的现实挑战中居于重要地位。这需要更加专注的努力,而不仅仅是沟通问题。

这一挑战需要大学系统性地应对,需要从自身激发出潜能并改变目前的工作方式。

一些大学已经开始着手界定它们想要解决的挑战,并开始正视在解决这一系列问题的过程中跨学科方法的重要性。美国普林斯顿大学在这一领域是全球领导者,华威大学(Warwick)和伦敦大学学院(UCL)则是英国的典范,而澳大利亚的伍伦贡大学

---

① https://www.amazon.co.uk/End-Alchemy-Banking-Future-Economy/dp/0393247023.

(The University of Wollongong)开展类似计划已有 6 年之久。还有许多其他杰出的例子,例如代尔夫特理工大学(Delft University of Technology)等。其中伦敦大学学院界定了"六大挑战":

- 全球健康
- 城市可持续发展
- 人类福祉
- 文化理解
- 技术变革
- 正义与平等

大学正在以不同的方式解决这些问题,但我们论点的核心是:大学必须做更多的工作,以确保它们可以为应对变革所带来的挑战作出贡献,并且使自身作出相应的改变。它们的历史任务是启迪和引导当下这个我们正在进入的全新世界,而不仅仅是解释昨天的世界。

❦ 大学的变化 ❦

我们认为,如果大学要在使我们的社会能够应对所面临的变化中发挥有效和积极的作用,就必须改变自己。

这种变化将需要在变革的大背景下进行,而这些变革主要发生在科学研究、教学和学习、财政投入与改革、国家结构以及日益具有挑战性的国际环境等方面。

在每个领域中,变化都不相同,因为不同的国家面临着不同的挑战。但是,我们可以界定出一些共性。我们认识到,大学就其本质而言是保守的机构,它们的生命力几乎完全来自其雇员和学生的智力生产。大学的变革不能简单地由高层引导,而必须与整个大学共同体产生互动。只有在整个大学共同体都充分理解推动变革的价值和道德要求的前提下才能做到这一点。

学术研究

随着各国开始考虑政策应如何改进以及资金应如何进行分配,大学研究政策需要越来越重视以下两个方面的考量,即不同大学之间研究质量的巨大差异,以及学术研究将以何种方式为解决全社会所面临的挑战发挥影响。

即便单是在英国国内(更遑论在世界范围内),学术研究的质量也具有高度的差异性。在全英国大约 160 所大学中,只有大约 50 所可以在多个学科和领域进行大量具有世界一流水准的研究——也就是说,这些研究可以真正帮助我们理解不断变化的世界。

虽然确实在许多大学中存在着某一学科的高水平科研孤岛,但事实是,卓越研究通常集中于少数高校,而更多的大学则难以被真正界定为卓越研究的聚集地。

这种分布上的不均衡反映在定期发布的各种世界大学排名上,这些排名通常包括来自政府和民间研究经费的分布,以及对学术研究本身非正式但有力的评价。英国"卓越研究框架"(REF)中对于科研质量和实力的排名中也反映了这一点。"卓越研究框架"是一项设计完备的评估计划,每 5 年进行一次,经过数个周期不同形式的调查后以此为依据为英国大学的众多研究提供资金支持。澳大利亚所开展的评估大致相似,其结果同样揭示了机构研究实力显著的不均衡——高水平研究集中在全澳大利亚 39 所大学中的 8 所。

在几乎所有经合组织(OECD)国家中,情况都是类似的。尽管人们对于世界大学排名如何准确反映研究能力以及研究引文在多大程度上反映了科研质量尚存怀疑,但在几乎每个国家中,总有一些大学被视为科研重镇,而另一些则不具有这样的地位。

在一些国家,例如德国,这一现象反映在组织研究和为研究提供资助的制度安排中(尤其是随着精英研究型大学的发展),但在另一些国家,对高等教育的宏观叙事尚未准备好公开承认这种不均衡。例如法国正在迅速作出改变以适应这一模式。当然,包括对科研进行直接资助在内的其他替代模式仍然存在。英国等其他一些国家则以其精心校准的科研政策加剧了这一现象,其政策依据是无论优秀人才身处何处都应该得到资助,这促使了科研资源向一小部分大学集中。

人们通常以科研对教学的关键性主导作用为之辩护,这意味着高质量的教育和教学仅存在于有能力开展高质量研究的学术环境之中。正如我们在第 2 章中所描述的那样,这个概念是西方大学传统的核心,这一观点强调了大学的研究和教学职能必须始终共存并且在理想状态下应由同一个人承担。这种观点作为一种哲学驱动力,促使人们认为所有大学都应在其教学所涉及的领域积极开展学术研究,即使这一理想显然与现实相悖。

因此,例如在英国,科研领域的"学术漂移"使许多新兴院校(曾经的高等技术学院、理工学院以及艺术或教育学院)获得了大学的地位。事实上,任何关于将研究限制在少数大学中的建议都遭到了强烈反对,因为人们认为科研水平对于所有大学而言都关乎其教学质量。

同样,在过去的 30 年中,传统大学通过建立商学院和开展诸如护理等领域的专业培训来应对非研究型大学(例如之前的理工学院)所带来的挑战,并且出现了朝向应用领域的使命蜕变。

例如在英国,实力雄厚且具有经济领域重要性的科研力量集中在大约三分之一的大学中。即便另外三分之二的大学没有进行任何研究,其对于整体的损害仍是相当有限的。

随着这种差异变得越来越明显,对于研究与教学之间关系的叙述将不得不作出改变,大学的结构也将随之改变。我们或许需要认识到,即使是像英国这样的富裕国家也只能支持数量有限的研究型大学。

这一转变过程面对着一大障碍,即对学术职业的尊重几乎完全来自学术研究。任何一种再平衡都要求高校提高对杰出大学授课者的认可和尊重。

第二个正在发生的变化是,"影响力"在决定资助或不资助某项研究方面越来越重要。在学术研究领域,许多人都反对以"影响力"作为资助研究的标准,但是这种影响正在逐渐被人们接受。在包括英国在内的许多国家中,政府研究经费更多地集中在国家和全球维度上更加受到偏好的研究项目,而非那些在同行评议中表现出色的传统研究项目。这一过程亦促使专家向新兴的科研中心聚集,例如位于伦敦的弗朗西斯·克里克研究所(The Francis Crick Institute)。

抵制以"影响力"作为评判标准的原因并非出于对墨守成规的坚持。令人担忧的是,这样的国家科研资助标准可能会抑制具有原创性或颠覆性的思维(如前所述,这类研究可被称为"蓝天研究"),又或者可能会对"学术自由"造成限制。换言之,这可能会给学术界强加一个残酷的功利主义模板。

同时,人们很难找到能够准确衡量"影响力"的指标。这在医学和工程学等领域或许比社会科学和人文科学领域要容易得多,但是任何衡量标准都注定充满争议性,尽管它们会随着时间的推移不断地被完善。

尽管如此,"影响力"的概念已变得越来越成熟并且为越来越多的人所接受。将之作为公共和私人研究经费分配标准的理念也日益广为传播。

大学应该尽可能地完善自身的组织形式,以帮助所有人理解我们所生活的世界正在发生的变化,继而提供利用这一变化实现人类总体利益的路径。除了特定机构特有的变化之外,这还将涉及新型的国际伙伴关系。

找到最佳的解决方法将需要大量的思考。而研究质量的差异性和"影响力"这一评价标准的重要性都值得着重考量。

在这一征程上的成功将在某种程度上恢复公众对大学价值的信心。大学不仅为当下的师生共同体所有,大学的成功建立在跨越几代人的巨额国家投入之上,忽视这一点将是十分危险的。

教学与学习

尽管存在着关于未来学术研究的上述问题,但更令人关注的是教学的质量和实用性。

同样,这些关注点的性质在世界范围内差异很大,并且与特定国家/地区的大学功能密切相关。然而,各国的政治和经济精英决意让他们的子女在美国、英国或是澳大利亚等国接受大学教育,这证明了他们对本国大学教学的质量心存怀疑。

此外,经合组织国家中对教学质量的关注度也很高。这种关切来自学生,如今他们通常不得不支付高额的学费,因而想确切知晓所购买的高等教育质量如何(他们可能会利用法律赋予其作为消费者的权力)。这样的关切也来自想要获得优质新员工的雇主。政府也同样关心这一问题,它们希望确保大学毕业生的质量(在某些国家,大学毕业生已接近其所在年龄区间人口的50%)。政府所面临的另一大压力是说服处于或即将进入投票年龄的年轻人,他们将会通过对自己的教育投资获得经济收益。这种担忧仍是当下涉及大学教育的政策辩论中重要的话题。

这些压力揭示了一个无可争辩的事实,即大学及其学术人员通常更加专注于他们的研究(其仍然占据着这类大学世界排名的主导地位),并转移了他们从教学中获得的资金来为他们的研究提供支持。

这一张力导致了"学生满意度调查"的开展,并催生了新的政府干预,例如旨在衡量教学质量的英国"卓越教学框架"。

英国为了解决这一问题近期建立了一个颇具权力的新型监管机构,即"学生事务办公室"(OfS)。凭借其制度化的监管权力体系,该机构一直试图与其前身英格兰高等教育基金委员会(HEFCE)划清界限,后者被视为"为大学所有且服务于大学"。"学生事务办公室"的出现带来了英格兰大学自主权大幅度减少的前景。相比之下,澳大利亚强大的新型认证机构——高等教育质量管理与标准署(The Tertiary Education Quality and Standards Agency,TEQSA)①则采用了更加宽松的方式,这反而更接近传统的英国模式。

正如学校层级衡量教学质量的尝试所表明的那样,这种努力充满了困难,特别是当对教学质量的量化评价成为确定未来资金分配的绩效指标。

"学业增值"是英国政府所痴迷的另一种概念,这尤其难以衡量。

然而,此类讨论预示着旨在提高大学教学水平的变革已经开始并将持续进行。

任何对这一点认识不足的人都将会陷入困境。

这将对大学生涯的第一年产生巨大的影响,因为要求确保所有大学生都接受过科学和人文领域良好教育的压力与日俱增,例如史蒂文·平克教授(Steven Pinker)所倡导的,大学生应在统计学和逻辑学等领域接受完备的训练,以在日后的国民生活中扮演称职的角色。对于美国和英国这样的国家来说,一个突出的问题是学生的数学素养相对较低,许多年轻人甚至缺乏基本的数学能力。

这在英格兰尤其严重,因为英格兰学校系统存在着过早分流的特殊问题。在大学入学要求的驱动下,"A Level 系统"的课程要求相比大多数国家学术路径的培养计划都要狭窄得多。

这同样也会对大学生涯的第 4 年产生影响,即硕士学历教育(在英格兰的典型体

---

① https://www.teqsa.gov.au.

系下,等价于苏格兰和澳大利亚的大学荣誉学年),这是大学的重要收入来源。硕士教育越来越不被视为获得博士学位和进行学术研究的路径,而日渐视为个人发展项目以可以更好地适应现代工作的要求。但是,如果要引导这种趋势合理发展的话,资金配置和大学对硕士学位的承诺都需要改变。

旨在提升职业生涯的全日制及在职研究生课程和资格证书课程日益流行,这类教育将通过进一步加强在线教育得到补充。

在我们所生活的不断变化的世界中,22岁时获得的学历将不再能满足终身从事的职业。个人及其雇主都需要不断地提升专业知识。更广泛地讲,人们将生活在一个终生学习的世界中。

大学原本就具有满足终生学习的部分功能,但终生学习的世界需要大学将之作为其教学职能中更加重要的部分——甚至是核心部分。通常而言,这需要与英国或其他国家的社会服务组织或企业进行合作。

就总体而言,教学质量方面的挑战不会消失也不应该消失。教学为大学提供了最主要的收入来源,在这一领域如何作出正确的抉择对它们而言仍是一个巨大的挑战。对广大公众而言,在大学所做的所有事情中教学无疑是最重要的——普通读者可能会对这一点需要重申而感到惊讶,然而许多年来,在一些最伟大的大学中情况皆非如此。

大学的财务

全球大学的财务状况正在迅速发生变化。

在科研和教学经费方面,关于来自国家、学生以及有限度的来自雇主的资金三者之间的比例应该达到何种最佳平衡状态,大学正在作着艰难而富有争议的决定。

大学从来不曾形成一种稳定的融资模式,以使每个人都确信现有系统将永远持续下去。在许多国家,来自政治和经济领域的挑战导致潜在的融资不稳定性。在诸如英国和澳大利亚这样的国家,国际学生一直是大学重要的收入来源,世界其他地区高质量高等教育的发展以及对移民的政策担忧都对这种收入来源构成威胁。

我们将在第 8 章中详细讨论这些问题,但必须在此指出:归根结底,大学的融资框架只能由政府搭建,而这种框架必须促进和鼓励大学为解决不断变化的世界中的诸多问题作出贡献,诚如我们在本章前文中介绍过的。这将意味着课程、教学、学习方式以及科研架构的多元化和灵活性。此外,经费的不足将显而易见地导致高等教育系统的平庸化。

我们同时认为,大学资助体系应尽可能确保其独立于政府。

过度依赖直接基于学生人数的拨款模式而非采用包括税收在内的混合资助模式是一个危险的信号,因为学生会将自己视为消费者,而这几乎可以保证其获得可观的学业成绩。简而言之,学生有可能购买一流的教育服务,但绝不应该得以直接购买一流的学位。学位始终应该是通过努力获得的,尽管有一些人通过向法院提起诉讼索赔来表达他们的失望。

系统与结构

正如我们在第 2 章中所描述的,每个国家的大学系统都会以相当偶然的模式发展,这反映了当时的教育、培训以及社会需求。

目前,英国约有 160 所大学,这一数字有很多不同的出处。有一些重要的大学合并事件发生,例如 2004 年曼彻斯特大学的合并,而至于那些被收购或是倒闭的大学,其数量则永远是一个谜。

随着私营部门的作用日益增强,新的大学不时被建立。自 2000 年以来,政府定期对大学学位和学位授予权的定义进行修改。

2017 年新通过的《英国高等教育和研究法案》(*UK Higher Education and*

Research Act of 2017）其主要目标是建立包括私立院校在内的更多大学。

在考量高等教育的发展时，公立和私立大学之间的区别或许并不么重要。作为高等教育提供者，营利机构和非营利性之间的区别或许更为巨大。

包括牛津大学、剑桥大学、哈佛大学、斯坦福大学以及普林斯顿大学在内的伟大高校都是私立机构（译者注：牛津大学和剑桥大学通常被认为是公立大学）。而其他一些大学，例如美国的赠地大学和英国早期的理工学院在性质上更具有"公共性"。但二者都致力于社会服务，以公共利益和慈善为办学宗旨。

然而就英国 BPP 大学（BPP University）和法律大学（University of Law）等新兴营利性私立大学而言，它们应表现出对公共服务的承诺和价值取向。我们尚不清楚新的大学监管制度是否真的能以透明的方式实现这一目标。

基础学位（foundation degrees）和学徒制学位（degree apprenticeships）等新型学历的建立，以及英国行业技能委员会（Sector Skills Councils）等新机构的兴衰，反映了高等教育在应对现代经济对技能的需求方面制度安排的不确定性。

英国高等教育的结构必然正在发生变化，我们将着重讨论大学变革过程中最能为国家带来福祉的贡献。

国际环境

最后，没有一种正在发生或将要发生的变革应该被单纯置于国内环境之中加以考量。

与其他经合组织（OECD）国家以及世界其他国家的大学相比，美国、英国、加拿大，以及澳大利亚的大学为何在世界大学排名中占据主导地位仍然难以解释。毫无疑问，这一现象可以部分解释为共同的语言（英语）有助于学术网络的建立，以及这些国家的大学享有基本的自主权。

事实上，这一主导地位正开始受到挑战，这种挑战主要来自于中国所作出的巨大努力以及欧洲大学的重组。

然而，这本书对世界其他国家大学所进行的分析并不系统。它的主要研究对象是英国的情况，并在一定程度上关注澳大利亚和美国的情况。本书涉及世界其他地方情况的内容非常有限。更为全面的分析势必会很有价值，并且能提供十分重要的见解。但是我们认为进行全球维度的分析极具挑战性，且超出了本书的范围。

大学比以往任何时候都更加国际化。事实上，我们可以认为全球化进程在大学中的发展速度比在其他任何领域都要快。这一进程扩展到了研究、教学以及知识转化等领域，并且仍在加速发展。

高等教育在全球的大规模扩张以及全球学生流动是变革的重要组成部分。

学习方式随着远程学习和在线教育而改变，不同形式的教学法因此被建立。新的学习范式也不可避免地变得更加国际化，而不再那么尊崇传统的行事方式。

这些变化将对大学的结构及其经费来源产生影响。

我们会在整本书中详细地分析这些变革。

❦ 结语 ❦

在本章的开头，我们列出来我们所认为的在当今瞬息万变的世界中大学所面临的总体挑战。

我们希望表明我们确信大学有能力作出世界需要它作出的贡献，而大学在传统上即能胜任这一角色。

但我们仍要强调我们的观点，即要成功实现这一目标，大学必须作出重大改变，并率先作出这些变革。

我们由此得出结论,应对不断变化的世界所带来的挑战应该成为大学的核心使命。因此:

各国政府应定期阐明它们希望大学对该国社会经济发展作出哪些贡献,并说明它们支持和促进这种贡献达成的方式。它们应激励和奖励那些将变革作为工作重点的大学,例如:

- 加强对跨学科研究的重视;
- 加强大学所在地社会经济的发展。

大学则应通过明确其实施路径将应对世界变化作为自己的中心任务,这些路径包括:

- 了解世界的变化并对此作出解释;
- 提供利用变革过程实现总体利益的方法;
- 教育和培养掌握应对变革所需技能的专家;
- 在全社会中营造一种崇尚知识的氛围和文化。

本书的后续部分将更详细地探讨这些问题,我们希望提供一种可以得到广泛支持的实施路径。

第 2 章 历史视角与国际比较

❧ 历史为什么重要 ❧

在我们这个令人兴奋的、一致向前看的世界中,历史有时被视为是无聊甚至无关紧要的!

这也是本书的作者之一查尔斯·克拉克(Charles Clarke)在讨论这一话题时略带胆怯的原因。2003 年,他在伍斯特大学(Worcester University)进行了一次演讲,试图探讨本书中的某些主题。他的演讲被严重误解为抨击研究中世纪历史的价值(他并没有提出或暗示这一观点)。这引起了一些中世纪历史学家的误解。但当有人拿着对这番言论的报道向身为历史学家的该校校长投诉时,他回答说,他认为历史学家的首要操守是检视信息的来源。因此,我们将本着这一精神讨论历史问题。

有人或许会认为,在大学里,"不了解历史的人注定重蹈覆辙"这句古老谚语似乎没有什么意义,因为我们所进入的新世界和以往相比是如此的不同。

但是我们认为,对大学的现状有所了解,不仅有助于理解它们当下所面临的挑战,而且对于克服当前的障碍至关重要。

当然,已经有无数关于大学历史的著作,因此我们在这里要做的只是强调

一些支撑当今大学发展的关键故事。我们认为,纵观整个大学历史,在第1章所界定的大学的四个支柱性角色中,以下两者更为核心:

- 了解世界的变化并对此作出解释;
- 教育和培养掌握应对变革所需技能的专家;

我们同时认为,随着时间的流逝,其余两个支柱性角色变得越来越重要:

- 提供利用变革过程实现总体利益的方法;
- 在全社会中营造一种崇尚知识的氛围和文化,继而促进相互理解和崇尚科学的美德。

我们将从这些角色出发,探讨大学在历史和世界范围内的各种环境中满足社会期望和需求的方式。

1000年以来,大学一直服务、塑造,并适应着周围的社会。本书的中心论点是它们必须继续这样做。这意味着,除了更好地讲述自己的故事以外,当今的大学还需要用不同的方式做事,并更加开放地接受真正的社会变革。

当许多人认为大学应该倒退到过去的样子,甚至有人敦促应该逆转大学组织中的许多最新创新时,我们认为,实际上恰恰相反,大学需要向前迈进以适应社会的变化,并且这种思维完全符合数百年来大学的历史演变。

大学的核心使命是知识的创造和传播。我们已经界定了大学的四个主要角色,这些角色都与"知识"的某一个方面有关。这些角色的关键作用是获得知识和理解,以帮助年轻人获得更高水平的通用知识,并使专业人士获得他们所需要的专门知识。离开社会力量的作用,大学就不可能了解正在发生的变化。善用变革需要牢固的知识基础,开展新技能或现有技能的教育则需要对当下的知识有深入了解。

知识的记录、知识的传播以及越来越多知识的创造与当今的通信技术紧密相关。比以往任何时候都更加明显的是,通过互联网创建新的知识和文化已经成为大学所面临的最大挑战。40年前,知识是被隐藏起来等待发现的。而现在,知识是业已被发布并可供取用的,但需要"指路标"帮助理解和使用这些知识。这一变化改变了现代大学的特征。时至今日,知识是不加管制的,甚至是处于无政府状态的。

在21世纪全球化和知识经济的浪潮中,社会的需求是复杂多样的。受过良好教育并掌握充分信息的公民对于维持良性的经济体系、健康的公民社会以及完善的民主机制至关重要。因此,大学的责任不仅在于满足这些需求,同时在于扮演重要公民社会机构的角色,将世界塑造成大多数人所希望的那个样子。

⑤ 大学如何发展?不断变化的欧洲模式 ⑤

如今,复杂到令人难以置信的大学是由丰富多元的社会演进过程所塑造的。大学在这一过程中既扮演贡献者的角色,也同时被形塑着。世界上许多地方都有着丰富的大学传统,这些传统现今都已经融合到了始于欧洲的大学模式之中。但我们需要认识到,在较早的历史时期里,世界其他地方存在着截然不同的大学模式,它们在满足当地期望和自身社会需求方面同样有效。

通过简单分析,我们认为当下对欧洲传统的皈依至少在某种程度上是由于当今全球大学模式皆起源于1000年前的欧洲。更为重要的是,大学作为知识生产机构的兴起与科学革命、启蒙运动等重要历史转变密切相关,例如苏格兰大学对苏格兰启蒙运动的巨大贡献。这种联系伴随着柏林大学的创立达到了顶峰,这所大学不仅致力于教学,而且致力于知识的探索。

大学在这些欧洲国家的发展极大地影响了其他国家的大学传统。此外,在各个历史时期,大学都需要满足三个主要"利益相关者"的期望并使其蓬勃发展,即教职员工、学生以及更为广泛的社会(外部利益)。我们认为,尽管这些大学在很大程度上反映了它们所处文化和社会的特征,但它们基本上都实现了这一共同的目标。在某些特定的时代和国家,大学是保守力量的最强堡垒。而在另一些国家,它们是知识和政治上的挑战者——这两种现象有时同时出现。

早期的大学

尽管"黑暗时代"一词的流行程度不如从前,但毋庸置疑,随着西罗马帝国的衰落,西欧文明发生了灾难性的崩溃。一个拥抱过源自几个世纪前雅典的批判性思维的文明社会,在公元5世纪初的短短几年内就被扫平。在随后的几个世纪里,知识生活主要集中在通常遵循爱尔兰传统的修道院社区。随着基督教力量的增强,强大的修道院传统得以兴盛,并形成了西方大学的开端。

许多学生注定要遵守宗教规条,而大学在培训技能娴熟的神学知识分子以巩固其社会地位方面发挥了重要作用。但是,另一些人则希望扩大自己的知识视野,现代大学由此兴起并确定其主要使命。中世纪大学在神学和相关哲学问题上产生许多智力上的创造。亚里士多德被极力推崇,西方基督教的发展由此受到了重大影响。大学开始向学生讲授逻辑学和批判性思维,让他们沐浴在那个时代最伟大的思想中。

从制度层面讲,通过增加对自然界的了解创造新的知识在当时几乎难以获得动力或荣誉。事实上,当时的教会对任何这一类努力普遍采取阻止的态度。尽管如此,从邓斯·斯科特斯(Duns Scotus)到弗朗西斯·培根(Francis Bacon),在跨越3个世纪的时间里,这些先贤在探究知识前沿方面如灯塔闪耀,并且为他人树立了榜样。这些机构(大学)使得知识得以被理解和使用。实际上,几乎所有最低级别以上的教育活动都集中在这些机构中。尽管人们更倾向于将中世纪大学中的学者视为丢失知识片段的保留者,而非新知识的创造者和使用者,但这样的评价显然是不公平的。因为变革的确在其间发生,尽管进展缓慢。中世纪并不是在查理曼大帝(Charlemagne)于公元800年加冕的当天骤然开始的,而是在漫长的岁月里经历着缓慢的调整!

学者进入中世纪大学主要是为了提高对宗教知识的理解。他们生活在一个平均寿命不到40岁的世界里,社会秩序的周期性崩溃以及灾难性疾病的浪潮几乎遍及整个欧洲。然而,他们作出了真正的贡献,使人类探求知识的活力得以保存。伴随着欧洲进入中世纪,伟大的巴黎大学以某种方式在很大程度上塑造了西方思想。

有幸进入中世纪欧洲这些伟大机构(大学)的少数特权学生主要是已经受戒或正在受训的神父或僧侣。对于教会中的神职人员来说,进入大学学习的经历十分有助于升迁,然而他们中的许多人对教会发展的兴趣远不如对教学和知识的兴趣,这恰恰催生了我们今天的学术职业。

中世纪的大多数伟大思想家都在大学的环境中工作和思考,有些则是在修道院中。哥白尼(Copernicus)(克拉科夫大学,博洛尼亚大学,帕多瓦大学以及费拉拉大学1491—1503),伊拉斯莫(Erasmus)(剑桥大学和巴黎大学1495—1515),路德(Luther)(维滕贝格大学1513—1546),弗朗西斯·培根(Francis Bacon)(剑桥大学1573—1576),以及伽利略(Galileo)(比萨大学和帕多瓦大学1589—1610),这些先贤所工作过的大学以及许多其他大学都是当时的学术中心。

考虑到大多数人的神职背景,教职员工与学生之间的界限变得模糊。如今天的情况一样,有天赋的学生成为了教师,并在当时的大学中建立了自己的学术生活。这是"学者共同体"概念的起源,尽管这在大多数现代大学中并不常见,但在某些制度文化中仍然存在这种观念。

行会在中世纪欧洲将宗教和国家紧密地融合在一起,大学系统与当时盛行的阶级和行会结构紧密结合。这是一个简单得多的世界,生活像几代人之前那样延续着,几乎没有什么改变。中世纪的大学非常适合教职员工、学生以及它所处的整个社会。它们确实引发了一些变化,但毫无疑问是微小且缓慢的,但是高大的橡树也是由一粒微小的种子长成的!

第一次飞跃

接下来我们把视线聚焦到文艺复兴时期的意大利——世界在这一时期被重新塑造。第一所大学于1088年在博洛尼亚成立。人们在这里重新发现、完善,并扩展了古典时代的思维方式。这个动荡的岁月使人类的思想变得更加以人为中心(相较于以往以上帝为中心)。这解放了那个时代最伟大的思想家,使之得以投身于追求新知的旅程,从而开始极大增进了人类对我们在宇宙中地位的了解。因此,占星术逐渐发展为天文学。在创造新的氛围方面,艺术革命从更为广阔的视角(而非纯粹的宗教视角)探索了人性以及人在世界上的位置。维萨里乌斯(Vesalius)对人体解剖学进行了研究——在创造新的知识范式时,实验科学才刚刚起步。面向专业知识和新概念的教学都在加速发展。所有这些都得益于新的信息传播技术——印刷机加速了知识传播。新的思想大多诞生于中世纪的意大利大学中,尤其是帕多瓦大学(Padua)。然而,数量可观的知识爆炸通常都是得益于伟大的资助者〔例如美第奇家族(Medici)和乌尔比诺公爵(Dukes of Urbino)〕和偶尔不那么敬虔的教皇,在由教会资助的大学之外发生。

毫无疑问,这一时期的空气中涌动着一种新的知识活力——一种学习、挑战和交流思想的精神。

当时的政府当局对此并不欢迎。布鲁诺(Giordano Bruno)被烧死在火刑柱上,如果伽利略(Galileo)不承认地球绕太阳旋转的观点,他将面临同样的命运。当时,宗教和世俗权威受到了来自大学的威胁,因为它们是致力于在自然世界中探索新知识的机构,所得出的结论并不总是与当时的神学观点保持一致。或许是由于这个原因,在经历了极为重要的数十年之后,意大利文艺复兴的科学内涵逐渐消退,新思维方式的能量转移到了欧洲北部的新教国家。

大学在英国的发展——苏格兰的大学故事以及"牛桥"

在讨论欧洲大陆的历史事件时,我们需要承认一个重要的事实,即通往现代大学最为持久的发展历程发生在今天被人们称为"英国"的土地上。牛津大学和剑桥大学等伟大的英国大学占据了这个故事的主导地位,但是我们的旅程将首先前往苏格兰,那里的历史与不列颠南部那些被文本清晰记录的早期大学起源既相似又截然不同。

苏格兰的第一所大学,圣安德鲁斯大学,成立于1413年,其最初是一所宗教机构,由阿维尼翁的教皇建立(译者注:1378年前,天主教史上出现罗马和阿维尼翁两地教皇并存对立的局面,后世天主教会承认了阿维尼翁七任教皇的合法地位)。阿维尼翁教皇诏书(papal bull)授予了一群奥古斯丁派神职人员,他们由于(罗马和阿维尼翁)两地教皇的分裂对立而离开了巴黎大学和业已建立的牛津大学和剑桥大学。1451年,格拉斯哥大学由教皇诏书创立并成为了教会的大本营。1582年,爱丁堡议会创立了爱丁堡大学。此后,它被苏格兰国王授予皇家特许状,成为西方第一批不经由教皇诏书建立的大学之一。

爱丁堡大学和格拉斯哥大学在苏格兰启蒙运动中发挥了核心作用。它们很好地体现了苏格兰的教育传统,即教育不同经济背景的年轻人而不仅仅是富家子弟。爱丁堡大学作为公共组织的原始属性与现代大学的这一特征尤其相关,即与周围的公共组织关系密切,并且与当地社区之间的界限较为模糊。即使在今天,苏格兰当地的大学也有着浓厚的地方主人翁意识和公民义务感。它们大多数是真正的公共机构。从早期开始，教育的各个方面都得到重视，尤其是专业教育。毕竟，甚至是将尸体卖给爱丁堡大学医学院的偷尸人伯克和黑尔（Burke and Hare）也参与了对医学生的教育！

这种更为世俗化的办学基础或许为苏格兰的大学在拓宽科学知识边界方面发挥关键作用铺平了道路。它的校友包括了之后几个世纪中最杰出的科学家和人文学者，例如亚当·斯密（Adam Smith）。斯密曾在爱丁堡大学求学，并于1751年至1764年在格拉斯哥大学担任教授。他在《国富论》中写道："多年来，牛津大学的大部分教授甚至完全放弃了教学。"他曾向朋友抱怨说，牛津大学的官员发现他在阅读大卫·休谟（David Hume）的《人性论》后随即没收了他的书，并因他阅读该书而对他进行了严厉的惩罚。

这些苏格兰大学从一开始就主导着对变革的理解和利用。它们培养了那个时代的创造者和创新者。

在更早之前，大学的发展历程中迎来了一个重大事件，即12世纪牛津大学的成立。亨利二世（Henry Ⅱ）对英格兰学生赴中巴黎大学求学的限制极大推动了牛津大学的建立。学术争鸣（或至少是争论）在当时十分普遍。大约100年之后，学生与本地居民之间的争执使一些学者离开牛津创立了剑桥大学。剑桥大学于1248年获得了亨利三世（Henry Ⅲ）颁发的皇家特许状并逐渐发展为一个繁荣的书院体系。这一事件使我们的世界至今受益。

当时的教会在牛津建立了大学的附属分支机构（书院），重要的私人捐助者也在当地建立了许多书院。牛津大学和剑桥大学在英格兰高等教育体系中共同居于垄断地位，直至19世纪初伦敦大学体系以及杜伦大学的建立。牛津和剑桥垄断地位的产生并不是一种巧合。与整个欧洲其他地区和城市大学网络的发展形成鲜明对比，在1209年（剑桥大学建立）到1826年（伦敦大学学院建立）之间的6个世纪里，英国没有建立任何一所新的大学。例如，1597年成立于伦敦且资源极为丰富的格雷舍姆学院(Gresham College)从未获得过学位授予权。一位历史学家非常清晰地解释了这一点[①]：英格兰在漫长的时期只有两所大学并不是因为需求不足，而是因为牛津大学和剑桥大学对创立大学的准入门槛进行了强有力的监管。

牛津大学接受了文艺复兴时期的新思想，但没有像苏格兰大学那样成为伟大的思想启蒙中心。

在19世纪中叶，与盎格鲁天主教(Anglo Catholicism)相关的牛津运动(Oxford movement)引人瞩目。这对英国国教(Anglican)传统产生了重大影响，但对大学的发展影响甚微。约翰·亨利·纽曼(John Henry Newman)本人更专注于个体学生在道德和智力层面的发展，而非将大学视为参与新知识体系发展的主要机构。德国研究型大学的传统已经开始在世界其他地方得到重视，并在纽曼时代开始为牛津大学所接受。

像牛津大学一样，剑桥大学在漫长的历史时期里作为一所教会机构存在。大学修道院于1536年至1541年解散后，剑桥大学解散了其教会法系，并将课程转向古典学、圣经研究和数学。许多剑桥大学的毕业生都具有非正统派（译者注：nonconformist，英国教会历史上不遵守英国国教传统的新教徒）宗教背景。从17世纪开始，剑桥大学一直高度重视人文和科学（包括数学），并在此基础上发展出了一种奇妙的学术传统，许多最伟大的科学家都曾在剑桥大学学习和工作过。

当简要审视英格兰和苏格兰大学的历史时，显而易见，各个机构之间差异巨大。宗教与世俗之间的平衡、从宗教法或神学倾向转向涵盖自然科学的更为广泛的知识体系、与当地民众及公共机构的关系以及资金的来源，不同的大学在这些方面都存在差异。

---

① David Willetts, A University Education：https://www.amazon.co.uk/University-Education-David-Willetts/dp/0198767269.

这些差异缘何存在？知识是具有普遍性的，尽管这些机构在几个世纪以来都发生了巨大的变化，但自建校以来，这些机构运作的知识基础在任何时代都是非常相似的。

一个可能的答案是，即使在比当今世界简单得多的时代，社会与国民经济也是非常多样化的。为了满足不同的需求，当时的大学系统同样需要一定的多样性。在17、18世纪的人们难以想象的今天，在教育、学术研究以及社会服务等各方面需求更为复杂的当下，这种情况显得更为真实。

实际上，在17、18世纪，欧洲的大学普遍减少了（苏格兰除外），它们已经为改革作好了准备。在法国以及更为广大的其他地区，拿破仑席卷了传统大学，取而代之的是今天仍然在法国占据主导地位的大学校（Grandes Ecoles）。

洪堡和柏林大学

早期大学的历史充满了创造新知识的耀眼事例，例如帕多瓦大学的伽利略和剑桥大学的牛顿都作出了最高水准的学术贡献，并跻身于人类历史中最伟大科学家的行列。19世纪初之前的大学显然同样专注于更好地理解世界，但主要是通过已有的文本和概念，而非创建新的范式。牛顿和伽利略则是例外，并不能代表他们那个时代的普遍情况。在柏林，这一切都发生了戏剧性的变化，这或许是普鲁士在应对其在拿破仑战争中期的惨败所作出的反应之一，即推动大学的现代化进程。

威廉·洪堡（Wilhelm von Humboldt）[有时人们容易将他与他更为著名的兄弟亚历山大·洪堡（Alexander）混淆]在建立柏林大学的过程中（1809—1811年）发挥了关键作用。柏林大学最初的几个学院是法学院、医学院、神学院和哲学院。

欧洲近代史上一些最伟大的思想家都曾在这所大学学习和工作。从建校之初起，这里的知识环境就与当时的传统大学截然不同。知识的创造与知识的传递被视为同样重要,这一特征被普遍地称为学习的自由和教学的自由。这与纽曼后来在牛津大学提出的思想截然不同,和拿破仑(Napoleon)于1804年在巴黎建立巴黎综合理工学院的哲学基础有一些相似之处。当时的自由主义思想特征使人们认识到研讨会和实验室的重要性,对科学的关注也与日俱增。宗教研究作为影响科学探索的因素不再像从前那样作用显著。

这一特征有时被称为高等教育的洪堡模式。学习(教学)和开展研究相结合是其核心意义。这是研究者作为老师以及学生作为研究者这种理念的开端。启蒙运动的人本主义原则巩固了洪堡的教育思想。在柏林洪堡大学中,我们第一次得以完整地看见本书第1章中所描述的大学的四种角色。

这种工作和学习环境与当时欧洲大部分地区仍受宗教影响的高等教育机构完全不同。也许这与爱丁堡大学没有那么不同——正如前文所述,爱丁堡大学从一开始就具有强大的公共影响力。显然,教职员工和学生的愿望得到了满足。柏林大学和德国大学系统中的其他一些机构一样,在世界范围内赢得了盛誉。在几代人的时间里,对于英语世界里众多最有才华的学生而言,他们的愿望便是花一些时间赴德国学习。

在英格兰各地的城市中,德国模式和工业革命的挑战对建立新的大学和其他教育机构(主要是技术学院,例如19世纪末在伦敦成立的理工学院①以及在利物浦、曼彻斯特和布拉德福德等工业城市建立的机械学院)产生了深远的影响。这些机构日后发展成了提供高等教育课程的大学或继续教育学院。基督教各教派在各地建立了教育学院,为包括教会学校在内的中小学培训教师,其中许多如今也已发展成了大学。

这一变化极大地扩展了英国大学系统的性质,使其脱离了牛津剑桥模式和苏格兰血统。此外,在19世纪后期,政府为牛津大学和剑桥大学的改革作出了巨大努力。例

---

① 例如,后来成为威斯敏斯特大学(Westminster University)的伦敦理工学院(London Polytechnic)以及成为格林威治大学(University of Greenwich)的伍尔维奇理工学院(Woolwich Dolytechnic)。

如在1854年至1880年之间,有10项大学改革法案在议会获得通过,政府显然在这些变革中发挥了作用!

教职员工的素质和成就本身就说明了一切。支持科学、农业以及工业革命的诸多知识都来自实力雄厚的德国大学。大学在健康、生物学以及自然科学等领域开展的一系列研究极大地满足了社会的期望和需求,在大学以外取得了实际应用价值。虽然仍然是一个学者共同体,但关于大学应该是什么的新观念引发了大学模式的转变,并推动了巨大的社会变革。就科学意义而言,毫无疑问,20世纪初期世界上最好的大学都在德国,只要看看那些年诺贝尔物理学奖和化学奖的诞生地即可。诚然,一些顶尖学者去了剑桥的卡文迪许实验室,另一些去了巴黎,但是更多顶尖学者去了哥廷根、海德堡和弗莱堡。

近几十年来,欧洲大学改革受到博洛尼亚进程的显著影响,博洛尼亚进程始于1998年巴黎索邦大学成立800周年时签署的共同宣言,继而于1999年6月由29个欧洲国家的教育部长在博洛尼亚大学正式发起(博洛尼亚大学是欧洲第一所大学),该进程现有46个国家或地区参与。

博洛尼亚进程旨在建立教育体系的连贯性,并使欧洲各国的大学体系更加协调一致,其目的之一是使学分更容易在整个大陆的大学之间转移。然而事实上,这一进程推广了当前的英国大学教育模式。该项进程所包含的欧洲高等教育标准规定了至少3年的本科学位学习时间,将本科学位称为"凭照"或学士学位,继而是两年制的研究生文凭,称为硕士学位,继而是博士学位,获得该学位至少要完成3年的学习。

曾于1989年至1998年担任荷兰教育部长、时任马斯特里赫特大学(Maastricht University)校长的乔·里森(Jo Ritzen)曾就此进程的成就与挑战发表全面的论述[①]。

---

① Jo Ritzen, A Chance for European Universities: https://www.amazon.com/Chance-European-Universities-Avoiding-University/dp/9089642293.

❧ 欧洲以外的高等教育发展 ❧

美国

9 所"殖民地学院"构成了美国最早的大学体系,这些学校在美国独立之前就已经建立,它们通常为因"散布"非正统宗教信仰而被排斥在英国教育体系之外的人(例如清教徒)提供大学教育。这些学校包括哈佛大学(1636)、耶鲁大学(1701)、达特茅斯学院(1769)、长老会建立的普林斯顿大学(1746)、浸信会建立的布朗大学(1765)以及荷兰归正宗教会建立的罗格斯大学(1766)。

因此,这些早期的美国大学更具自由思考和反思历史的风气。除此之外,源自德国的研究型大学模式(而不是更为复古的牛津剑桥模式)在美国全境迅速传播。

毫无疑问,1876 年约翰·霍普金斯大学的成立是一个非常重要的事件。约翰·霍普金斯大学(Johns Hopkins University)的第一任校长吉尔曼(Gilman)提倡直接借鉴自德国的教学与学术研究相结合的大学模式,从而彻底改变了美国的高等教育。研究生院的概念借鉴自海德堡大学,以研究为主导的教学理念,以及将大学定位为探索和教授新知识的机构这一思想(首先由柏林洪堡大学提出)得到了充分应用和发展。一个有趣的历史事实是,这种整合取得了巨大的成功,然后又传回到了欧洲并被西欧几乎所有重要的大学迅速吸收。当人们想到 20 世纪初期的剑桥大学时,卡文迪许实验室所取得的关键成就引人瞩目。但在早前由教会主导为主的大学中,开展科学研究的情况或许不会那么理想。卢瑟福在卡文迪许实验室所开展的分裂原子的研究,在仅仅几十年后直接催生了奥本海默(Oppenheimer)在洛斯阿拉莫斯国家实验室(Los

Alamos)的巨大成就以及原子弹的爆炸。

中国与东亚

在中国,教育的历史明显长于西方。孔子和其他先贤在将近 3 000 年前就为教育制定了方向,并且对教育的尊重以及对更高教育程度的追求是中国古代帝国官僚体系的基础。这种尊重一直持续到 20 世纪六七十年代的"文化大革命",这一时期对中国大学的影响不容忽视。学者们被当作体力劳动者驱使或受到更糟糕的待遇,大学在相当长的一段时间里基本处于关闭状态。整整一代人在相当程度上失去了接受高等教育的机会。

随着 20 世纪 80 年代邓小平的改革以及自此之后政局的稳定,中国的大学体系逐年得到改善和加强。中国的领导层完全理解了世界一流大学对于成为世界经济领跑者的重要性。近几十年来,中国政府对大学的投资空前巨大。

在中国,大约有 2 000 所大学由城市或省一级政府举办。仅有约 30 所大学直接由北京的中央政府管理,并被定位为中国未来最具实力的研究型大学,其目的是确保这些大学中的一些在不久的将来达到牛津剑桥的水平。

在中国鼓励多元化发展的同时,高等教育体系也朝着更加综合化的模式发展。例如,从前独立的医科大学被并入综合性大学之中,使这些综合性大学的学科结构更加全面。

关于中国的大学校长在多大程度上真正拥有对大学的自主控制权尚存在一些讨论和争议。但似乎中国的大学在制定课程方面具有相当的自主权,并且可以像西方国家所资助的那些高等教育机构一样控制自己的预算。2010 年,中国有 700 万大学生毕业,并且这一数字还在继续增加。近几年来,中国一直是留学生的主要出口国,留学教育为其本国高等教育发展提供了补充。

在结构和思维上，中国大学已经非常接近西方模式，并且完全接受教学和学术研究应在大学中结合这一理念。中国大学同样十分重视跨学科研究以及与国内外其他机构开展。近年来，中国最好的大学在大多数排名体系中都位列亚洲进步最快大学之列。未来 10 年内，全球排名前 20 的大学中将至少有 2 所位于中国。

对于中国香港和新加坡这两个经济高度发达的全球城市，其教育模式与西方国家（尤其是英国）类似。教育质量非常出色，并且统一采用了以研究为主导的教学方法，在高等教育机构中开展重大研究。同样，韩国和日本也拥有一流的大学系统，这些系统现在已经坚定地以西方研究和教育模式为发展基础。

东亚国家顶尖大学的入学标准非常严格，得以进入顶尖大学的学生将获得一流的教育。与西方国家相比，东亚国家大学中的教学方法仍然更倾向于讲授——教师是主要的讲授者而对话则较少在课堂开展。

印度

印度的大学数量众多且种类繁多，是世界第三大高等教育系统。印度各种形式高等教育的历史可以追溯到几千年前。几个世纪以来，高等教育大多由宗教机构提供，直至 19 世纪英属印度时期才建立了正式的大学系统。

在那个时代，许多富裕的印度人前往英国寻求教育机会，尤其是在牛津大学和剑桥大学，这是在英属印度扮演领导者角色的先决条件——甘地和尼赫鲁都说明了这一点。

英国人建立了许多地方大学并使之继续地蓬勃发展，这其中包括加尔各答大学（University of Calcutta）、德里大学（University of Delhi），以及马德拉大学（University of Madras）。印度现在拥有少数几所由中央政府直接监管的大学，同时还有约 300 所由省政府监管的大学，以及数量庞大的学院。印度高等教育注重技术和科学，许多最好的高等教育机构(尤其是在研究生教育方面),都将 STEM 领域作为主要方向。其中最著名的是印度理工学院体系(IIT),该体系在研究和教育方面均表现出色,并吸引了印度最杰出的学生。印度还有许多其他类型的专科学院,它们在各工程及科学领域表现出色并获得了较高的认可。

相较于印度所拥有的庞大智力资源,其公立大学体系却一直难以达到令人满意的水平。这在一定程度上或许是因为西方国家的高校吸引了许多杰出的印度学者离开印度,又或者是因为印度理工学院等高级科学研究机构吸引了过多的人才。

印度高等教育毕业生数量较之中国更多,但其高等院校的质量参差不齐。

阿育王大学(Ashoka)等高校正在引领着印度蓬勃发展的私立高等教育体系。印度政府一直不愿让国际教育机构不受限制地进入本国,因此仍与它们保持一定的距离。国内营利性机构提供的私立大学课程范围很广,并且在质量和价格上差别巨大。如今,在本国以外学习的印度留学生数量几乎和中国留学生一样多,一部分学生在学习结束后倾向于寻求西方国家的永居权。对于许多西方经济体而言,吸引海外才华横溢的年轻人前来学习并使之以合适的方式贡献自己的劳动力可谓是巨大的福音。

与中国相比,印度高校在未来 10 年内进入世界大学排名前 20 的可能性相对较小,但印度很有可能拥有世界排名前 100 的高校。

非洲和拉丁美洲

在整个非洲大陆,大学的研究质量参差不齐。尤其是在撒哈拉以南的非洲地区,由于人口规模的问题,学生的入学机会往往很低。种族隔离制度结束后,南非拥有了一批优秀的大学,它们正在继续适应学生规模的扩大。在南非,最重要的工作将是发展有效的替代途径,以及让更多的学生为进入大学作好准备。

在拉丁美洲,大学系统从伊比利亚半岛和美国汲取了灵感,后者在最近几十年中发挥了更大的影响。拉丁美洲拥有许多一流的高等教育机构和多种多样的高等教育提供者,其中包括一些国家发达的私立大学系统。桂冠私立大学集团(Laureate private university group)在拉美地区扮演着独特角色,即在非研究科研密集的环境中提供一流的教育。

过去的 70 年——教育公平与"大众化"

文化、传统和教学法

传统英语国家和欧洲以外的大学系统从它们自己的文化和传统中汲取了很多养分,并且复制了在西方传统中行之有效的内容。

显而易见,这些国家的地方/民族传统极大地丰富了教育经验,并且在很大程度上指导着人类学及社会科学领域的研究方向。这提升了大学系统的多样性和实力。在为当地社区服务时,大学必须以不屈服于更具普遍性的人类知识的方式来理解其传统和历史。这种方法教育下的学生将在成为本地及全球公民的过程中获益匪浅。

同样值得我们关注的是,在英国、美国的一些地方,以及澳大利亚的主要城市等已经形成多元文化的西方社会中,教育理念和教学方法是如何发生变化的。在这些地方,我们见证了在传统西方国家被开发并居于主导地位的教学方法正向更为丰富的教学模式转变。在新的模式中,来自世界各地的学习模式和见解正以一种真正全球性的方式被整合进来。这个过程还有很长的路要走,不过值得注意的是,全球范围内的学生群体以及雇主通常都支持这种教学方法。

本书的这部分内容对传统西方世界以外大学历史演变的概述表明,尽管具有独特的地方特色,现代大学在很大程度上与欧洲的研究/教育模式相融合。200多年前发源于德国的科研密集型大学模式仍然在全世界几乎所有地方占据主导地位。不断变化的社会需求推动了方法和结构的持续演进。

从20世纪中期开始,苏格兰大学就已明显体现出分化的迹象。一些机构专门研究有限领域的主题,例如科学、医学或人文科学,而另一些机构则成为涵盖人文学科与自然科学的综合型大学。美国的一小部分机构仍然非常专注于教学且较少开展科学研究(译者注:即美国文理学院),但大多数大学完全接受了科研与教育并存的复合定位以及科研主导型教学的价值。大多数大学成为世俗机构,在城市、地区或国家层面得到世俗政权的支持,但具有宗教信仰的高等教育机构时至今日仍然十分常见,例如位于弗吉尼亚州的威廉玛丽学院(College of William and Mary)等。显然,大学的多样化对于满足个人和国家的需求十分重要。我们将在之后的章节讨论高等教育机构多样化的问题。

20世纪50年代以来的英国高等教育

在1950年,英国是拥有多元化和高品质大学体系的典型国家。当时的大学是什么样的?首先,很少有学生能够上大学。第二次世界大战之前,全英国只有大约50 000名学生被大学录取。这些学生中只有一小部分是妇女,大多数学生来自上层阶级或中上层阶级,其中很大一部分来自私立中学,而这类学校只为少数人提供教育。

我们不能就此断言说所有学生都来自富裕家庭。较为富裕的专业人士认识到大学教育的价值,可能会更愿意为自己的孩子负担费用。教育委员会(Board of Education)和地方政府会提供教育补助,这些补助通常由工人阶级家庭的聪慧青年获得,因此大量学校教师来自工人家庭。即使在牛津和剑桥,也有数量不多的国家奖学金提供给不同家庭经济背景的学生。

在过去的150多年里,牛津、剑桥和英国的城市大学之间仍然存在着阶级划分的现象,这些城市大学通常起源于伦敦大学及其附属机构。

长期以来,大学承担着不断扩大专业培训的大部分责任。医学作为一门大学学科已经十分成熟。大多数大学都设有庞大的工程学系,尽管当时大多数工程师都没有在大学中受过教育。许多大学都设有法律系。大多数研究生专业教育是通过各类学徒制模式在各专业领域内进行的。技术教育则是由许多不同类型的机构提供的,大学只是其中的一种。

对通识教育价值的重视一直是一种强大的传统,但与美国的博雅教育传统不同,这一时期的英国大学倾向于人文学科与自然科学领域的分流。由大学所控制的中学毕业资格与大学入学资格反映了这种不同。这导致英国学校教育的窄化和专业化,这对该国来说是一个严重的弱点,并且与世界上许多其他教育体系形成了鲜明对比。

有人会问这对个人和国家有什么好处。显然,对于有能力完成大学教育但又没有获得合适机会的年轻人,这种机制并不是十分有效的。虽然少数人显然可以接受高质量的教育,但大学并未充分承担起更广泛的社会责任。许多成为学校教师的优秀工人子弟或许更喜欢其他职业,但成为教师通常是他们的唯一选择。

英国大学的社会排他性意味着它们在维持阶级分化方面发挥了重要作用,它们的这一角色延续了相当长的时间,并且在某些领域这一历史角色仍在延续。对于那些能够获得大学层次教育的人而言,教育仍然是跨越社会鸿沟的关键机制。对于社会而言,当时较为有限的大学教育机会在很大程度上保证了毕业生的就业机会。然而显而易见,到了1950年,由于第二次世界大战后社会的普遍期望提高,并且由于经济迅速发展所带来的人才需求增长,当时大学对学生人数和毕业生人数的严格限制已经不合时宜,社会和经济发展需要更多的大学毕业生。

"大众化"

有趣的是,在美国和英国,精英高等教育机构(例如英国的牛津剑桥和美国的常春藤盟校)最初都未能迅速扩张以提供足够的新入学名额,而为英格兰的城市大学和美国的赠地大学留下了发展空间。大学下一阶段的发展蕴含着巨大的能量,因为大学的数量、跨学科的广度、学生规模以及教育公平计划都以前所未有的速度扩展。这充分印证了伟大的美国教育家克拉克·克尔(Clark Kerr)所说的多元巨型大学发展模式。这些机构有成千上万的学生,包含各个学科学院,拥有研究生院和本科生院,是其所在地区的最大雇主,并通过教育学生以及产出研究和创新成果对区域经济和国民经济作出重要贡献。从本质上讲,当今大多数一流公立大学都是这种类型的机构,它们很好地扮演了大学的四个支柱性角色。

高等教育公平

伴随着现代大学的发展,两种有利的趋势都得到了增强。首先,学生录取和教职人员构成方面的公平性已大大提高。

女性学生从高等教育入学人群中的一小部分变为一半以上(在许多大学中),这与整个社会的男女比例相当。

相较于女性学生比例,在许多国家,弱势群体和少数族群的比例则显得落后,且这一比例的提升仍遥遥无期。在美国,这显著体现在来自社会经济地位最低的工人阶层家庭子弟极低的入学率;而在英国,工人阶层子弟的入学率同样非常低。在教职人员队伍的组成方面,性别失衡状况有所改善,但越往上失衡越严重。女性正教授的比例仍然严重不足,这一情况就少数族裔群体而言更为显著。尽管如此,纵然现阶段在最高层级的学术职位和大学领导层中，女性和少数族裔群体的比例仍持续不足，但人们已普遍认同在这一方面具有持续改进的必要性——尽管在大多数情况并未付诸行动①，但这种认识本身即一种真正的进步。

另一个实质性的变化在于人们开始广泛接受这样一种观念，即大学不仅可以而且必须为整个社会的财富增长作出贡献。这种贡献不仅来自于它们所开展的研究及其应用，也包括它们的毕业生所作出的成就。

这个时代最典型的例子便是斯坦福大学发展成为世界上最伟大的研究机构之一并催生出了硅谷，这为加利福尼亚州、美国，乃至全世界创造了巨大的财富。此外还有许多大学为创造就业机会和促进国民经济发展作出积极贡献的例子，尽管与斯坦福相比或许不那么引人瞩目。这些例子包括英国剑桥大学附近区域的高技术产业，庞大的波士顿智慧工业中心，北卡罗来纳大学-杜克大学三角区的新兴产业，德国莱茵·内克尔(Rhine Necker)发展项目，以及加州圣迭戈(译者注：加州大学圣迭戈分校所在地)的新生物技术产业。大学的贡献并不仅限于它们所在的地区！大学的研发成果和它们富有天赋的毕业生无处不在，使之无论位于何处都可以驱动全球经济！创造创业环境已真正成为大学的核心任务。这导致人们普遍接受这样一种观点，即成功的现代高科技经济体的关键是工业界、政府和大学的共同努力。

克拉克·克尔(Clark Kerr)定义下的多元巨型大学(multiversity)伴随着高等教育"大众化"进一步发展。当前在许多国家，大学入学率已超过 40％，与 20 世纪 50 年代相比发生了巨大变化！随着这种情况的发生，上文所提及的多元化发展趋势进一步加强了。

作为近期的一个主要变化，在世界上许多地区，高质量的营利性私人高等教育提

---

① 例如，英国的 Athena SWAN(科学女性学术圈)项目。该项目旨在提升女性在各个层级上的学术机会，并已初获成功。

供者进入了教育市场，例如道格·贝克尔（Doug Becker）在美国成立的桂冠集团（Laureate group），该组织在拉丁美洲和亚洲的大部分地区经营着私立大学。桂冠集团大学提供高质量的教育，但基本不具备研究能力。贝克尔现在出售了他在集团中的股份，并正在启动一项新业务，即帮助大学提高行政系统的效率和生产力。

事实上，就大学的四个支柱性角色，许多这类大学的使命高度偏向教学。很显然，在差异化的大学发展模式下，单一机构在四个方面所作出的贡献很可能是不平衡的。（与之相比，美国的私立常春藤联盟高校在庞大基金会的支持下在科研领域作出了重大贡献。）

远程学习的发展（包括通过开放大学及其模仿者，以及信息化教育）给公立和私立大学带来了更大的变化，大学可提供在不同国家/地区以在线方式获取的本科和硕士学位。其中一些项目甚至是跨大洲运营的。美国亚利桑那州立大学（Arizona State University）在这一领域尤其活跃，伦敦国王学院（King's College）和澳大利亚莫纳什大学（Monash University）等高校与私人高等教育提供商 Pearson 集团合作，提供高水平在线硕士学位项目。

这一变化与慕课（MOOC）的开发相伴而生，慕课是由诸多高等教育提供商和大学提供的准学位级别高容量模块化课程，我们将在之后的章节讨论这一话题。今天的大学体系比20世纪初更加多样化。不同类型的高等教育机构采用截然不同的方式来实现其核心使命即教育和研究，并且各种方式都发展迅速。

大学一直在通过自身变化响应外部压力，但很显然，这种变化在20世纪之前非常缓慢，并且在20世纪上半叶有过一段相对停滞的时期。在此之后，研究型大学的办学模式随着高等教育机构的发展而获得极大发展。大学的规模大大扩大，涵盖了更为广泛的专业项目，并且招收了相较于过去更高比例的年轻人。

在响应社会需求而发生变化的基础上，信息革命以来的技术变革促进了远程教育的发展。这一变化过程是相对易于描述的。

直至当下我们需要根据社会对人才培养以及科研学术知识生产的需求对这些变化进行规划。

❧ 历史的回顾与当前的现状 ❧

回顾大学的早期历史,我们可以发现大学的精神及其对外部世界的态度和贡献与周遭的现实需求紧密契合。大学四个支柱性任务的持续发展(即理解变革,驾驭变革,为变革进行教育以及创造促进变革的环境)是其发展历程的显著特征。

基于这一视角,即将发生的巨大变革可被看作大学发展历史进程的内在组成部分,而非完全新生的外部事物。修道院大学在一个知识极度有限且几乎没有技术革新的世界中蓬勃发展。它们为学生提供了查阅图书馆资料的能力,以及与充满天赋的老师和同龄人互动的机会。它们确实为欧洲中世纪社会的稳定作出了巨大贡献。

宣称大学驱动了宗教改革、文艺复兴以及启蒙运动等人类思想史上划时代的变革显然有些夸大其词。但我们至少可以说,大学为这些变革的发生作出了自己的贡献并使之从中受益匪浅。

这一历史阶段的特点是大学从僵化的宗教机构演变为珍视新知识又将之传授给他人的机构,这种变革显然比上文所描述的更为缓慢。当这种变革发生时,修道院精神逐渐被行会精神所取代,这种新思想把大学视为理性的信标——它们与外界相对隔绝且发挥着中立的影响力。

大学的"象牙塔"形象可以追溯到这一时期。这一比喻显赫地象征着大学对作为真理的知识负有绝对责任,并且在将知识提供给外部世界的同时又不受外部世界的过度影响。纽曼的牛津大学或许是这类机构的典型代表。

毋庸置疑，伴随着大学的发展，所有早期传统仍然在其中有迹可循，有时甚至会让人感到不舒服。修道院传统在许多大学中都以其强大的神学系为代表，但必须说明，它们与19世纪的神学系极为不同，因为它们受到周围学术传统的强烈影响。行会传统在学术生活中仍然根深蒂固，许多人认为大学应该与整个社会高度隔离，并且不应承担超出其传统范围的过多职责。这种观点虽然不像从前那样广为接受，但在一些颇具影响力的一流大学中仍然可以找到其拥趸，甚至可能是当下某些学术团体内的普遍态度。

§ 结语 §

本章节中对历史的概述使我们得以考虑在未来几十年还可能发生的一些更大变革。不难看出，尽管有着不同的发展速度，但在每个时代都可以看到本书第1章中所述大学支柱性角色的发展。就这一点看，当前的变革不应被看作是新生事物，即使变化的幅度更大。

当我们展望未来时会发现，事情并不简单。社会正在以前所未有的速度发生变化。我们仍处于信息革命的初期，人们在未来几十年中如何获取、使用，甚至增加知识无疑将经历更多的变革。

这个星球所面临的诸多问题都有赖多学科的方法，许多学科杰出的研究人员通过关键领域的多学科教育和多学科研究带来了新方法。几乎所有全球性重大挑战都有赖于这种方法。

主要的大学，尤其是那些从事自然科学、工程学以及医学研究的大学，其资本投入和运营成本是巨大的。日益高涨的大学预算使得即便是富裕国家也越来越难以单纯通过税收来筹集资金。

大学有责任像从前那样顺应社会需求、应对当今的挑战——这不仅需要加以考虑,并且需要采取多种方式加以实施。我们需要的不仅仅是让一个业已多样化的体系日益多样化,我们更需要大学这个传统重点机构愿意走出舒适区并以更快的速度适应变革。毫无疑问,我们正在迎来一个充满挑战的时代!

对大学的历史历程进行分析,可以清楚地认识到,当今的大学有充分的必要应对新的挑战,即满足当前比以往更广泛的社会需求。

这种需求通常带有普遍性,同时也因校而异。

考虑到某些政治领袖仍然将大学视为光荣的最高学府,将之视为聪明的年轻人在进入现实世界、投身职业生涯、展开他们成绩斐然的一生之前的去处,这种想法是不是显得太雄心勃勃了?

对许多人而言,对大学及其教职员的尊敬与早年间相去甚远。事实上至少在英国,近年来这种尊敬已经到达了最低点,这或许是因为大学本身已不再是仅由精英组成的机构,而在美国、英国以及澳大利亚,政府对大学的公共财政支持一再受到审查,且总额呈下降趋势。这已经开始动摇大学的自信心和自我认定。

本书旨在帮助大学重新树立自身的信念与信心,为世界各地社会经济在未来的发展和恢复作出贡献。我们认为:

各国政府应该阐明本国大学的历史和贡献,以及它们所希望的应对未来挑战的方式。

大学应该阐明其在历史上对当地、国家以及国际社会所作出的贡献,包括它们曾扮演过的最具影响力和最为高效的角色。

第3章 大学与工作

❧ 工作为什么重要 ❧

我们所有人都经常为不同的事情担心。然而"职业焦虑症"对每个人来说都是人生故事的重要组成部分——即便我们能够找到与自己才能相符的工作并偶尔获得晋升的机会。其中一部分原因是因为广受认可的所谓"职业精神",这与人们通过工作对社会作出贡献相关,同时也和我们需要赚取收入来支付生活必需品有关。

我们中的大多数人都会经历一次或多次就业焦虑,并且这种焦虑在过渡时期尤其强烈。对于大多数人来说,当他们将要完成全日制学习并开始寻找职业发展的机会时,这种焦虑表现得尤为严重。

当然,传统意义上大学创造、管理以及传播知识的使命仍然存在,并且是大多数大学教职员的主要工作动力,但这本身并不能解决学生对求职的担忧。

本书的作者之一埃德·伯恩(Ed Byrne)对于自己一生中在职业发展的每个阶段对就业的焦虑感记忆犹新,尤其是在毕业离开大学时。因此他完全理解年轻人日益关注高等教育机构是否可以使他们做好就业的准备。

❧ 引言 ❧

我们的世界几乎在任何一个方面都在迅速发生着变化。这意味着我们所有人（个人以及社区）在日常生活中都将面临越来越深刻和复杂的挑战。本书的中心论点是，高质量的大学必须成为应对这些挑战并使我们过上良好生活必不可少的手段。

对于我们正在经历的经济和社会领域变革的描述有很多，本书在此摘录了由世界经济论坛创始人克劳斯·施瓦布（Klaus Schwab）于2016年初撰写的一段经典文字[①]：

> 第一次工业革命使用水和蒸汽来进行机械化生产。第二次工业革命则利用电力创造了大规模生产。第三次工业革命利用电子和信息技术使生产自动化。当下的第四次工业革命以第三次工业革命为基础。数字革命自20世纪中叶以来一直在进行，其特点是融合了各种技术，从而模糊了物理、数字技术以及生物领域之间的界限。
>
> 以下三个因素表明今天的转型并不意味着第三次工业革命的延续，而是代表了第四次革命的到来：速度、范围以及对系统的影响。当前技术突破的速度史无前例。与过去几次工业革命相比，第四次革命的发展速度是指数级的，而非线性

---

① https://www.weforum.org/agenda/2016/01/the-fourth-industrialrevolution-what-it-means-and-how-to-respond/.

的。同时，它正在改变几乎每个国家的每个行业。这些变化的广度和深度预示着整个生产、管理，以及治理系统的转变。

拥有无与伦比的信息处理能力、存储能力，以及知识访问能力，并且将数十亿人通过移动设备相互连接成为可能。这种可能性将伴随着人工智能技术、机器人技术、物联网、自动驾驶汽车、3D打印、纳米技术、生物技术、材料科学、能量存储，以及量子计算等领域的新兴技术突破而倍增。

事实上，人工智能已经存在于我们身边，从自动驾驶汽车和无人机到虚拟助手和翻译或投资的软件。近年来，由于计算能力的指数级增长和大量数据的可用性，人工智能领域取得了令人瞩目的进步——从用于发现新药的软件到用于预测我们文化兴趣的算法。同时，数字制造技术每天都在与生物学界互动。工程师、设计师和建筑师将计算设计、增材制造、材料工程以及合成生物学相结合，开创了微生物和我们的身体、消费产品，甚至是我们所居住的建筑物之间的共生关系。

第一次工业革命主要发轫于英国，而第四次工业革命的主要策源地是美国的硅谷，并且中国也在越来越多地参与其中。显然，国家和大学需要为第四次工业革命而非第一次工业革命培养人才。

大多数评论家都认可这样的论断。本书的目的不是讨论此论断的是非，但是我们确实认为，世界各地的大学都有责任了解和解释正在发生的变革并为此作好准备。而且与其他任何一种机构相比，大学确实能够做到这一点。

在就业市场中，这种变革的巨大影响比在任何地方都更加明显，因此所掌握技能和知识的性质对于投身新兴产业的毕业生来说至关重要。大学在教育人们如何在新经济和新社会中发挥作用方面扮演着核心角色，这与之前几次工业革命的情况完全相同。如本书第2章所述，在这一过程中，现代意义上的大学被建立起来。

伴随着经济的全球化，工业生产的地理位置发生了变化。用于生产煤炭、钢铁、轮船、汽车等各种产品的地理区域已遍布世界各地，使传统工业社区失去了就业机会和繁荣的来源。而且，除了经济领域之外，这一现象还产生了重大的政治后果。

此外，生产过程的性质也已经发生了巨大变化，并且变化仍在继续发生。例如，雇用数千名员工的大型工厂逐渐减少，自动化的兴起承担了更多的常规工作，而生产过程则成为了复杂的网络。

随着女性加入劳动力市场，劳动人口发生了巨大变化，人均寿命的延长使退休时间后移，人们的工作时间变得更长。世界上大多数国家正在经历着从农业社会转型的重大转变，而值得庆幸的是，童工现象正受到越来越多的谴责和遏制。

从使用简单的笔记本电脑或智能手机到处理高度复杂的生产系统，越来越多的工作需要有效利用技术手段。

美国东北大学（North Eastern University）校长约瑟夫·奥恩（Joseph Aoun）在他的著作《Robot-Proof：人工智能时代的高等教育》中对此进行了很好的阐述。[①]

这些变化所带来的挑战深刻而广泛。不仅仅在技术层面，工作的性质及其在社会中的主导地位将在哲学和伦理层面发生变化。

同时，工作性质和就业方式的变化也将影响每个人的收入，而大多数人的主要收入几乎都来自于工作。因此，随着工作的变化，获得收入的方式也将发生变化，人们需要采取实现财务自给和可持续性的新手段。

本章节将论述工作本质的变化将以何种方式改变我们的社会，讨论大学可以为变革作出贡献的潜在方式，继而探讨大学自身为应对变化而必须作出的改变。

---

① https://www.amazon.co.uk/Robot-Proof-Higher-Education-ArtificialIntelligence/dp/0262037289.

❧ 我们周遭的变化 ❧

对大学必须纳入考量的那些工作本质的特定变化作出界定非常重要。大学需要解决这一变化过程的许多具体方面：

1. "终身职业"急剧消亡。这意味着，大约 18 岁左右的传统单一高等教育入学时间节点已被许多新的学习开始节点所取代，这要求课程和教学模式具有前所未有的灵活性。

2. 如今，在大多数就业领域，几乎每个人都需要掌握多种不同的技能。科学文化和人文文化的二元对立与 60 年前相比显得更加脆弱。[1] 除了"数学，英语、科学"之外，大多数人还需要掌握各种技术和沟通技巧。服务经济的发展削弱了人们的基本数学技能。而教育对数学的忽视一直持续到大学阶段（译者注：作者指英美等西方国家情况），这导致劳动力可能并没有针对新世纪对技术的需求做好充分准备，甚至没能很好地形成作为一个合格公民所必须的分析能力。正如许多研究所揭示的那样，这些问题在狭义英语社会教育系统 16—18 岁年龄段学生中尤为严重。

3. 奥恩（Aoun）在其著作[2]中探讨了人工智能发展的重要性和影响，指出人类所需要发展的以区别于机器的特殊能力是创造力、思维灵活性、社交能力以及想象力。大学有能力并且确实有必要帮助学生养成这些素质。

4. 那些曾经在职业生涯中几乎不需要更新的专业技能现在正在迅速变化，其原

---

[1] http://s-f-walker.org.uk/pubsebooks/2cultures/Rede-lecture-2-cultures.pdf.
[2] https://www.amazon.co.uk/Robot-Proof-Higher-Education-ArtificialIntelligence/dp/0262037289.

因包括但不仅限于技术的变革。因此,作为医生、工程师、教师,以及所有专业领域的人士必须能够定期更新他们的技能。这意味着大学必须比以往更加紧密地与企业和专业人士合作。

5. 随着"零工经济(gig economy)"的发展,"就业"与"自我雇佣"之间的平衡正在发生变化。这也意味着个人需要掌握社交和协作能力,并且需要持有积极进取的态度。

6. 全新的技能和工作类型正在出现,这需要更加开放地考虑如何对劳动力进行教育和培训以使其胜任这些工作。

7. 大量工作需要更高水平的技术和专业分析能力,这些技术和能力很可能需要通过研究生教育来获得。英国皇家艺术学会(The Royal Society of Arts)[1]和英国特许人事发展协会(Chartered Institute of Personnel and Development)[2]等智库的工作以及德勤2019年全球人力资本趋势(Deloitte 2019 Global Human Capital Trends)[3]等咨询公司报告都说明了这一点。

这凸显了本书第2章中所讨论的英国与北美体系之间的分野。在美国,研究生教育通常会补充提供大量的本科课程,而就英国研究生教育而言,修读课程基本是本科阶段的任务。

8. 当前的另一个情况是,几乎所有机构的工人都可以通过"外包"或其他方式从世界各地招募。全世界都可以为一个国家提供潜在的劳动力,教育在本质上更具国际性,并且从根本上讲不再仅仅是本国事务。移民是一个非常重大的政治挑战,但是现

---

[1] For example, https://www. thersa. org/action-and-research/creativelearning-and-development? id = 62295.
[2] For example, https://www. cipd. co. uk/Images/cipd-submission-to-hocbusiness-select-committee-on-automation-and-the-future-of-work_tcm18-51802. pdf.
[3] For example, https://www2. deloitte. com/content/dam/insights/us/articles/5136 _ HC-Trends-2019/DI_HC-Trends-2019. pdf.

状不太可能发生改变,劳动力的全球流动将变得越来越重要。

这些都是大学及高等教育系统必须应对的挑战,所有这些挑战都意义重大。现如今,许多大学至少在某种程度上已经开始正视这些问题,但是大多数大学仍对此视若无睹。

❧ 大学与职场的关系 ❧

正如我们在第 2 章中所探讨的那样,大学在其机构使命中始终具有职业培养方面的意义。在中世纪,大学培训了神学家、神父、知识分子以及当时的公务员。到 19 世纪,它们培训了工程师、科学家、律师以及医生,并且在更接近现代的时期里培训了各种专业技术人员。

在《泰晤士报》和《星期日泰晤士报》优秀大学指南排名[①]中可以看到目前在英国大学所开设的一系列具有职业导向的专业,总共包括 67 个类别。其中的 38 个专业类别可被视为具有明显的"职业"导向:

会计和金融	艺术与设计
航空与制造工程	建筑学
农业和林业	商业研究
动物科学	化学工程
考古与法医学	土木工程
建筑设计	传播与媒体研究

---

① https://www.amazon.co.uk/Times-Good-University-Guide-2020/dp/0008325480/ref=dp_ob_title_bk.

计算机科学	材料技术
创意写作	机械工业
犯罪学	医学
牙科学	护理学
戏剧、舞蹈和电影学	药理与药学
教育学	医学理疗
电气与电子工程	放射医学
食品科学	社会工作
通用工程	体育科学
地理与环境科学	与医学有关的专业
酒店、休闲、娱乐和旅游	城乡规划与景观
土地和财产管理	军医学
法学	
图书馆学与信息管理	

此外的29个专业通常可能被认为是"学术性的",尽管它们显然对职业有着重大影响:

美国研究	凯尔特研究
解剖生理学	化学
人类学	古典学与古代历史
生物科学	东亚和南亚研究
经济学	中东和非洲研究
英语	音乐
法语	哲学
地质学	物理与天文学

德语	政治学
历史	心理学
艺术、建筑和设计史	俄语和东欧语言
伊比利亚语言	社会政策
意大利语	社会学
语言学	神学和宗教研究
数学	

当然，这样的分类在某种程度上并不严谨，但我们完整列出了这些专业，以使读者相信大学已经进行了大量技术和专业导向的教育。我们相信这样做是有必要的，因为在某些地方，现代大学是"学术性"而非"职业性"的观点越来越受到人们的关注。基于令人信服的事实，我们不同意这种观点。大学主要是"学术性"的这种看法树立了这样一种观念，即大学无法开展"学徒制"训练并且几乎无法教授产业界所需要的技能。

大多数职场雇主会说，在众多"学术性"科目中获得良好成绩是毕业生得以与他们一起工作的重要而有价值的资格。事实上，如今诸多所谓的非应用型学科都包含大量职业培训的成分。

英国大学科目列表毫无疑问地说明职业要素是当今大学教育中不可或缺的部分，因为这一要素贯穿了大学的整个历史。

当然，"纯粹"学术学科仍是大学教育的重要组成部分，但"职业"导向的学科至少同样重要，无论人们如何对所谓"米老鼠学位"（译者注：语出英国前教育部长玛格丽特·霍奇，用以形容高尔夫球管理、马术心理学等惹人喜爱却无助于学生职业生涯的专业课程）进行缺乏根据的批评。

大学的体制结构反映了这一历史。1963 年罗宾斯（Robbins）报告[①]之后，当时的

[①] http://www.educationengland.org.uk/documents/robbins/robbins1963.html.

高等技术学院于 1966 年变成了大学。1992 年的《继续教育和高等教育法案》(*The 1992 Further and Higher Education Act*)随后授权将理工学院和其他一些机构专设为大学。2004 年,标准进一步被放宽,以便许多从前的教育学院(主要指教师培训机构、艺术与设计学院等类似机构)成为大学。就对高等教育机构的要求而言,授予研究型学位以及称自己为"大学"所必须具备的基本条件被删除了。

在此之后的 21 世纪 10 年代,在保守党和自由民主党两党联合执政政府的领导下,我们见证了私立营利性高等教育机构的兴起和成长,其中许多机构成功地获得了大学的头衔和学位授予权。政府鼓励这类私立营利性大学(主要是教学型大学)的发展,希望其成为传统高等教育机构的挑战者,它们认为这将为学生创造更多选择。这类具有很强的职业取向,尤其侧重于与商业有关的课程,例如法律、会计以及商学。它们中的一些是诸如法律大学(University for Law)之类的单科机构,尽管其中一些正在寻求发展为多学科的大学。伴随着这一变革的发生,继续教育学院也在人才培养方面发挥了重要作用,它们通常通过与大学合作提供高等教育学位证书。

在过去的 50 年中,护理、辅助医学以及会计等专业项目已开始获得学位项目专业身份,这些学历本身则是在大学中获得的。

值得注意的是,在某些领域(尤其是护理专业和小学教育专业),有人认为大学不是培养这类专业人员的合适场所,并建议主要在工作场所进行培训。我们认为,这种态度没有充分考虑到大学学历的附加价值以及在任何工作领域中通用性思维能力的重要性。

但是,对于此类专业训练过程中过于"学术化"的担忧确实为大学与相关工作场所之间的密切合作提供了理由。这类专业/职业取向的大学课程或许应该包含更多与实际工作直接相关的组成部分。

为了解决这类问题,一些知名教育学家敦促"恢复理工学院"并感慨于它们竟然成为了大学。我们不支持这种方案,因为它会在大学和其他高等教育组成部分之间造成难以令人满意甚至是破坏性的"二元对立"鸿沟。这种观点也反映出一部分人意图延续社会经济阶层分化的倾向。

我们注意到,一些提出此类论点的人通常拒绝接受这样一种观点,即他们自己的子孙后代不应该抱着延续阶层分化的潜在目的去上大学。

问题的关键不在于建立新的部门,而是要在给予同等尊重的前提下明确不同高等教育目的间的真正区别,包括处理好职业与教育之间的关系。

包括一些最具实力的"学术型"大学在内的高校显然已经这么做了。不同的证书对应不同的课程结构和学习方式。例如,建筑师、医生和兽医通常需要学习5到6年才能获得学位,而其中的很大一部分时间不是在演讲厅里度过,而是"在工作场景中"——在医院、建筑师工作室等相应的机构里。

在相关领域中,雇主和专业的要求与所学课程的内容及评价之间通常存在着密切的关系。

在许多大学中,学习形式本身就是为了使大学与工作场景相互融合而设计的。所谓的"三明治课程"和"基础学位"旨在强调这种关系,并基于雇主的利益调整大学教育的性质、课程以及教学方式。

最近的一个例子是英国政府在2015年3月公布了9种基于行业需要设计的新型"学位学徒项目"。这项目将完整学位教育与专业培训相结合,费用由雇主和政府共同承担。据技能资助机构(The Skills Funding Agency)估计,2016年,在40所大学中有1500至2000名学生注册了这类项目。一些新的学位学徒制项目目前正在开发。这意味着就实现更大规模的高等教育转型而言,当前的发展策略(包括开设学徒制课程等)并不是最优解,并且该机制成功发展所仰赖的雇主们对此并不都表示接受。进一步发展这一教育理念更为有效的方法或许是加强大学与继续教育机构之间的合作伙伴关系。

为了解决这些问题,高等教育衍生出不同的课程结构,包括兼职学习、在家学习以及在线学习。以开放大学为代表的机构开发了多种新的学习模式,现代技术的使用使学生能够在不同的时间和地点进行学习,以达到某种便利性。这种模式为数百万从前没有机会进入大学的人提供了高等教育机会,并已被世界各地的主要大学所仿效。

新大学资助系统的缺陷之一即修读开放大学课程的学生得不到经济上的支持。新的资助模式亟待推出,以实现对各类非全日制教育学生的资助。

显然,在线大学教育的发展正在迅速扩张,并且这种趋势很可能会持续下去。

在过去的50年中,这种趋势经常伴随着争议。许多学术评论家对上述诸多变化感到不满,例如1992年允许理工学院成为大学的决定(如前文所述),又抑或是"在线"大学学位的发展。

然而,这种批评的基础尚不清楚。诚然,有些转型成为大学的机构经历了"学术漂移",它们的办学重点从高质量职业教育转向了作为大学使命的科学研究,虽然有时它们的研究水平差强人意。我们将在第6章中讨论其中的一些问题。

此外还有一种情况是,许多未能取得大学资格的院校在与大学竞争本科生源方面深感处于不利地位。事实上,在提供优质本科教育及良好的潜在就业机会方面,某些大学的表现更不如人意。在那个年代,能否获得"大学"头衔取决于科研质量而非教学质量。

但是,有些批评出于单纯的势利以及这样一种观念:即某种形式的职业教育对大学而言是"合适的",而另一些则"不合适"。一些大学有这样一种错误认识,即大学应该是一个汇聚国家最聪明的人的地方,而非培养商务人士、公务员、专业人士或国民生活中其他领域人士的地方。尽管一个国家一部分最聪明的人确实在大学里工作,但这种错误认识的危害是,过高的自尊心会助长象牙塔心态。

就像这本书一样,大学最好从一开始就承认职业培训是其核心使命的一部分。大学需要为学生提供职业生涯前的准备,包括对特定专业学科知识的掌握以及一般性技能、能力和特质的养成。

与之相伴的,大学应尽可能与外部世界——无论是公共领域抑或私人领域——建立一个界限,并且应制定政策以鼓励在学术传统约束下巩固与外部世界的合作关系(例如与商业竞争的距离)。这种界限所具有的灵活性不应被视为是理所当然的——对于某些大学而言,与行业合作伙伴以及大学的其他主要利益相关者建立有价值的合作关系可能极具挑战性。

当然,科研仍是大多数大学的核心使命之一,它也是大部分国立大学日常工作的重要组成部分。我们将在第4章中对此进行详细讨论。

在第2章中,我们描述了过去几十年来为提供尽可能多的大学教育机会所付出的巨大努力。1963年的《罗宾斯报告》(*Robbins Report*)在英国开创了先例,而澳大利亚的吉拉德(Gillard)政府则承诺让40%的年轻人接受完整的大学教育。

一小部分具有政治影响力的思想家始终反对这些努力,只要他们自己的家庭和所处的社会阶层得到大学入学机会的保证,他们就会简单地说"更多大学教育机会意味着更糟的大学教育"。

但是,如果像我们所认为的那样,这种"渴望时光倒流学派"关于大学角色的学术评论是不正确的,那么问题的关键就变成了如何确保大学自身能够适应其迅速变化,以应对现代世界中工作本质日新月异的变化。我们现在将进而讨论这一问题。

❧ 大学在当下应该如何变革? ❧

大学可以并应该通过多种方式来应对工作性质的快速变化。其中最重要的是让大学明确承认自身在为学生预备其进入职场方面的关键角色。我们关注三个主要方面,所有这些方面都需要与公共和私营部门雇主保持良好的合作伙伴关系:

- 从为现代工作作好准备的角度检视课程的需要,这伴随着新课程和新学习方式(主要是非全日制学习方式)的相关发展,以及贯穿整个学习过程的不同入学时间节点;
- 提升学生为工作所作的准备;
- 国际维度的发展。

为工作作准备所需要的课程和学习时间安排

在大多数国家/地区,包括英国、欧盟和中国,大学教育的发展主要是基于"早期教育型"模式,尽管具体情况因高等教育系统而异。大约90%的大学生年龄在18至24岁之间,在发达的经合组织国家/地区,主流文化希望具有高中学历的年轻人直接上大学,学制通常为三年。类似情形也存在于美国模式的研究生教育——一部分学生在获得学士学位后离开大学,而另一部分人则在研究生毕业后离开大学。(译者注:作者此处主要描述了一种主要针对"适龄"学生"校门到校门"的高等教育培养模式。)

大学毕业后,有些学生继续攻读一年制或两年制硕士学位,但在此之后,几乎在所有高等教育系统中,大多数人在余生中都很少或根本没有与大学再发生实际联系。

这种"早期教育偏见"所基于的理论是简单明了的:进入工作岗位的人在开始工作时就需要接受培训,以便他们有资格从事相应的工作。在大多数情况下,大学学位足以使毕业生有资格从事相关专业的工作。在其他情况下,毕业生可能还必须通过学位教育以外的正式专业资格认定才能继续从事相关专业。

更为普遍的是,大部分雇主会将学位或是"好的学位"["即"一般学位"或以上等级的学位(译者注:此处指英国高等教育体系内高于"一般学位"等级的"本科荣誉学位")]视为申请用人单位中某些空缺职位的资格。他们很可能对学生所学的具体专业持灵活态度,并且假定学生所获得的学位足以为他们的职位申请提供依据,并能够为他们的学习生涯提供背书。从广义上讲,他们对学位授予大学的质量充满信心。

然而,最初设想这种"早期教育模式"的理性现实正在发生巨大变化。

现在,比过去少得多的毕业生预计他们在大学毕业后会从事一份延续一辈子的工作(这意味着在到达 65 至 75 岁之间的"退休年龄"之前,在大约 40 至 50 年中从事同一份工作)。那些一直从事相同职业的人会发现,在他们的工作生涯中,行业发展的方式几乎发生了超出想象的变化。

仅此一项根本性的改变就给大学带来了四个重大挑战,而目前只有很少的人认真对待这些挑战。

首要的挑战是大学应该提供何种形式的课程,以使那些已经拥有大学学位的人能够更容易地获得在日后的人生中(例如在 35 到 45 岁之间)进入新职业或行业所需要的专业资格和技术资格。这些课程的教学结构和方法应该是怎样的?重新修读完整的学位课程不应该是唯一的选择,一些大学在这方面开展了具有想象力的工作,但各种替代方案仍需大力发展。通常而言,大学在探索教育新的可能性方面不够积极,尤其是在发展能使人终生受益的非全日制教育资格方面一直行动迟缓。线上教学硕士学位项目是另一种重要的方式,然而这一方式直到最近才被相对广泛地应用,它使人们在工作之余可以灵活地开展学习。

其次是大学是否应该提供再培训/知识更新/持续性的专业发展项目,以使毕业生(尤其是"职业"课程毕业生)在职业生涯中保持与时俱进的状态?

律师行业对"持续能力"和"持续专业发展"(CPD)的要求已经意味着律师需要获得常规的 CPD 学分才能继续执业。一些大型雇主(例如 BT)在专业能力发展方面也有相似举措。对于几乎所有专业/行业而言,这将是一个日益增长的趋势,而大学则应该提供职业生涯所需的非全日制(而非全日制的)培训项目。非全日制课程和在线教育为实现这一目标提供了极佳的模式。一个绝佳的例子是 NHS(译者注:即 National

Health Service，英国国民保健服务）与专业机构合作开展的英格兰健康教育项目（Health Education England programme）——"健康在线学习（E-Learning for Health）"，尽管参加此类课程并非正式要求。

大学可以提供模块化的短课程单元和学习资料，这些模块共同构成受到认可的研究生学历教育项目。这需要对学历教育的模块化结构进行创造性思考。

其三，大学是否能通过提供新的学习模式、课程结构，以及教育体系是否足够灵活地应对此类挑战？这或许有赖于一个更好的入学标准测试系统，这本身将带来重要的教学效益，尤其是当可行的新方案能被用以替代当前基于最终学术表现的收费标准。

关于灵活性的另一个非常重要的问题是学术人员是否允许课程结构相对于原有的学年时间表变得更具灵活性。人们只需观察大学中闲置半年有余的大量设施就可以了解当前灵活性的缺乏。在不被用于常规教学时，人们很容易将这些设施有益地用于非全日制CPD和硕士学位项目。

第四个挑战是大学在多大程度上可以与相关专业机构达成某种认证体系，从而使课程本身对潜在的学生而言更有价值并增加他们的就业机会？例如，二者是否可以商定某种标准，以使中小学校长职位的潜在申请者预先具备某种证明其资质的资格认定？

大学应该有可能与其主要的工商业界合作伙伴达成协议，共同设计并认证业界内部的终身学习和专业发展活动。

随之而来的是一个更为普遍的问题：大学学位教育应培养学生的哪些技术和才能，以使他们为在更具流动性的就业市场中施展才干作好准备？大学通常应采取何种措施来提高毕业生的"就业能力"？这一方面最近有一些新动向，但仍有许多工作要做。大学应该在这一方面更具野心和创新性。

就上述各个方面而言，过时的"象牙塔"路径阻碍了大学的发展。在某种程度上讲,大学之所以会抵制变革,是因为它们在相当程度上确信自身不应成为将学生引向特定职业的助推器,而应专注于帮助他们成为独立的学习者。

如果大学要与时俱进,那么对于开发和设计课程的学者来说,至关重要的一点是,他们必须认识到工商业界和各专业领域中的关键人物对于课程建设和讲授的最佳方式拥有宝贵的想法。塔塔卡里亚(Kumar Bhattacharyya)和他在华威大学制造工程学院(Warwick Manufacturing Group)的同事们提供了一个很好的现实案例,然而在医学和健康领域外,这样的实践只是个例外而非常规。

然而,尤其是在某些经济部门和一些大学,学术界似乎未能实质性地充分参与其中(例如在课程选择和工作安排方面)。但当雇主抱怨毕业生的工作技能时,他们则会感到惊讶。

对于这些挑战,有多种潜在的解决方案,所有这些方案都已被一些大学实施,但都并未得到广泛应用。这些方案包括:

1. 提供包括各种学习模式并持续一生的"技能和职业更新"项目(例如,每两到三年提供一次)。这可以广泛性地提供给全社会,但也可以特别提供给自己的校友,这或许可以作为一种类似"终身会员套餐"的服务,校友在毕业后即有权使用。这种方法将带来额外的好处,那就是通过提供专业性内容维护校友关系,而大学越来越多地几乎仅仅是出于筹款目的与之联系。

2. 以多种课程结构和模式提供广泛的研究生学位课程套餐,使具有学士学位的毕业生得以进一步学习特定的专业知识,这些专业知识可以在他们的整个职业生涯中按需取用。同样,此类课程可以广泛提供给全社会,也可以专门针对自己的校友。授予小额学分是一种非常有趣的潜在方案,使他们可以在工作之余通过学习积累到硕士学位认证。

3. 针对特定的职业和工作资格认定开发范围更广的"四年级"硕士课程是一

种可行的具体做法。然而可悲的是，在许多大学中，研究生学位或被视为博士学位项目的第一年即进入学术生涯之前的预备学位，或被视为与大学本身关系疏离的营利性项目。这种态度亟需改变。为了真正最大限度地利用研究生学习阶段，大学应该在更大程度上专注于建立硕士研究生课程与雇主之间的跨部门紧密合作关系，并且其中大多数项目将会是非全日制的，学习周期将延续数年。这种合作伙伴关系不仅仅涉及课程设计和辅助教学，还涉及生涯指导和兼职实习机会。

4. 应该建立 A Level 考试（目前英国大学入学最主要的考核模式）以外的入学标准体系，以评估学生在今后的人生中能否从当前的职业大学学位项目学习机会中获益。这种机制已经在一些地方实施，但仍需要实质性的发展，以便为学生将来全新的职业生涯创造一种真正灵活、开放的学习方式。

问题的关键是要确保有能力完成课程的年轻人入读大学，而又不降低所提供课程的难度。

所有这些想法旨在使大学更好地应对职场不断变化的需求。如果可以与相关就业单位和专业机构密切合作开发课程和资格证书，那么上述举措将更加有效，因为这些机构中的大多数拥有相当完善的基础设施，可以轻松地与大学开展更为有效的合作。

英国于 2001 年开始建立了行业技能委员会（Sector Skills Councils），现在已有 21 个。它们是由雇主主导的职业技能组织，覆盖英国大约 90% 的劳动力，与超过 550 000 个雇主建立合作关系，以确定行业中的技能需求和标准。许多地方都建立了强大的"地方企业伙伴"（Local Enterprise Partnerships）合作机制，将所有致力于当地经济发展的人聚集在一起。该合作网络提供了行业部门的影响力，可以帮助大学努力解决不同行业部门内部或跨部门的技能需求，并开发具有创新性的技能解决方案。

这一建设性变革所带来的挑战也一直是澳大利亚政府关注的重点，但与英国一样，大学要真正成功地改变与工作之间的关系，仍需要大量努力。

改善学生为工作所作的准备

近年来,"就业能力"在美国、英国和其他地方的大学中得到了更高的重视。泰晤士高等教育(THE)2018年全球就业排名[①]从就业能力的角度列出了当前大学的世界排名。该排名2016年版的简介指出:

> 就业观念充满了悖论,其中最为惊人的是,尽管大学和雇主一致认为就业对毕业生来说越来越重要,但二者对就业意义的共识却很少。

但是毫无疑问,促进就业仍然是大学的重要愿景。

尽管缺乏明确性,但从前的英格兰高等教育资助委员会(Higher Education Funding Council of England)仍鼓励大学集中精力采取措施提高学生的就业能力。其后继机构学生事务办公室(Office for Students)正在更加积极地开发实现这一目标的路径。

新的"教学卓越与学生成果框架"(Teaching Excellence and Student Outcomes Framework)明确要求大学证明学生的"就业能力",并在大学的整体评价中赋予其极大的权重。

在英国,单所大学的毕业生入职成功率从约55%到约90%不等。

英国高等教育统计局(Higher Education Statistics Agency)定期发布的数据揭示了各所大学的学生就业表现以及特定的课程如何实现专业能力发展。

泰晤士高等教育全球大学就业率排名(THE Global Employability Ranking)表明,

---

① https://www.timeshighereducation.com/student/best-universities/best-universities-graduate-jobs-global-university-employability-ranking.

排名靠前的机构,例如麻省理工学院、加州理工学院、斯坦福大学和慕尼黑工业大学(TUM)等,皆因其与行业的联系和创业环境而闻名。例如慕尼黑工业大学将其成功归功于巴伐利亚州大学与行业之间的深厚关系,该大学的学者为宝马、西门子和林德纳等公司工作,这使学生可以即时了解现实的工作环境。

这种大学与雇主关系的深度是一个重要因素,某些机制安排通常可以改善这种关系,例如在专业学院一级建立代表大学各学科的重要外部利益相关者资讯委员会。

尽管这方面的大多数案例都与私营部门雇主有关,但对于公共部门雇主而言,例如学校、医院、警察部门等,与大学进行此类合作也同样重要。一个很好的例子就是让学生参与当地六年级数学或语言课程教学。

这方面有一系列的政策及举措可供不同的大学使用。这些举措包括:

1. 通过工作实习将工作经验嵌入、整合进本科培养

这种非常有效的方法已被多所大学实施,它可使学生获得雇主所重视的知识、技能及特质。

例如,阿斯顿大学(Aston University)超过70%的学生在大学第三年参与实习或参加同等水平的实践活动。大学的目标是到2020年达到100%。

加拿大领先的工程类大学滑铁卢大学(University of Waterloo)提供了一个英国以外的例子,在那里很多学生在职业环境中就读一年。滑铁卢大学将此作为其主要特色并以此为荣。

在阿斯顿大学,每位参与工作实习的学生都与雇主签订合同或学习协议,并且职位介绍是雇主和大学共同商定的。所有学生都必须保留一份反思性的工作记录簿,并根据他们的实习经验提交学术作业。工作实习辅导员在整个实习学年提供持续的学术支持,并定期与大学的职业服务机构联系。学校会举行预备培训,以支持学生从大学进入工作场所再返回大学。

此类实习包括国际实习机会,例如通过伊拉斯莫计划(Erasmus+)资助的国际实

习项目。

2. 在实习学年之前和之后通过一对一专业指导计划提高学生的就业能力

这一计划将职场专业人士与二年级和四年级学生相匹配,可以通过同辈指导计划进行补充,并使正在参与实习的大学三年级学生能够为即将参与工作实习的大学二年级学生提供指导。

3. 开发与工作相关的课程模块

课程可以包括必修模块,以提供关于行业部门发展趋势、挑战,以及工作生活性质的内部信息。例如,阿斯顿大学有一个名为"组织行为导论"的模块,该模块是与主要的毕业生就业单位联合利华(Unilever)共同开发的。

大多数大学都有创业支持计划,以鼓励和发展学生及毕业生的创业技能,包括将原创性学术成果转化为商机的支持计划。

类似可供进一步开发的计划还有很多。

4. 提供各种短期硕士研究生课程,主要是非全日制及在线课程

大学已经在提供一些短期硕士研究生课程,但仍有进一步发展的空间。同时应当扩大获得学生贷款的渠道。这类课程还应使学生能够为日益国际化的就业市场作好更为充分的准备。

5. 高质量的就业咨询

如今,大多数大学提供比传统上更为全面的就业咨询服务。他们定期寻找并宣传研究生项目和实习机会,提供日益个性化的一对一咨询。在大多数高等教育机构中,职业生涯咨询仅由拥有两到三名工作人员的一间小办公室负责的日子早已一去不复返。一些大学为所有二年级学生提供固定课程,教授包括简历写作和模拟面试等技能。他们组织就业评估中心以及由雇主参与主导的网络研讨会和实时聊天。

从事大学就业服务的专业人士强调个人反思和自我发展的必要,并认为学生需要时间和空间来回顾、分析和学习经验。这有助于提高决策的清晰度,并增强各领域的

技能,这对于学生为工作环境作好准备至关重要。

让学生尽早参与职业发展过程也很重要,这样他们就可以将其职业发展工作的重点放在建立人际关系、参加以职业为导向的培训计划,以及追求实习和其他体验式学习机会上。

基于和雇主的特殊关系,职业服务机构可以为学生组织校内公司介绍和招聘会、客座讲座和讲习班,以及校外实践活动,甚至包括提供就业机会。

工作和就业市场的国际属性

就业的本质最终、巨大的变化是它的高度国际化属性,大学应该帮助学生准备好面对这一变化。

一个例子是,2000 年全球仅有 200 万以上的国际流动学生,到 2014 年已增加到 500 万以上,而这一数字目前正在翻倍。随着雇主收到越来越多的国际申请,对于有抱负的学生来说,从一所拥有国际知名度的大学毕业变得越来越重要。

大多数成功的大学开始通过多种方式满足这一需求:

1. 语言教学和文化意识

在国外成功就业的前提是了解当地的文化和习俗,并且最好能说当地的语言。即使英语作为世界语言的地位继续加强,一个人仍然会因为能说更多种语言而获得尊重。会说英语的人一直(并将继续)处于特权地位,因为英语是迄今为止最广为使用的第二语言,尽管中国势不可挡的崛起意味着会说流利的普通话或许会成为一种越来越有价值的能力。

提供语言课程并通过规定语言课程学分要求以及其他方式来鼓励语言学习,是大学教育的重要方面,这些举措在大学一年级阶段或许尤为有效。发展适当的语言能力认证体系同样值得关注。

2. 课程安排、出国学习，以及学生交流项目

欧盟的伊拉斯莫计划①可能是世界上最完善的学生交流项目。事实证明，该计划对于提升伊拉斯莫计划成员国家/地区学生的学习体验极为成功②。澳大利亚和英国的许多大学都希望尽可能多的学生出国留学，即使是暑期短期项目。英国华威大学与澳大利亚莫纳什大学的合作关系就是一个例子。对于大多数学生而言，距离预期目标的实现还有很长的路要走，仍然只有很少一部分学生有机会在其他学校度过相对较长的时间。

现实不尽如人意的原因是课程内容和学分安排缺乏一致性。解决这一问题的方法之一是建立特殊的大学间合作伙伴关系。兼容课程的开发还处于初期阶段，这种课程将允许并鼓励学生在海外合作伙伴大学中度过数个学期甚至数个学年。

这可能是提升国际教育机会重要而宝贵的改进措施。

更广泛地说，学生交流是长期性的、有价值的，并且仍有发展空间。对于来自英国和澳大利亚的学生而言，本科生国际交流相对少见，而对于来自亚洲部分地区的学生而言则越来越普遍。除非大力发展这种项目，否则英国和澳大利亚的学生可能会处于文化劣势。

澳大利亚的新哥伦布计划(New Colombo Plan)③由其外交和贸易部而非教育部管理，该计划使澳大利亚学生能够前往巴基斯坦到斐济的岛链国家（这或许也被视为澳大利亚在外交事务方面施加影响力的举措）。除了教育收益外，该计划还包括软实力和地缘政治方面的考量。

3. 工作/就业机会

解决这一问题超越了国家范围，而国际组件提升了它们的教育价值。

---

① https://www.erasmusprogramme.com.
② EU member states plus North Macedonia, Serbia, Turkey, Norway, Iceland and Liechtenstein.
③ https://dfat.gov.au/people-to-people/new-colombo-plan/pages/newcolombo-plan.aspx.

这种国际意识在本质上很难由大学提供,但是它依赖于拥有能够在课堂上塑造国际化课程和思维方式的教职员。对于大学而言,在所有计划中吸引并留住拥有这种技能的雇员并不总是那么容易。但是,如果强大的国际大学合作伙伴组织发挥其作用,这将变得相对容易一些。

❦ 结语 ❦

在本书的开头,我们建议大学在帮助世界应对我们正在经历的变化方面作出四项重要的实质性贡献:

- 了解世界的变化并对此作出解释;
- 提供利用变革过程实现总体利益的方法;
- 教育和培养掌握应对变革所需技能的专家;
- 在全社会中营造一种崇尚知识的氛围和文化。

在本章中,我们重点介绍了其中的第三种贡献,即大学在教育和培训全世界青年方面的基础性角色。当然,尽管帮助学生为就业作准备十分重要,但这并不是大学教育的唯一角色。大学重要的核心基础性角色之一仍是为学生将来作为知识分子的人生作好准备。成功不能简单地由大学毕业后的第一份工作来定义,但这是实现经济独立的重要一步。

然而,其他三种贡献也非常重要,它们有赖于大学的重要研究工作和思维能力。为确保工作性质的这些变化能够以普遍有利的方式发生,我们需要对此进行更多研究和理解。100年来，对于这种变化的希冀激发了诸如赫伯特·乔治·威尔斯（HG Wells）①等空想主义者，因为他们看到了一个机器可以完成所有工作，而人们却可以利用它提供的闲暇享受休闲生活。像库尔特·冯内古特（Kurt Vonnegut）②这样的悲观主义者在出版于1952年的《自动钢琴》（*Player Piano*）一书中阐明了社会要适应这些变化所带来的挑战何其困难。大学在汇聚思想和前沿观点方面发挥着重要作用，它希望以建设性取向影响事件的进程。这一点尤为重要，因为人们对正义或非正义的担忧正在增加。

目前，工作的性质正在发生变化，而公众对它的发生方式和原因知之甚少。"零工经济""全球化"和"人工智能"都是正在发生着的却尚未被人们理解的巨大变化，更不用说为个人或在社会层面进行适当的准备了。大学需要做更多的事来帮助人们了解他们的世界正在发生何种根本性变化。

因此，这时，我们所界定的大学的第四种责任，即营造一种崇尚知识的氛围和文化，正面临着特殊的挑战。当英国的一位高级政府部长可以轻蔑地评论"专家"，而美国的总统（译者注：此处指特朗普）对科学事实持轻蔑态度时，大学显然面临着艰巨的斗争。然而没有什么比应对就业市场中的张力更为重要，因此我们必须采取行动：

··

各国政府应建立适当的综合性学位后教育和培训框架，涵盖14至19岁的重要年龄，继而促进所有人的终身学习。这需要充足的资金基础。

---

① For example, A Modern Utopia, published in 1905: https://www.amazon.co.uk/Modern-Utopia-H-G-Wells/dp/1980778108/ref＝sr_1_3? adgrpid＝51943364783&gclid＝EAIaIQobChMIr8aGsNGq4gIVSkPTCh0nXgllEAAYASAAEgL6D_D_BwE&hvadid＝259036452375&hvdev＝c&hvlocphy＝1006598&hvnetw＝g&hvpos＝1t1&hvqmt＝e&hvrand＝4051229210467297894&hvtargid＝kwd-364823565077&hydadcr＝10776_174_9359&keywords＝a＋modern＋utopia&qid＝1558373423&s＝gateway&sr＝8-3.

② https://www.amazon.co.uk/Player-Piano-Kurt-Vonnegut/dp/0385333781/ref＝sr_1_1? keywords＝player＋piano＋vonnegut&qid＝1558365790&s＝books&sr＝1-1.

政府应该促进（私有和公有部门的）雇主与大学以及更广泛的教育系统之间开展系统性和建设性的对话，以探讨如何相互支持和满足彼此的需求。

大学应在其领域内与当地和国内的雇主建立牢固的关系，正如多年以来在医学和健康领域已经开展的那样。

大学应在考虑学生未来就业能力和工作的前提下开发课程，包括致力于为新兴就业岗位和新的学习方式作准备，以及使课程结构和教育系统适应不同的入学时间节点。它们应系统性地修改课程结构，以提升学生为就业所作的准备。

大学应该提供一系列的职业技能更新课程，并提供各种入学时间点，各种研究生学位教育机会，以及持续性的专业发展项目。这些课程和项目可能主要以非全日制和在线学习的方式完成，并且应该使学生可以在从毕业后直至其后的各个人生阶段中使用这些资源。这可能需要建立更好和更具通用性的课程录取标准测试系统。

大学应在本科及研究生层次上、在课堂和学生的生活中使学生更为国际化，其中包括提供语言和文化教育等。

第4章 科研：了解和改变世界

❧ 科研为什么重要 ❧

本书作者之一埃德·伯恩（Ed Byrne）的学术生涯始于一个大学既要教授知识又要从事研究的世界——这是他所接受的世界观。但是随着职业生涯的持续，他意识到大多数大学中的很多人并未同时具备很高的教学水平和研究能力。一些人是专门的研究人员，而更多的人是专门的教育工作者，另一些人则在这两个方面都非常出色，或许在学术职业生涯的不同阶段扮演不同角色。然而，这种综合能力的缺乏并不总能促成不同高等教育机构在办学使命上的显著分化。埃德·伯恩开始认为固有的观点并不能反映现实，即所有大学都应同时进行教学和科研，甚至于几乎任何一所大学的使命都不应与牛津大学或剑桥大学的使命相去甚远。

不同的大学需要满足社会和社区的不同需求，这些需求因机构所处的地理位置和历史而千差万别，从小型地区性大学满足本地需求及支持本地经济的职责，到通过科研产出为国家和全球经济提供动力的大型研究型大学。

埃德·伯恩开始意识到，在商业领域中普遍被明确界定的目的，在自己所处的高等教育领域中通常有些混乱。这种认识帮助他和他志同道合的同事们一起阐明了他所领导的两所著名大学的使命,即莫纳什大学(Monash University)和伦敦大学国王学院(King's College London)。

在本章中,我们提出我们的大学都需要伟大的研究才能蓬勃发展,实现这一目标必须要有明确的使命和重点。这将是本章所要讨论的内容。

§ 引言 §

格蕾塔·滕伯格(Greta Thunberg)和她学生们的气候运动罢课行动凸显了当下关于地球未来的辩论,美国总统(译者注:此处指特朗普)和英国的内阁成员在公开辩论中贬低科学和知识的价值。辩论的一方担心由于人口增长带来的环境和资源问题对地球造成无法挽回的枯竭,这一问题伴随着生活水平的不断提高而日趋严重。另一方则基于过去 50 年的经验更为乐观地认为,人类在科学技术上的持续进步将有能力开发和实施应对这些挑战的有效解决方案。

但是,无论你接受哪一方的观点,我们都无法回避当前的巨大挑战,而科学和知识需要为解决这些挑战作出贡献。

不言而喻,如果我们要掌握生活各个方面正在经历的日新月异的变化,这就势必需要对我们的世界有更深的了解。

并非所有人都赞成大学是最大的研究引擎,可以而且应该在应对这些巨大的社会和全球挑战中发挥至关重要的作用。最关键的是,它们不仅需要在应对这些挑战方面表现出最高水平,而且还必须与政府、工业界以及全社会充分合作,以关注和应对我们所面临的非常具体的挑战。

关于我们星球未来的这一事实极好地适用于解释各个方面的问题。它适用于解释人类的结构、我们的 DNA 遗传密码以及我们的细胞；它同样适用于解释日益复杂的宇宙性质、人类文明史上的艺术和文化成就，以及数学和自然规律。事实上，它适用于解释我们社会和文明千差万别的各个方面的问题，这些问题的答案决定了我们现在和将来的生活方式。

我们需要了解我们周围的世界，这是我们需要重视大学科研职能的理由，也是政府之所以需要支持大学这一角色的主要论据。当然，并不是所有的研究和知识扩展都来自于大学，但是高质量的大学学习是我们的社会最大程度地提高理解和解释世界的能力并基于不断获得的知识开展行动的核心。

这显然就是我们今天的情况，而且在整个历史进程中也是如此。这就是大学在最初之所以被建立的原因，也是那些历史悠久的伟大学府享有崇高声誉的原因，这也是为什么全世界都会给予这些机构所取得的成就以极高的荣誉（例如诺贝尔奖等）。大学这一方面工作的重要性得到了人们广泛的理解和支持，几乎所有诺贝尔科学奖项都被授予了大学中的科研人员。罕见的几个例外是由政府资助的研究中心[例如美国贝尔实验室（Bell Laboratories）]或工业界中凤毛麟角的研究机构。话虽如此，然而世界范围内学生和大学数量急剧增长的原因不仅仅是为了最大限度地扩展我们对周遭世界知识的获取能力。

正如我们先前所说，随着经济体系复杂性的增长，我们也需要受过更好教育和培训的人口，或曰劳动力。

同时，我们的经济和社会也需要大学所带来的经验和洞见为周遭的经济社会发展提供更强劲的刺激。

这些对大学在社会中何以变得日益重要的解释，意味着我们有必要仔细考虑如何最大程度地发挥高等教育系统的能力，以尽可能高效而系统地扩展我们的知识边界，并探索我们最需要了解的那些文明和文化。

这在任何情况下都是十分困难的，并且给我们提出了深刻的哲学性和组织性问题,这些问题即便在最佳的情况下亦不容易被解决。然而,这一过程或许会变得愈发困难,因为从历史上看,大学中的研究并未与国家和国际社会所优先关注的问题保持一致,而是更多地受到个人好奇心的推动。当然,好奇心是一种强大的力量,对于许多重要科学领域的进步都是必不可少的。然而,本书第2章中所论及的过时的"象牙塔"哲学通常会阻碍大学与其他主要实体之间的有效合作,例如政府、工业界以及商业界,等等。这已经降低了产生革命性研究发现和开展引起社会变革的成果应用的可能性。

各个国家乃至整个世界再也无法在经济上负担以"百花齐放"模式为主的大学科研。我们需要全力以赴最大程度地了解世界的发展并推动社会和经济领域的成功。人文社会科学方面的研究比以往任何时候都更为重要,这是因为人类行为本身具有根本性的重要意义。这些学科永远不应成为全球范围内研究工作的"穷亲戚",一些人担心这正在成为现实。

在英国,2018年新成立的英国研究与创新署(UKRI)[①]推动了这一雄心勃勃的愿景。这个新机构与合作伙伴共同努力创造最佳的研究和创新环境,在全英国范围内运作,整合了原有的7个研究委员会以及"创新英国(Innovate UK)""研究英格兰(Research England)"等机构的职能。该机构称:

> 我们将通过所产生的影响来评价我们的工作,这将包含三个要素:
> - 我们将推动人类知识和理解的前沿;
> - 我们将带来经济影响和社会繁荣;
> - 我们将通过支持我们的社会和其他人变得更富裕、更健康、更有弹性和可持续性以创造社会和文化影响。

---

① https://www.ukri.org.

英国研究与创新署的资金相当可观：2019 年将达到 70 亿英镑。这主要与 REF（Research Excellence Framework，英国研究卓越框架）进程相关，它加强了我们在本章其他地方提及的少数机构的科研主导地位。

对于大学作为研究引擎角色的困惑使实现必要的合作变得更加困难。人们普遍认为科研与教学之间的关系对于学生的发展至关重要，这加剧了这种困惑，并在无意中削弱了大学作为研究引擎的重要性。

实现合作并专注于我们亟需的科研领域的成功并非易事。获得理解是一个非常复杂的过程，其本质上根本不是线性的。在对我们所知道的事物进行合理、准确而真实的描述之前，通常必须在各种"死胡同"里进行盲目的理论探索。重大突破或许发生在意想不到之处。因此，建立单纯基于投入—产出的指标必然是困难的，而且可能根本无法建立。

本章将讨论 4 个主要问题：

- 研究型大学分布的集中性；
- 科研与教学之间的关系；
- 全球高等教育系统和国际大学网络；
- 被完成的研究是有用吗？

❦ 排名表上的得分 ❦

我们参考了国内和国际的大学"排名积分表"以及大学经常进行的自我评估所给

出的得分。汉斯·彼得·赫蒂格（Hans Peter Hertig）[1]详尽地分析了它们对全球高等教育发展的影响，我们将在本章稍后部分讨论他的观点。

在全球范围内，建立最久且无疑最有影响力的三个大学排名机构是上海排名咨询公司（译者注：指软科）（世界大学学术排名，ARWU），泰晤士高等教育（THE），以及Quacquarelli Symonds（QS）。所有这些以及其他全球排名主要衡量的是大学的科研绩效，而非教学或其他属性。ARWU排名仅基于与科研相关的指标，之所以如此设计是因为中国渴望与西方大学的成功并驾齐驱。中国政府理解科研在国家建设中的重要性。

所有这些都着眼于全球大学中的一部分，事实上是研究能力最强的那一部分大学，继而使用各种指标组合来创建排名。排名分大洲或地理空间、学术领域或专业学科创建。这一切都会激发人们的兴趣和讨论，有时还会提供一些洞见。

在英国，居于前三位的三种排名体系分别是《泰晤士报》（The Times）和《星期日泰晤士报》（Sunday Times）的《优秀大学指南》（Good University Guide），《全面大学指南》（The Complete University Guide）和《卫报大学指南》（Guardian University Guide）。但对于英国大学自身而言，英国研究卓越框架是最重要的科研排名。

这些排名旨在帮助学生选择他们所要申请的大学，并衡量大学生活的各个方面。特别是，它们不仅仅衡量科研，也包括衡量教学质量、学生满意度以及其他指标，它们还尝试囊括英国所有大学的数据。

所有这些排名系统都必然受到争议，因为它们无一例外都试图衡量大学难以被评估的特征。而且，除了难以衡量某些大学特质的实际问题外，每个系统在排名过程中

---

[1] Universities, Rankings and the Dynamics of Global Higher Education：https://www.amazon.co.uk/Universities-Rankings-Dynamics-GlobalEducation-ebook/dp/B01HT1F9WG/ref＝sr_1_1keywords＝Universities%2C+Rankings+and+the+Dynamics+of+Global+Higher+Education+Perspectives+from+Asia%2C+Europe+and+North+America&qid=1558795136&s=digital-text&sr=1-1-catcorr.

对于赋予不同指标的权重都有自己的选择,而这些权重显然是主观的。

但我们认为这些排名仍有一定的价值,它们在推动大学的行为方面显然起着重要作用。同样重要的是,尽管国际排名是基于科研表现得出的,但它们却是影响学生选择本科阶段学校的重要因素。通过这种选择过程,卓越的研究本身就成为了良性经济循环的一部分,该经济循环通过维持国际学生市场将大量财富吸引到一个国家。随着更好的教学能力及质量衡量方法的发展,当前的现实可能会发生改变。

泰晤士高等教育大学影响力排名(THE University Impact Rankings)①是该排名体系最近的一项有价值的发展,该排名根据联合国可持续发展目标评估大学,并催生出一批在这一领域处于领先地位的大学。

在本章中,我们主要使用《泰晤士报》和《星期日泰晤士报》的《优秀大学指南》排名来为我们的相关讨论提供参考②。我们同样可以使用其他排名并且也会得出相似的结果。

∽ 研究型大学分布的集中性 ∽

通常在世界范围内,卓越的研究高度集中在相对而言数量很小的一部分大学中。科研活动如此集中的原因在于世人通常认为要成功开展能够有效扩展我们知识范围的世界一流研究,必须要满足两个主要的先决条件。

---

① https://www.timeshighereducation.com/rankings/impact/2019/overall#!/page/1/length/25/sort_by/rank/sort_order/asc/cols/undefined, which use this methodology: https://www.timeshighereducation.com/world-universityrankings/impact-rankings-2019-methodology-sustainable-citiescommunities.
② 这项排名包括英国 128 所大学的数据,不包括伯明翰大学、圣大卫三一学院、威士大学和伍尔弗汉普顿大学,这几所大学没有发布必要的数据。

其一是要将最成功的研究人员聚集在一个地方,并将资源集中在他们身上。互联网的发展、顶级研究团队之间巨大的电子通讯网络,以及围绕特定研究主题广泛开展的国际会议都几乎丝毫没有减弱这一先决条件的重要性。因为彼此距离接近对顶尖研究者而言至关重要,临近的距离会产生偶然性的合作。

其二是要将不同学科的研究人员联系在一起,尤其是研究领域相近的研究人员,这为在他人经验的基础上激发原创性思想与实验提供了可能。

这两个先决条件有助于解释为什么各学科中数量如此可观的研究成果以及丰富的资源都集中在全世界极少数的大学中。

世界上几乎所有一流研究型大学都是多学科的,它们将人文社会科学领域和自然科学及生物科学领域的强大科研力量紧密结合在一起。保罗·韦林斯(Paul Wellings)[1]分析了泰晤士高等教育学科排名[2],他所得出的结论是,排名前50位的大学在大多数学科领域都表现出色。只在有限学科范围内具有优势的机构是那些被定义为"单一学科院校"的大学,例如伦敦帝国理工学院(Imperial College London)和伦敦政治经济学院(The London School of Economics)。成立于20世纪60年代的英国一流大学普遍在人文社会科学领域位居前100位,除了华威大学(University of Warwick)因在其他学科领域展现出更强的实力而打破了这一"传统"。与之形成鲜明对比的是,东半球一些创建于相同时期的大学在计算科学、工程和其他科学领域拥有世界前100的地位。韦林斯怀疑这是由东半球的政策干预和投资推动的,这与英国的高等教育机构自治政策相反。

人文社会科学领域的研究实力不应用研究收入来衡量,特别是在这一领域开展研究要比在硬科学领域便宜得多!但人文社会科学的贡献对于解决当今世界的挑战至

---

[1] 伍伦贡大学校长,曾任兰卡斯特大学校长。
[2] https://www.timeshighereducation.com/world-university-rankings/by-subject.

关重要。

在本节中,我们通过讨论英国的情况来阐明这一观点。

但是正如我们下面将要讨论的那样,其他国家无疑也存在着开展类似卓越研究的重点院校。例如 2018 年美国卡内基大学分类(Carnegie Classification)①中将 131 所大学(该分类总共涉及 5 000 所美国大学)认定为"R1:培养博士的大学——从事很高水平的研究活动"。澳大利亚重点关注的是"八校联盟(Group of 8)"(全澳大约有 40 所大学),而在中国则是"C9"(中国大约有 3 000 所大学)。

我们以英国为例进行详细的案例研究,阐明这样一个观点:即使是富裕的西方国家也只能支持数量有限的世界一流综合性研究型大学。

对于一个国家来说,潜在的危机在于如果人们过多地采用"营造公平竞争环境"的原则开展大学中的科研,那么科研能力和可用的资源将过于分散。有证据表明②,至少对于当下大多数学科而言,研究能力和专家在一定程度上的集中是必要的。

这或许是欧洲大陆的一流大学没有在排行榜上大放异彩的原因之一。因此,法国、俄罗斯和德国的政府都在认真考虑如何建立本国的卓越研究中心和少数优秀研究大学。德国政府正在完成第二轮选拔工作,例如哥廷根大学(University of Gottingen)和海德堡大学(Heidelberg University)等少数几所超级大学将获得更多的联邦资金支持。

思考一下英国主要在哪些地方开展高质量的研究或许是有启发意义的。

《泰晤士报》和《星期日泰晤士报》发布的《优秀大学指南》基于最新的"卓越研究框架"(2014)对大学科研的总体质量进行评估,该评估依据高等教育统计局(HESA)和高等教育资助委员会(Higher Education Funding Councils)发布的数据。该排名以百

---

① 由卡内基高等教育委员会于 1970 年创立,最新一版于 2018 年发布。
② For example, Russell Group, 'Jewels in the Crown': https://russellgroup.ac.uk/policy/publications/jewels-in-the-crown-the-importance-and-characteristics-of-the-uk-s-world-class-universities/.

分比形式对大学的科研质量进行评级①。这份英国大学排名如下②：

评分在50％以上（5所大学）	
*剑桥大学	57.3
*伦敦帝国理工学院	56.2
*牛津大学	53.1
*伦敦政治经济学院	52.8
*伦敦大学学院	51.0
评分为45—50％（1所大学）	
*布里斯托大学	47.3
评级为40—45％（5所大学）	
*南安普顿大学	44.9
*伦敦国王学院	44.0
*爱丁堡大学	43.8
*华威大学	44.6
圣安德鲁斯大学	40.4
评级为35—40％（23所大学）	
*格拉斯哥大学	39.9
*曼彻斯特大学	39.8
*英国女王大学	39.7

---

① 每所大学的分类情况大致如下：4*世界领先，3*国际一流，2*国际认可，1*国内认可和尚未分类。对于2013—2014年度资助而言，英格兰高等教育基金委员会（HEFCE）对4*类大学进行3倍加权，对3*类进行1倍加权，对1*类和2*类进行0倍加权。总分表示为可能最大值的百分比。（例如3倍权重，这意味着大学处于4*类，即世界领先级别）。https://www.thetimes.co.uk/article/methodology-for-the-sundaytimes-and-the-times-good-university-guide-2017-fl6r5vq0l.
② 表格中带星号的大学是"罗素集团"的成员，这是一个自发成立的研究型大学协会。

续　表

评级为 35—40%（23 所大学）	
兰卡斯特大学	39.1
＊杜伦大学	39.0
＊约克大学	38.3
＊埃克塞特大学	38.0
＊伦敦玛丽女王大学	37.9
＊诺丁汉大学	37.8
＊纽卡斯尔大学	37.7
斯特拉斯克莱德大学	37.7
＊谢菲尔德大学	37.6
巴斯大学	37.3
埃塞克斯大学	37.2
＊伯明翰大学	37.1
＊利兹大学	36.8
赫瑞瓦特大学	36.7
雷丁大学	36.5
拉夫堡大学	36.3
伦敦大学皇家霍洛威学院	36.3
东英吉利大学	35.8
肯特大学	35.2
＊卡迪夫大学	35.0
评级为 30—35%（8 所大学）	
斯旺西大学	33.7
伦敦大学金史密斯学院	33.4
莱斯特大学	31.8
萨塞克斯大学	31.8
阿尔斯特大学	31.8

续表

评级为 30—35%（8 所大学）	
*利物浦大学	31.5
邓迪大学	31.2
斯特林大学	30.5

评级为 25—30%（7 所大学）	
阿伯丁大学	29.9
萨里大学	29.7
亚伯大学	28.1
伦敦大学亚非学院	27.9
班戈大学	27.2
阿斯顿大学	25.8
布鲁内尔大学	25.4

评级为 20—25%（4 所大学）	
罗汉普顿大学	24.5
伦敦大学圣乔治学院	22.2
基尔大学	22.1
城市大学	21.4

评级为 15—20%（3 所大学）	
赫尔大学	16.7
斯塔福德郡大学	16.5
普利茅斯大学	15.9

评级为 10—15%（2 所大学）	
牛津布鲁克斯大学	11.4
林肯大学	10.3

续表

评级为 5—10%（33 所大学）	
威斯敏斯特大学	9.8
密德萨斯大学	9.7
哈德斯菲尔德大学	9.4
布拉德福德大学	9.2
利物浦霍普大学	9.2
伯恩茅斯大学	9.0
伦敦南岸大学	9.0
诺森比亚大学	9.0
德蒙福特大学	8.9
利物浦约翰摩尔斯大学	8.9
西英格兰大学	8.8
朴次茅斯大学	8.6
索尔福德大学	8.3
伦敦艺术大学	8.0
巴斯泉大学	7.9
布莱顿大学	7.9
曼彻斯特城市大学	7.5
东伦敦大学	7.2
贝德福特大学	7.0
格拉斯哥卡利多尼亚大学	7.0
玛格丽特皇后大学	6.6
诺丁汉特伦特大学	6.5
奇切斯特大学	6.4
桑德兰大学	5.8
温切斯特大学	5.8
哈珀亚当斯大学	5.7

续表

评级为 5—10%（33 所大学）	
中央兰开夏大学	5.6
赫特福德大学	5.6
诺里奇艺术大学	5.6
安格利亚鲁斯金大学	5.4
谢菲尔德哈勒姆大学	5.4
阿伯泰大学	5.1
金斯敦大学	5.1
评级＜5%（37 所大学）	
知山大学	4.9
格林威治大学	4.9
爱丁堡龙比亚大学	4.6
法尔茅斯大学	4.6
坎特伯雷大学	4.5
伯明翰城市大学	4.3
西苏格兰大学	4.3
伍斯特大学	4.3
切斯特大学	4.1
利兹贝克特大学	4.1
约克圣约翰大学	4.1
罗伯特戈登大学	4.0
特威克南圣玛丽大学	4.0
南威尔士大学	4.0
卡迪夫城市大学	3.9
提赛德大学	3.6
创意艺术大学	3.4
考文垂大学	3.8

续　表

评级＜5%（37所大学）	
格洛斯特大学	3.8
伦敦城市大学	3.5
北安普顿大学	3.2
博尔顿大学	2.9
纽曼大学	2.8
德比大学	2.5
伯恩茅斯艺术大学	2.4
格林多大学	2.3
格罗斯泰特主教大学	2.1
利兹三一学院	2.0
西伦敦大学	1.6
新白金汉大学	1.5
坎布里亚大学	1.2
皇家农业大学	1.1
南安普顿索伦特大学	0.5
白金汉大学①	—
高地与群岛大学	—
圣马可与圣约翰大学	—
萨福克大学	—

或汇总为：

	＞50%	40—50%	30—40%	20—30%	10—20%	＜10%
大学的数量	5	6	31	11	5	70
占大学的比例	4%	5%	24%	9%	4%	55%

注：128所大学中有58所（45%）的研究质量评分超过10%；70所（55%）的评分低于10%。

---

① 白金汉大学，高地与群岛大学，圣马可与圣约翰大学，萨福克大学的科研质量在该排名上没有评级。

大学研究质量和贡献的分布高度不平衡。这清楚地表明，正如大多数人所认为的那样，英国那些国际领先的世界一流研究集中在一小部分大学中。

对于一些研究能力相对较低的英国大学而言，它们在某些基于研究水平的国际排名中的表现使这项评估变得有些复杂。例如 QS 排名世界前 1 000 强大学中的英国大学有 78 所，而进入泰晤士高等教育 2018 年排名前 1 000 位的大学有 93 所。

但是，例如按照诸如科研支出、研究人员人数、研究项目价值，以及外部研究数量等指标进行排名，所有对科研分布的分析都显示出相似的集中度。

就总体情况而言，在英国，世界一流的研究集中在 167 所大学①中的大约 40 至 60 所。我们相信，针对世界上其他国家科研经费分布结构的分析将得出相似的结果。

需要强调的是，在整个大学系统中进行的 2*（国际认可）和 1*（国内认可）研究也具有价值。尽管没有从筹资委员会获得大量资源，但它们确实为当地的经济和社会发展作出了贡献，并使大学能够发挥非常重要的作用。我们将在本书第 5 章中讨论这一问题。

我们可以从中得出以下启示：

首先，在英国（也包括澳大利亚和美国），在多个研究领域得以蓬勃发展的大学数量相对较少，这些大学承担着一个国家主要的科研任务。其他一些国家正在紧急寻求复制这种模式。

其次，超过一半的大学本身很少进行国际一流的世界级研究。如果要试图表现出自己是研究密集型的机构，它们就会感到很挣扎。在大多数情况下，它们的本科教学质量良好甚至很优秀，其中的一些在"卓越教学框架"评级中获得佳绩。国家对高质量大学教学声望和重要性的明确认可或许会使这类机构的生存变得更加轻松。我们不

---

① 大学的准确数量取决于"大学"或"高等教育机构"的定义，英国高等教育统计局给出的"高等教育提供者"数量为 167。

应强迫它们在对它们不利的框架内参加排名竞赛。

第三,在强调强度时很难划清界限。许多高等教育机构都进行了很好的研究,但总体而言并不理想。关键是让这些机构认识到它们是混合型的大学,通常具有广泛的卓越教学和相对有限的卓越研究。因此,它们应该更加认识到它们有能力使它们在教学领域的卓越水平与研究型大学相媲美。这类大学中那些实力雄厚的孤立研究团队是否更应该加入科研实力更强的研究型大学仍是值得研究的问题。

第四,我们完全承认,世界级科研资源和大学的分布并不能充分满足各个区域需求,我们将在第5章中对此进行讨论。

正如我们在本书中详细阐明的那样,我们坚信大学的定义应该掌握在大学自己的手中。因此至关重要的是,每所大学都要充分考虑其实际和潜在的研究与教学能力,继而为自己定义适合的目标。

学术研究人员在致力于科研事业的这类大学中汇聚。我们认为,应该建立有效的学术、专业和产业网络,尤其是考虑到在目前绝大多数大学都位于大城市的周围。事实上,这与半个世纪前克拉克·克尔(Clark Kerr)设计的加州大学系统没有什么不同。

大学差异化的加剧意味着在更大程度上进行区域大学规划几乎不可避免。在英国,更好的区域合作战略可以并且应该由大学自己制定,政府或许可以通过资金激励或释放信号等方式对此进行鼓励和刺激。

一个例子是政府在2004年支持当时的曼彻斯特维多利亚大学(Victoria University of Manchester)和曼彻斯特大学科学与技术学院(University of Manchester Institute of Science and Technology)合并,以创建具有更强科研实力的新曼彻斯特大学(University of Manchester)。另一个例子是 N8 大学联盟(N8 Group)[①]开展的区域研究合作计划。

尽管显然应该由大学自己来定义自己的使命,但或许仍有必要将英国的40到60

---

① http://www.n8research.org.uk.

所大学界定为"研究型大学"(某些国家已经使用过这一术语)。这可以由政府及其资源分配机构来完成,也可以通过诸如美国卡内基高等教育机构分类之类的独立机制更为非正式地完成。

这样做的原因是使公众对大学作用和优势的讨论变得更加清晰、透明和易于理解。正如我们在下面将要讨论的那样,科研—教学关系的混乱导致了许多不诚实的行为,既误导了潜在的学生,也损害了大学。我们可以理解对构建"研究型大学"和"普通大学"这一新二分法的恐惧,这可能会对一些大学造成损害。但我们认为,如果三分之二的英国大学都声称研究是其核心使命的一部分(实际上并非如此),这将是更具有破坏性的。

本书的作者之一查尔斯·克拉克(Charles Clarke)在担任英国教育与技能大臣时提出了这一想法,但几乎遭到了学术界普遍反对而不得不放弃(学术界普遍认为这会让科研与教学的关系变得更加扑朔迷离)。现在,我们将转向对这一问题的讨论。

∽ 科研与教学的关系 ∽

洪堡模式下的科研组织形式已经得到了发展,并且随着时间的推移被证明具有良好的灵活性。然而这种模式也确实提出了关乎研究与大学的其他职能(尤其是教学)之间关系的重大问题。事实上,绝大多数的大学本科生[①]并未能进入那些开展高质量研究的大学接受教育。

正如本书的第 2 章和第 3 章所讨论的那样,英国众多大学研究评级相对较低的根

---

① 在 2017—2018 年度,59% 的全日制本科生在前文所定义的科研质量等级低于 30% 的 42 所大学中学习(数据来自英国高等教育统计局发布的高等教育学生统计:英国,2017/18 SB/252)。

本原因在于其历史。它们更为重视高水准的本科学位教育，并且为学生提供了覆盖面较广的学科专业。它们推动了英国本科生人数的增加，而这种现象在发达国家已经十分普遍。

但至关重要的是，这些大学数量和性质上的变化并非由提高本国科研水准的愿景驱动。

因此，随着一些新大学数量的增加，研究并不是其主要的使命和发展驱动因素。在某些情况下，随着其研究能力的提升，一些新大学会逐渐脱离基于技术和产业的办学根基，并且看上去更接近上一个时代的传统大学，这种现象通常被称为"学术漂移"。许多人批评这种"学术漂移"现象削弱了新兴大学的重要办学初衷，尤其是在技术与职业教育以及与就业市场的关系等方面。

在其他情况下，出于吸引学生的目的，那些希望获得大学地位的高等教育机构发展出了有限的科研能力，这纯粹是为了使它们自身能够获得授予研究型学位的权利并且称自己为"大学"。而所有这些都是为了有助于招募学生。

这种并不理想的发展路径是完全可以理解的，但丝毫不能提高整体科研水平。这使人们对大学的角色产生了极大的困惑，并且引发了许多关于这一话题的公开讨论。

"学徒制"和"职业教育"被混为一谈，因为有人呼吁改变 1992 年或是 2004 年之后大学的地位。

澄清现状的最好方法是承认现实，而这种现实不太可能发生改变。高质量的研究集中在英国的一小部分大学中（如上述的 35—40%），这就是我们提出以下建议的原因，即大学的命名应反映其科研活动及科研资源的实际情况。

但是，这种方法与一种重要的准意识形态观念背道而驰，即研究和教学本质上是一所洪堡模式的大学在内在精神层面相互依存的命题。这一观念的拥趸通常认为，高质量研究的存在是高质量教学得以存在的必要不充分条件。

这种观点在高等教育界非常普遍但也亟需对此发出挑战。在许多主要的教学型大学中，发展科研的关键驱动力是监管而非哲学上的认知。促使科研与教学共存另一个主要推动力同样十分实际，许多学者对科研远比对教学感兴趣。况且当前的伦理通常暗示只有在开展重要科研工作的前提下才可以进行教学。这种观念忽视了一个事实，即许多最杰出的老师从来没有从事过科研活动，但他们能很好地理解并参与学生的智力发展过程——以传授新知识的方式。

一流的研究型大学已经通过培养专注于教学的教职员进行应对。我们没有理由认为这一举措不能同样适用于所有的高等教育机构。有趣的是，作为英国大学的总组织，英国大学协会(Universities UK)估计全英国212 000名学术人员中有29％纯粹从事教学工作，23％纯粹从事研究工作，47％同时从事教学和科研工作[1]。

成为一名出色的研究者和优秀的教育者所需要的许多技能和思维模式通常相互重合(许多人同时从事科研和教学并在两方面都取得成功)又不完全相同。杰出的研究人员或许不会在报告厅里显得光彩夺目，杰出的教师也不会在实验室里大放异彩。

大量证据表明，许多才华横溢的研究人员无法很好地胜任教学。例如克里克(Crick)和沃森(Watson)(译者注：DNA双螺旋立体结构发现者)不同的学术生涯阶段说明了二者之间的平衡如何随时间变化而变化。

但是，保守派经常狂热地认为只存在一种真正有效的模式，即教学与科研可以共存并相互促进。

毫无疑问，这种模式现在已经在西方大学中占据了主导地位。然而也有例外，例如斯克里普斯研究所和索尔克研究所(Scripps and Salk Research Institutes)可被视为十分成功的另一种模式，它们拥有世界一流的科研水平，但几乎不提供本科教学。美国圣母大学(Notre Dame)和其他许多高校则是在教学方面十分成功的大学，它们通常

---

[1] HESA HE Staff Statistics, Figure 3：https：//www.hesa.ac.uk/news/24-01-2019/sb253-higher-education-staff-statistics.

以教学而非科研而闻名。

英国开放大学(The Open University)从成立之初就与众不同,其特色在于专注在线或离线教学的质量,从而回应了学生多样化的学术背景。这意味着英国开放大学是这个时代最成功的创新者,以前所未有的方式在全国推广大学教育,即使现在仍然受到压力,它的模式也已在许多国家被复制。

私立大学的发展势头一直很强劲——尤其是在美国,如今在英国也有所发展。作为最大的私营高等教育集团,桂冠教育集团(Laureate)在世界各地设有大学。主要针对传统行业从业者培养的新型高等教育提供者[例如英博夏尔大学(BPP)和英国法律大学等]已经将它们的服务成功地、完全地集中在本科学位教学质量上,而非完全依赖于它们的科研贡献(如果这存在的话)。对于这一类大学而言,它们的办学模式以教学和教育为中心。开展科研通常被作为课程获得认证的前提条件,它被视为一项重要的支出,并且在与学位授予相关的法规许可的情况下会被削减到最低限度。

事实是,我们可以通过多种模式来实现卓越的研究和教学,并且这应该被视为思考该主题的主要视角。

大学需要以完全适合其利益相关者的方式仔细选择自己的任务内容,并认识到自己现有的和潜在的优势与劣势。它们应该避免试图实现非常困难甚至可能无法完成的雄心壮志。大学应该通过在自身具有实力的领域中达到领先再来追求卓越,而非通过在其无法达到最高水平的领域中居于落后地位。

对于那些认为科研与教学之间的关系至关重要的人来说,将大学的研究质量[1]、课程完成度[2]、毕业前景[3]以及教学质量[4]的排名[5]进行比较很具有启发性。

---

[1] 基于2014年卓越研究框架。
[2] 根据HESA数据,2014—2015年入学的学生预计完成学业比例。
[3] 基于HESA数据,学生在毕业6个月后就业或就读研究生的比例。
[4] 基于2016年度国家学生调查的反馈。
[5] 2017年度《泰晤士报》和《星期日泰晤士报》优秀大学指南。

研究质量和课程完成度之间的相关系数很高(0.73),研究质量与毕业前景之间的相关系数则为 0.69。

这些高度的相关性简单地证实了一种普遍持有的观点,即具有高质量科研评级的大学成功地留住了它们的学生,从而使他们完成了课程,继而在确保毕业生的良好就业前景方面取得了相对的成功。这些都是极佳的成就,我们对这些大学充满敬意,尽管它们显然为更为有趣的讨论打开了大门。关于使它们在这些方面取得成功的原因,我们在此将不进行详细的讨论。下一个相关系数表明,它们的教学质量或许不是重要的影响因素。

这是因为研究质量与教学质量之间的相关性很明显没有显示出它们在这一方面的成功。事实上,二者之间的相关系数非常小甚至是负值(-0.15)。

这种负相关性非常惊人,尤其是考虑到研究型大学财富显著增加且资源更为丰富这一事实。此外,这些大学的学生通常具有较高的大学入学考试成绩,因此应该能更好地从良好的教学质量中受益,而对于研究强度较低的大学,其学生在很大程度上需要更为强大的教学支持,以使他们能够有较好的学业表现,并且使他们有可能克服相对劣势的教育背景。

依据这种负相关性可见,在仅基于教学质量的排名中,一些非研究型大学的表现很好,而某些研究型大学的表现并不那么理想也就不足为奇了。一个极端的例子是,剑桥大学和牛津大学在总体排名和研究质量排名中(一直以来)分别位居第一和第二,而在教学质量排名中则分别居于第 26 位和第 41 位。

正如我们在后文所讨论的那样,这样的结果自然会使一些人挑战教学质量排名的方法。但无论作出何种解释,教育研究都无法就如何提高教学质量给出有用的答案,这一结果既应该引起人们的激烈辩论,也应该引发对这一传统观念的挑战(即教学质量与科研质量相互依赖)。

但是,这一发现的必然推论是,研究型大学的成功——即在保持所招收学生学业完成率方面的成功,以及帮助他们在毕业后获得良好就业的成功——很可能取决于它们的固有地位(源于科研质量)和所招收学生的资质(基于学校考试成绩),而非大学本身高质量的教学所取得的成果。

综上所述,任何一所大学(无论是否为科研密集型高校)创建高质量教学的一个重要路径是对学术研究兴趣和科研氛围的提升。这必须包括确保大学教师自身至少对特定学术领域的研究和知识发展有所了解。

有多种方法可以实现这种积极的教学环境,但最重要的是建立学术网络,使一流的研究人员更广泛地与大学教师进行定期和富有成效的互动。我们应该提倡这种方法(对于许多顶尖的学术研究人员来说,这将是具有实践意义的变革),但并非是说高素质的教师需要同时成为高素质的研究人员。

许多人还怀有另一种重要的疑惑,即研究型大学以及其他一些大学中,用于教学目的所获得经费中的一部分(例如在英国,学生每年的学费约为9000英镑)事实上被转用于支持那些独立于教学的研究。对此进行评估很困难,因为上文所述的学术参与氛围确实会提高教学质量,因此必须为此买单。

2018年11月发布的HEPI报告①指出,大多数大学将其收入的40%至45%作为教学直接经费。尽管需考虑到高等教育部门的异质性,但在不同的机构这似乎是一个相当稳定的数字。其余大部分经费也都花在了面向学生的优先事项上,涉及教学楼、信息服务以及图书馆设施在内的花费大约可以占到总收入的三分之二。而所有面向学生的总支出(例如福利性服务和学生会经费等)可以使这一项费用进一步增加到学费收入的四分之三左右。

在几乎所有国家,科研经费都无法完全覆盖科研活动的基础性成本,因此必须在

---

① Where do student fees really go:https://www.hepi.ac.uk/wp-content/uploads/2018/11/Following-the-pound-1.pdf.

其他地方寻找资金。在诸如常春藤盟校和牛津大学等传统大学中，这笔费用来自于它们可观的基金，一些大学从捐赠中获得大量支持。在其他一些国家，尤其是澳大利亚和英国，这部分资金来自国际学生市场的利润。通常，国内经费可以用于支付教学支出，而国际收入可以补贴科研支出。

我们认为，有充分的理由证明我们应该明确区分大学的研究和教学预算，以便形成一种透明度，使学生能够知道自己的钱去了哪里，继而消除了不必要的怀疑并促成良性的决策过程。我们赞同 2018 年 11 月教育专责委员会（Education Select Committee）报告所提出的建议，即"每个高等教育机构都应在网站上公布其学费收入的支出明细表"。

全球高等教育系统和国际大学网络

全球高等教育系统

当然，科研活动的具体结构及其与大学的具体关系在世界各地都有所不同，这反映了每个国家科研和大学体系及其历史的差异。研究经费集中于那些世界级的专业研究机构以及科研水平世界排名最高的大学。然而，国际关系是世界范围内科研质量的一个重要方面，并且在最近的几十年中，全球高等教育体系已经建立了起来。

这[①]为世界上曾经高等机会极为有限的部分地区提供了高等教育。高等教育对

---

① 这一段文字在很大程度上参考了前文所引用的赫提格（Hertig）所著《大学、排名和全球高等教育动态》（University, Rewleicy and He Dynamic of Global HE）一书。

互联网力量的网络化、交互式的使用越来越具有创意。对于学生、科研人员以及科研经费而言,竞争性大大提高。大学正在寻求应对紧密相关的世界性科研挑战,尤其是那些从一开始就明确界定的挑战。随着新兴的主要参与者(尤其是来自中国和东亚地区)进入高层市场,美国和西欧的霸权略有减弱。全球大学系统使用英语作为通用语言,正在开发新型的全球和在线教学模式(例如慕课等),并催生出活跃的全球研究型大学。

因此,由高水平研究型大学组成的国际精英高校在研究经费、人才和声望等方面相互竞争。如果特定国家/地区政府将研究经费放在首要优先级,则会有助于本国/本地区大学的发展。在欧盟内部,针对欧盟研究资源的竞争日益激烈,而且英国在其中表现得尤为出色。(译者注:本书写作时英国尚未脱离欧盟。)

在《泰晤士报高等教育》2018年全球大学排名前200位高校中有31所英国大学,与之相比,这份榜单中共有62所美国大学、20所德国大学、13所荷兰大学、8所澳大利亚大学,中国和瑞士各有7所大学入选,法国则有6所大学入选。

中国是一个有趣的案例,其中央政府在1995年承诺投资数十亿美元以使其顶尖大学达到世界水平,此后其高校在研究排名中继续上升。例如在2013—2016年度,清华大学(包括习近平和胡锦涛在内的许多国家领导人的母校)在数学和计算领域产出了最多的前1%高被引论文,并且在STEM领域所产出前10%高被引论文论文比世界上任何一所大学都多。来自牛津大学的西蒙·马金森(Simon Marginson)认为清华大学有望"在五年或更短时间内排名世界第一"[①]。

事实是,在主要研究产出国中,这一精英群体中的世界一流研究型大学彼此之间

---

① https://www.economist.com/china/2018/11/17/tsinghua-university-maysoon-top-the-world-league-in-science-research? cid1 = cust/ddnew/email/n/n/20181119n/owned/n/n/ddnew/n/n/n/nUK/Daily_Dispatch/email&etear = dailydispatch&utm_source = newsletter&utm_medium = email&utm_campaign = Daily_Dispatch&utm_term = 20181119.

的共同点远大于与其和本国其他研究活跃度较低的大学之间的共同点。

正是由于这个原因，许多国家/地区使用"研究型大学"这一术语来描述那些研究水平最高的大学。汉斯·彼得·赫提格（Hans Peter Hertig）称这些大学为"世界一流研究型大学"。他提出了大学必须获得或捍卫的10条标准，作为在世界上最好的大学开展竞争的前提，他认为其中的前3条是最重要的：

- 政治、经济和文化上有利的本土环境
- 资金的充裕
- 出色的领导能力
- 世界一流的教师
- 高素质的学生
- 适应21世纪全球主要挑战的研究内容
- 适当的结构和治理模式
- "全球精神"
- 与校外利益相关者的良好链接
- 成功高效的声誉管理

我们大致接受这些"成功标准"，对此的详细分析超出了本书的范围，尽管我们解决了其中的许多问题。但是就本书而言，我们要强调的中心点是，事实上，任何国家属于全球高等教育体系一部分的大学与那些不属于该体系的大学之间存在着深刻的制度区别。在考虑大学的未来以及由此产生的各种政策问题时，我们必须充分考虑到这种区别。

开展研究有用吗?

对科研产出的评估

有一种假说能够鼓励政府、公司以及慈善机构或是非政府组织资助或支持科研活动,即某一项研究具有经济或社会效益。这意味着人类的知识被拓展,继而被应用以提升我们的生活条件。

如果研究只是"为自身的目的"而获得资金(某些情况应该如此),那么全社会都有权追问研究为社会带来了多少价值。事实上,这种方法的最终效果只会是减少社会在科研上的投入。

我们可以很容易地看到一些研究的成果,例如对某些疾病的了解以及对如何应对这些疾病的认识大大增加了,在其他领域则不那么显而易见。接下来我们将讨论有关教育的情况。

事实上,对社会而言的任何收益只有在穷极非实用性的探索领域之后才有可能产生,又或者只有在经历一段漫长的时间后才可能以一种无法预测的方式提供真正的成果。因此"蓝天研究"显然具有其价值。但尽管如此,社会仍有权在拓展知识范围以及获得特定利益等方面对科研活动的成果有所期待。这就是英国在1986年建立高等教育科研评估机制(RAE)的原因。类似的评估在1989、1992、1996、2001以及2008年先后开展。在1992年英国高等教育体制统一之后,高等教育科研评估机制迅速发展并演变成为当前的"卓越研究框架"(Research Excellence Framework;REF),该框架于2014年首次发布,下一次评估将在2021年进行。

评估实际是由学术界内部进行的,并且确实会影响英国研究与创新署(UKRI)指南框架范围内研究资金的总量、流向以及所产生的影响。

整个评估过程一直存在争议,其中部分原因是统计过程和判断必定受到一些主观因素的影响。同时,争议也源自于一些研究人员担心对他们科研工作的审查会越来越严格(这对于所有其他行业都是如此,因为公共问责增强了)。最终的结果是该评估系统在30年中不断发展,并且在持续发展中不断做出改变,以设法应对至少一项争议。

卓越研究框架的评估流程由英国的四个高等教育资助机构进行①,对于其三个主要目的可作如下界定②:为科研公共投资提供问责并提供投资收益的证据,提供基准性信息并建立声誉标准供高等教育部门和公众参考,以及告知研究经费的选择性分配结果。卓越研究框架对研究成果的质量、影响,以及支持研究成果产出的环境作出评估。

卓越研究框架评估过程在2014年的主要变化是首次纳入了对研究成果影响力的评价,而开展这项评价经过了数年的准备。卓越研究框架对"影响力"作如下定义:

> 就卓越研究框架评估的目的而言,"影响力"定义为对学术界以外的经济、社会、文化、公共政策或服务、健康,以及环境或生活质量的影响、变化,或收益。

这一定义强调了影响力超越"学术界"的重要性。

可以说,在一些学术领域,REF2014年评估所发布的结果令人感到震惊。因为很显然,即使对于学术界一小部分非常杰出的机构而言,"影响力"也没有得到足够的理解和应用,而随后发布的排名反映了这一点。随着REF2021年评估的开展,最大限度

---

① 英格兰高等教育资助委员会、苏格兰资助委员会、威尔士高等教育资助委员会及北爱尔兰经济部。
② http://www.ref.ac.uk/about/whatref/.

地提高科研"影响力"变得越来越重要。

英国四个资助委员会委托对 REF2014 年评估结果中的科研"影响力"维度进行了详细分析[1]，其结果非常值得详细考察，尽管一些细节不在本书的讨论范围之内。英格兰高等教育资助委员会(HEFCE)[2]提供了与之相关的"影响力研究数据库"[3]，该数据库为更加详细地考察 REF 评估中的科研"影响力"维度提供了可能。

上述分析考察了英国高等教育机构提交给 REF2014 年评估的 6 679 项科研影响力案例。该报告对英国大学科研影响力的性质、规模和受益者进行了初步评估，并重点阐述了四个总体性观察结果：

- 英国高等教育机构所开展的研究对社会产生了巨大影响，其多样性和吸引力令人印象深刻。超过 60 个独特的"具有影响力的研究主题"得以界定。
- 产生社会影响的研究是跨学科的，研究产生的社会效益是多方面的。超过 80% 的案例都包含了跨学科基础研究。
- 不同类型的高等教育机构所开展的研究产生不同类型的影响。超过 3 700 种产生科研影响力的独特路径得以界定。
- 英国高等教育机构具有全球影响力，在英国开展的研究为世界上其他国家作出了贡献。

这类分析增强了对科研经费的支持力度，从而拓展我们的知识并促进了社会发

---

[1] King's College London and Digital Science (2015) The Nature, Scale and Beneficiaries of Research Impact: An Initial Analysis of Research Excellence Framework (REF) 2014 Impact Case Studies. Bristol, UK: HEFCE. http://www.hefce.ac.uk/media/HEFCE,2014/Content/Pubs/Independentresearch/2015/Analysis,of,REF,impact/Analysis_of_REF_impact.pdf.

[2] http://www.hefce.ac.uk/pubs/rereports/year/2015/analysisREFimpact/.

[3] http://impact.ref.ac.uk/CaseStudies/.

展。因此有必要发展和扩大这项工作,并更深入地分析不同学科的研究可以形成何种程度的影响力。

加强影响力的一个重要路径是"工作原理网络(What Works Network)"[①],该网络鼓励研究人员和从业人员之间进行有组织的对话,这应该得到进一步发展。例如,尽管人们已经清楚地认识到科研活动在健康领域的潜在积极贡献,但在其他领域中研究的潜在贡献却远远不够明确,因此有必要了解为这一现象的成因以及需要做些什么。

例如在包括信息和通信技术及工程领域在内的一些科研领域,其具有同样强大的影响力是举世公认的。但是有趣的是,在环境和气候变化领域,大学中的研究成功确定了气候变化的现实及其挑战,并影响了大多数(尽管不是全部)政府和公众舆论对于应对这一威胁的诉求。然而,采用何种途径改变我们的行为以有效缓解这一威胁仍有待明确界定。

不同的研究领域显然应该有不同的关注点,况且显然并非所有研究领域都像健康领域一样可以向医疗行业中"现成"的终端用户或政府部门中的政策制定者提供解决路径。

尽管如此,对科研影响力的日益重视是英国整体科研环境一个正面的特征,并且是英国之所以会成为其他研究系统越来越希望遵循的潮流引领者的一个因素。

以教育研究为例

与医学和健康研究的显著影响不同,我们选择了教育改进领域加以讨论。这个主题本身很复杂。有人认为提升教育结果所需要的就是资金。但事实上,更多的资源充其量只是改善教育结果的必要条件,而不是充分条件——甚至没有必要增加额外的资

---

① https://www.gov.uk/guidance/what-works-network#the-what-works-network.

源来改善教育结果。同时，一些人持有悲观的、确定性的和自欺欺人的观点，即教育结果是由经济、民族和阶层属性预先确定的。

但无论儿童的背景、环境以及可用的资源如何，我们都必须决定如何充分利用这些资源：我们需要着重关注什么层次的教育？是否需要花费资金雇佣更多老师（尤其是受过量化训练的老师）和提升设备和硬件设施（或是花在其他方面）？

各个国家各个级别的教育决策者每天都在努力解决这些问题。教育研究应致力于提供此类问题的答案。适当重视教育研究具有巨大的潜力，许多组织已经为此作好了准备，这其中包括政府、全球慈善机构和非政府组织，以及专业协会和雇主等。但作为前提，他们需要认识到这类研究将是富有价值的、高质量的，并能为潜在的成功政策提供有用的指导。

有许多问题仍然有待回答。这其中包括直接与教学相关的问题：班级规模大小对于教育结果根本没有任何区别吗？学校内部或外部的补习在多大程度上（如果有的话）能改善学习效果？在小学阶段着重于识字和算术教学的创新会改善教育结果吗？教授英语和阅读以及数学和科学的最佳方法是什么？父母、老师和学生在共同努力以改善教育表现方面的角色分别应该是什么？

此外，如何使用不同的技术（例如家用电脑、笔记本电脑，以及电子交互式白板和移动电话等）来提高教育效果？它们之间有什么区别吗？如何最好地使用它们？

对于课程和评估的性质而言也是如此。

而且，在世界上大多数国家中，最迫切的问题是如何提高教学质量。关于职业培训的最佳方法或是持续性职业发展的最佳形式，人们几乎没有共识。如何基于已有体系改善领导才能，使校长更有效地发挥作用？

此外，推动学业表现改进的最佳方法是什么？问责制的最佳形式是什么？通过"积分制"或类似方法进行报告的检查制度是否有实施空间？学校应该如何组织？在学生 11、14 或 16 岁时进行选拔性分流是否起作用？不同类型的学校[例如"学院

(academies)""专科学校(specialist schools)""免费学校(free schools)"]是否具有明确的目标？如果有的话，地方教育当局的作用是什么？是否应该按照学生的能力分班上课？上课时间应该更长或更短吗？学年的组织方式是否应有所不同？（例如学期是否应该延长几个星期？）

回答诸如此类的问题或许可以依靠"直觉"，但我们真正需要的是基于研究和理解的判断，这是教育研究人员所面临的挑战。毫无疑问，全世界的决策者都在积极寻找此类问题的答案，但并未从大学的教育研究部门找到答案。

这些问题的答案显然会因国家、地区、社会而异。但是，基于高质量研究的分析至少应该对其中的一些问题给出合理的客观回答。有时候，教育研究似乎是在解决次要的问题或回应内生的研究兴趣，而不是为决策者所关注的问题提供答案。

当然，政治决策的实际时间通常很短，这事实上很大程度地限制了研究可以为政策和实际决策提供信息的程度。这是一种持续的紧张态势，特别是在特定的政治环境中，政府承受着提高全体民众教育水平的巨大压力。

这些话题也是存在着争议的，研究人员有必要做好进行辩论的准备。这也是一个政策领域的特征——在这一领域中，公众的利益诉求如此的强烈，而表达观点的方式又如此的直截了当。根据个人经验，每一位家长、老师和学生都持有自己的观点。

教育研究人员应通过开展研究以解决全球决策者所关注的各种问题来把握主动。从整体而言，教育研究的路径需要以为全世界寻求教育质量改善的人们寻找最佳方法的愿望为动力。改进教育研究的最好的方法是提高教育研究者与政策制定者之间规律性对话的质量。研究界应围绕"教育的未来"和"教育改进"等议程与从业者展开讨论，并且承认一些事物可以被改变和改善。

教育研究人员需要了解世界各国决策者的议程，并提供服务以帮助他们分析什么是亟需做的事以及如何取得最佳效果。这需要研究者更加深入地参与其中——尽管这种对话很困难，但无疑是最佳的方式。对于所有研究领域而言这种参与都是必不可少的,尤其是那些关乎在全球范围内广泛存在的世界性挑战的领域。

❧ 结语 ❧

如前所述,大学在帮助世界应对我们正在关注的那些变化方面可以作出的四项主要基本贡献,本章的关注点几乎完全集中在其中的前两点:

- 了解世界的变化并对此作出解释;
- 提供利用变革过程实现总体利益的方法;

尽管大学在这些领域的成功也可以对第四方面有所帮助:

- 在全社会中营造一种崇尚知识的氛围和文化,继而促进相互理解和崇尚科学的美德。

大学要做更多的工作来帮助人们了解世界正在发生基础性的变化,而我们应该为此而做的努力具有前所未有的重要性。这就是我们需要采取以下行动的原因:

各国政府应直接将更多的研究资金用于支持实力最强的研究型大学(这类大学约占英国大学的三分之一),并应鼓励将其定义为"研究型大学"。罗素集团成员不应在政府政策中被优先考虑,因为它们不包括英国所有最受好评的研究型大学,并且在罗素集团之外还有许多实力强大的科研密集型机构。

研究资助者与大学之间应该就"蓝天研究"的重要性达成共识,但同时也应认识到,研究资助的目的不仅仅是预设的目的本身,同时也是作为一种启蒙和改造世界的手段。他们应该继续鼓励那些可以证明其具有强大社会影响力的研究,并推动人们就一个学科的影响力进行研究,以加深对科研活动可以更成功地带来积极变化的方式的理解。

应鼓励研究人员和从业人员之间进行有组织的对话,以增加研究的影响力,例如通过"工作网络(What Works Network)",该网络应得到加强和扩大。

一些学者所提倡的原则是,所有大学在相当程度上都是相同的,我们应该明确拒绝这一理论,政府应支持实力雄厚的研究型大学并促进其发展。各国政府应有意识地在本国那些研究资金水平过低的地区寻求大学以促进发展,例如通过鼓励大学合并和建立伙伴关系。应该鼓励将存在于非研究密集型大学中的高素质研究团队迁移到那些研究密集型大学中。同时,政府应该消除追求成功的障碍,例如不必要的移民限制等。

大学应将研究重点放在解决问题和知识探索上,以阐明我们如何应对变化,特别是在那些证据最薄弱的学科中。

它们应开展本土化的研究和"知识转移",以加强本地经济发展,并积极组织研究人员网络,与其他大学、继续教育学院,以及普通高中的教师一起从事研究工作。

它们应该在包括发展中国家在内的世界范围内建立更加强大的系统性国际研究合作伙伴关系。此外,它们应该采取措施明确区分科研和教学预算,以增加透明度并增强对其使命的信心。

第 5 章 大学对地方经济与社会的影响

✤ 为什么大学对地方的影响很重要？ ✤

本书的作者之一埃德·伯恩（Ed Byrne）曾推动莫纳什大学（Monash University）吉普斯兰校区与巴拉瑞特大学（University of Ballarat）合并。这是一次激动人心的大学合并，因为这次合并塑造了一个新的区域经济巨头——澳大利亚联邦大学（Federation University Australia）。吉普斯兰曾是澳大利亚最贫困的地区之一，但事实证明，澳大利亚联邦大学很好地推动了当地的社会和经济发展需求。

埃德·伯恩始终相信，尽管大学在拥有密切的国际合作关系时会有绝佳的表现，但当大学在为国内带来明显的收益时，也能反过来给予这种合作关系强有力的制度保障。大学中的研究不仅可以带来积极的社会效益，还可为当地提供就业岗位。通过大学学位或国际学习机会增加教育机会是可能的，而且大学对地方的影响也是最为关键且最值得关注的。

埃德坚信，和过去一样，大学既需要本土化，也需要全球化，且全球化应造福于本土。

本书的另一位作者查尔斯·克拉克（Charles Clarke）曾是诺里奇（Norwich）

南部选区（译者注：诺里奇是英国东部的一个城市）的国会议员，该选区包括东英吉利大学（University of East Anglia）、城市以及行政中心。这表明，只要大学和地方共同努力，就可以通过建立多样的伙伴关系获得巨大利益，但达成实际的联合战略协议往往十分困难。

这些例证使我们相信，大学对地方社会和经济发展的确十分重要。

❧ 引言 ❧

本书的第 3、4 章分别论述了大学之于工作和研究的重要性，同时强调了大学在应对这些领域国内外挑战中的重要作用。

然而，大学的影响往往主要是地方性的。我们在第 2 章中列举过许多这样的大学，比如苏格兰的大学以及英格兰的城市大学及其继任者，就是服务于城市经济和社会发展的现实产物。美国、欧洲和澳大利亚也有这样的例子。这一历史始终昭示着这类大学存在的核心意义。

本章将探讨大学产生地方性影响的本质，这些影响涵盖了城镇的经济发展，以及大学所应该带来的公民参与和公众参与。

在此背景下，我们将重点讨论地方大学的工作之于本书第 1 章中所界定的后三个支柱性角色的重要性。这三个支柱性角色分别是：

- 提供利用变革过程实现总体利益的方法；
- 教育和培养掌握应对变革所需技能的专家；
- 在全社会中营造一种崇尚知识的氛围和文化。

当然,不同的地区差异很大,不同地区的大学对社区的重要程度也不同,不同大学在当地所扮演的角色和我们所描述的也并非完全相同。

本书并不试图形成大学地方性角色的一般性理论,但我们认为可以从中总结出诸多共同点,这些共同点不仅可以指导大学的行为,还可指导政府提升干预地方大学的具体举措。

一些评论人士开始重视大学在对抗全球化负面影响中所发挥的积极作用,我们将先由此展开讨论,继而再讨论大学对地方产生的普遍性影响。

在本章的最后,我们将讨论大学在促进全社会崇尚知识的氛围和文化方面重要的地方公民和知识分子角色。

❧ 大学与全球化 ❧

本书的核心主题是"大学需要帮助世界应对全球日益变化所带来的挑战"。诚然,大学已经在科学、技术和经济等使全球化得以实现的领域中发挥着重要作用。这种情况在未来也将持续并加强。

毫无疑问的是,全球化业已在全球范围内发生了,但它也让世界各地多数地区陷入了困境。因此,全球化是一柄双刃剑,它在全球范围内带来积极影响的同时,也对一些地方产生了负面影响。

正如我们所看到的那样,世界贸易的稳步扩张、关税的破坏、保护主义的盛行等,已使英国大部分人对整个战后系统应对经济、社会、文化等方面问题的能力丧失了信心。

无论"全球化"在经济上取得了怎样的成功,它始终没有回应个人与公众都关注的问题——某些地区的经济衰败,比如美国的"铁锈带"(rust belt)(译者注:指那些经历辉煌后陷入低迷的传统工业区),以及英国、法国和其他一些国家曾经的煤钢产区。此外,全球化也没有充分解决人们对移民控制的担忧。移民控制是全球化所带来的一个重要副作用,因为人们总是从经济欠发达地区迁往经济更繁荣的地区谋生。14世纪迪克·惠廷顿(Dick Whittington)(译者注:传说和童话中的有名人物,相传他是一个贫苦的孤儿,去伦敦是为了发财,因为他听说伦敦的马路都是黄金铺的)去伦敦寻找用金子铺成的街道这个传说早已成真。

然而,世界正以史无前例的速度变化着,几乎颠覆了所有国家的各个行业,数十亿人通过具有强大处理能力、无限存储容量和知识获取能力的移动设备彼此相连已不再是畅想,人工智能、自动驾驶、纳米技术、生物技术、材料科学、能量存储和量子计算等领域的新兴技术的突破也将为实现这些可能助力。

经济和技术的快速变革带来了整个生产系统和管理体制的变革,其中最为重要的是治理体制的变革。此外,经济和技术的变革凸显了高质量教育和培训的重要性,也昭示着传统社区的进一步衰落。

这突出了那些未受教育者的相对弱势地位,教育本可帮助他们应对生活方式中存在的种种威胁。

对英国脱欧公投和2016年美国总统大选的分析也说明了教育因素在解释投票行为方面的重要性。

亚当·雅各布斯(Adam Jacobs)的一项分析[①]指出,教育程度这一变量能很好地预测脱欧公投的结果,而年龄和种族这两个变量对脱欧公投结果的影响不大。

布鲁金斯学会(Brookings Institute)(译者注:布鲁金斯学会是一家研究公共政策

---

① http://www.statsguy.co.uk/brexit-voting-and-education/.

的非营利组织,美国著名智库之一)的一项研究①发现,拥有大专以上学历的选民中有75％投票支持英国留在欧盟,而不具备大专及以上学历的选民中有73％投票支持英国离开欧盟。有趣的是,2016年的美国总统大选中也出现了类似的差异。

不足为奇的是,那些认为自己在全球化进程中失败的人转而支持那些公开反对现状的民粹主义政客(无论他们是左翼或是右翼)。

数千万的人不再支持几十年以来行之有效的经济和社会模式,而倾向于参与以英国脱欧(Brexit)、美国唐纳德·特朗普(Donald Trump)以及其他国家的类似运动为代表的挑战行动。

接受过高等教育的人和没有接受过高等教育的人之间一直存在着社会阶层的分化,但现在情况发生了很大的变化,接受过高等教育的人急剧增加,以致社会分裂甚至两极分化的危险成为了经济和社会稳定的一大威胁。

那些反对全球化和战后体系的人所提出的挑战是存在的。但核心问题是,这种状况的主要责任不在于特朗普或脱欧的支持者,而在于那些没有充分利用手中的经济和政治权力来解决人们的担忧,却始终相信所谓的新"本土民粹主义者"提出的"万金油"提议的人。英国脱欧和特朗普等事件只是利用了执政的"建制派"(Establishment)(译者注:指比较传统、温和的保守派)的一次失败,即"建制派"未能重振处理这些问题的机构和系统。

而大学是应对这一挑战的核心力量。因此,问题随即出现了,大学能否在应对全球化的负面影响方面做得更多? 而不是仅仅为其创造有利条件并在某种程度上从中受益。

答案是肯定的。

近期有两本书都强调了大学在帮助当地社区从全球化带来的经济灾难中恢复方

---

① https://www.brookings.edu/blog/fixgov/2016/11/18/educational-rift-in-2016-election/.

面的重要性。

首先是《智能转型：从铁锈带到智带的经济奇迹》(The Smartest Places on Earth Why Rustbelts are the Euerging Hotspots of Gtobal Innovation)①。作者安东尼·范·阿格塔米尔(Antoine van Agtmael)和弗雷德·巴克(Fred Bakker)在书中展示了诸多"铁锈带"城市，例如俄亥俄州的阿克伦(Akron)、纽约州的奥尔巴尼[纽约州立大学纳米技术研究中心(SUNY Poly NanoTech complex)即位于该地区②]和荷兰的埃因霍温(Eindhoven)。这些"铁锈带"城市正转变为全球创新中心，从被淘汰的"铁锈带"地区中创造出新的经济力量。

他们列举了一系列城市，包括德国德累斯顿(Dresden)、瑞典的隆德和马尔默(Lund-Malmö)、芬兰的奥卢(Oulu)、密西西比州的贝茨维尔(Batesville)、明尼苏达州的明尼阿波利斯(Minneapolis)、俄勒冈州的波特兰(Portland)和北卡罗来纳州的罗利-达勒姆(Raleigh-Durham)，还有在美国、加拿大、墨西哥、英国、德国、瑞典、瑞士、法国和以色列等国的其他一些地区。地方大学、有远见的思想家、地方政府的激励、初创企业和大公司等多方力量联合，共同创造了所谓的"智带"，这些"智带"正在创造新的行业、改变传统行业，并扭转目前依赖廉价外包的产业发展趋势。

安东尼·范·阿格塔米尔和弗雷德·巴克的所提出的名单中除一些"铁锈带"地区外，还包括一些著名的大学工业中心。这些著名的大学工业中心大多数曾是全球化的输家。澳大利亚的第十大城市——伍伦贡市(Wollongong)即是其中一个例子。伍伦贡市是一个传统的重工业中心，拥有一所雄心勃勃的大学即伍伦贡大学(University of Wollongong)。

---

① https://www.amazon.co.uk/Smartest-Places-Earth-Rustbelts-Innovationebook/dp/B06XKY1CC7/ref=sr_1_3?keywords=The+Smartest+Places+on+Earth&qid=1557241098&s=digital-text&sr=1-3-catcorr.
② https://sunypoly.edu/research/albany-nanotech-complex.html.

除大学本身的关键作用外,《智能转型:从铁锈带到智带的经济奇迹》的两位作者还强调了"联络者"在创业中的重要性。联络者通常富有远见和精力,并且拥有人脉关系,可以号召大学、企业、政府和其他参与者等合作伙伴聚集在一起协力实现变革。他们强调,"联络者"可能来自大学、政府、企业或其他机构,无论联络者的背景如何,都必须具备有能力建立必要的连接这一特质。

此外,他们还强调了准备协力合作的"地方官员、企业家和科学家的务实目标和协作精神",以及各类促进跨学科合作行动的重要性。

他们十分清楚,如今的创新更多是自下而上的(几乎都是在地方层面取得的)而非自上而下的。而政府所制定的指导方针和最佳方案也将有助于创新(例如提供激励政策和奖励措施等类型的创新扶持等)。

然而,本书的目的在于讨论大学本身在振兴地方经济中的重要意义(这一过程有时会被传统产业的崩溃所摧毁),以及高质量的大学领导层对这一过程的重要促进作用(我们将在本书的第9章重点论述这一点)。

布鲁金斯学会的约翰·C·奥斯汀(John C Austen)撰文[1][2]对这一观点进行了补充,他指出了大学系统对五大湖铁锈带地区经济的重要性。这一地区的大学可以追溯到19世纪初,"从很多方面来说,这些大学成为了中西部社会、经济以及身份认同的支柱。如果没有这些大学的首肯,密歇根州将难以举行任何有关商业、民政,或是政治领导人的会议"。美国中西部的五大湖铁锈带地区拥有至少20家世界200强研究机构,包括芝加哥大学(University of Chicago)、宾夕法尼亚大学(University of Pennsylvania)、卡内基梅隆大学(Carnegie Mellon)和匹兹堡大学(University of

---

[1] https://www.brookings.edu/blog/the-avenue/2017/12/19/tale-of-two-rust-belts-higher-education-is-driving-rust-belt-revival-but-risksabound/.

[2] https://www.brookings.edu/blog/the-avenue/2017/12/05/a-tale-of-two-rust-belts-continued-can-the-midwests-smaller-communities-succeed/.

Pittsburgh)等。此外,人口占全国 31% 的"铁锈带州"培养了全国 35% 的学士学位持有者、33% 的 STEM 专业毕业生,并授予了全国 32% 的高等教育学位。

约翰·C·奥斯汀(John C Austen)直言,大学所做出的努力重启了后铁锈带时代的地方经济。奥斯汀认为,大学不仅为当地人提供了一流的教育,传授了创业的思维模式,为当地提供了大量的就业岗位,同时还是新兴产业发展的支柱。同时,他还提到了威斯康星州的格林湾(Green Bay)和密歇根州的卡拉马祖(Kalamazoo)等地区的经济发展。

《我们的城镇》(*Our Towns*)[①]一书也强调了大学在后全球化时代地区振兴中的重要性。在这本书中,詹姆斯·法洛斯(James Fallows)和黛博拉·法洛斯(Deborah Fallows)以游记的特殊方式记录了他们 5 年来对全球化冲击下美国各地不同社区的考察。

以下是他们关于"城镇如何成功地在后全球化时代构筑辉煌的未来"这一问题所作出的总结:

1. 人们共同解决社区中的实际问题;
2. 挑选"当地的爱国者";
3. 实现"公私合作";
4. 有一个广为人知的有关城镇的故事;
5. 有商业区;
6. 邻近一所研究型大学;
7. 拥有并重视社区学院;
8. 拥有特色的创新学校;

---

① https://www.amazon.co.uk/Our-Towns-000-Mile-Journey-America ebook/dp/B074LRHLJ3/ref = sr_1_1?crid = 34WAQPHN6AA36&keywords = our + towns&qid = 1557241173&s = digital-text&sprefix = Our + Towns%2Cdigital-text%2C153&sr = 1-1.

9. 使城镇开放包容；

10. 制定远大的发展计划。

可以发现，在《我们的城镇》一书中，大学、伙伴关系、人际关系、历史叙事和创新方法的重要性再次被重点提及。

事实上，对于那些因煤炭、钢铁、造船、汽车和轮胎等传统工业的衰落而黯然失色的地区而言，大学的重要性显而易见。

这些地区不可能通过经济保护和贸易壁垒来恢复传统工业。即使这种方法曾经奏效（我们对此表示怀疑），"马厩的门是开着的，而马已经彻底脱缰了"。

这些地区也不可能通过国家层面的举措或一系列福利性保护措施得到重建，尽管这些福利性保护措施在短期内可能很重要。它们都需要重新找到煤炭、钢铁、大规模工业生产或运输在过去给它们带来的那种竞争优势，那曾给它们带来大约150年的繁荣，随即便衰落了。

这就是我们在本书中讨论过的大学在经济变革过程的意义。旧工业不会为我们所讨论的社区提供可持续的经济和社会。可持续的社会和经济仅源于未来的产业和经济。而正是地方大学，提供了实现这种转变的最佳可能性，并由此创建了新的社区。

未来的弹性竞争优势最可能源于大学，它们最适合提供也最能够促进新兴行业的创造力和创新能力。此外，大学及相关的学校和学院，如继续教育学院，是为社区所需的新型劳动力提供教育和培训的最佳场所。

这就是为什么我们认为，大学应该在地方层面采取强有力的举措，以抵消全球化对那些深受影响的地区带来的消极影响。

在我们看来，这是大学应对世界变化所带来的挑战中所需要解决的最核心的问题。

我们鼓励对这一领域可能取得的成就进行更系统的分析，这一领域具有更深层次的研究价值。

当然,在这一领域(除全球化的直接背景之外)已有一些优秀的地方实例,这些例子证明了大学能够且确实对其所在社区的经济产生了影响,我们将转向这一问题。

◈ 大学对宏观经济的影响 ◈

关于"世界一流研究带来的经济影响"这一议题,最典型的案例来自美国。

二战结束时,在范内瓦·布什(Vannevar Bush)的建议下,杜鲁门(Truman)总统决定在科研上增加大量的政府投资,由于大学在科研领域的卓越表现,这些政府投资几乎全部投入了大学系统。

这一举措加快了美国约50所大学的发展,也为美国经济作出了巨大贡献。有很多这样的例子,比如波士顿、北卡罗来纳,以及圣迭戈惊人的医学研究发展带来的大量产业衍生品,而位于旧金山湾区的硅谷也得到了加州理工学院(California Institute of Technology)和加州大学伯克利分校(University of California, Berkeley)的支持。包括惠普(Hewlett Packard)在内的大多数现代大公司,都是从这些大学中心直接发展起来的。它们推动了信息革命,即"第三次工业革命"。

"第三次工业革命"中的一个关键人物是斯坦福大学(Stanford University)的前任校长弗雷德·特曼(Fred Terman),他在20世纪中期设想了大学与工业界密切合作的价值,以及大学在帮助衍生企业和毕业生创业方面的重要性。

他积极追求在学校"门口"建立知识集群的远见卓识目前被普遍接受,但这在当时是革命性的。这种追求造就了今天的硅谷,也对世界产生了巨大影响。

这个伟大的故事由众多小故事构成。几乎所有大学都对周围的社区产生了重要的影响。这些影响体现在诸多方面,一所大学能以如此多不同的方式支持和改善地方经济并产生令人难以置信的影响,总是令人惊讶的。不同院校的工作范围和职责有很大差别,小城镇中优秀的研究型大学可能是当地经济的主要支持者,但大学的主要任务也可能是提供最高水平的国际学术成果。大城市中的顶尖研究型大学也可对当地经济发挥重要作用,但它们也可能惠及全球范围的一系列行业和服务。我们将在本章中讨论对城市或地区有重要意义的这类大学。

最佳的论证方式是展示一系列真实的案例。

我们先从英国说起,英格兰泰恩河畔的纽卡斯尔大学(University of Newcastle)是一所高质量的研究型大学。该校成立于 50 多年前,成立前附属于杜伦大学(Durham University),它起源于一个历史更加悠久的工程学院——阿姆斯特朗学院(Armstrong College)和一个医学院——杜伦大学国王学院(King's College),这两个学院都成立于大约 150 年前。纽卡斯尔大学自成立伊始就逐步发展壮大,现在已是英国最好的高等院校之一。它与具备高教学质量、更注重技术教育和教学的诺森比亚大学(University of Northumbria)并肩而立,这些院校共同为泰恩河畔纽卡斯尔市的数万名学生提供了一个家园。

就在几十年前,英格兰东北部的经济仍由钢铁、大规模造船,以及煤炭开采等重工业主导。但煤矿等重工业的急剧衰退,导致在那些依赖重工业的地区与重工业相关的职业大量消失。大学在这种情况下挺身而出,如今的纽卡斯尔是一个已经完成转型的后工业城市,这在很大程度上是由为国内外学生提供了良好教育的一流大学所主导的。这些大学共同为当地学生在人们可以想到的几乎所有领域提供了丰富的课程。值得注意的是,当地学生在本地上大学的比例很高。此外,这些大学还吸引了国际学生进入这座城市,而国际学生为这座城市创造了可观的财富。这些大学不仅在本地雇用了大量员工,还吸引了其他业务进入纽卡斯尔,这些举措巩固了当地的经济财富。事实证明,如果没有大学的存在,纽卡斯尔这座城市的发展将大打折扣。

这只是众多案例之一,纽卡斯尔的这种发展模式已经被利物浦和格拉斯哥等后工业城市所复制。当然,由于大学的衍生品效应和智力协同效应,高科技产业等新兴产业更倾向于与大学一同成长。就目前的情况而言,许多类似的城市都在增加高科技产业业务。

在世界范围内,以往缺乏大学的小城市和城镇由于认识到大学对经济发展的加速作用,逐渐出现了这样一种趋势,即试图建立、吸引或发展一所大学。这在过去常常是通过设立分校来实现的。这些学校可能会继续作为分校发展壮大(加拿大有一些这样的例子),也可能会凭借自身实力转变为综合性大学。英国的林肯大学(University of Lincoln)就是由分校转变为综合性大学的一个成功案例,该大学近年来一直在不断扩张。尽管林肯市很古老,教育历史悠久,但林肯大学相对较新。当时,亨伯赛德大学(University of Humberside)被邀请在林肯市西南部选址建立一个新校区,由此林肯郡亨伯赛德大学(University of Lincolnshire and Humberside)于1996年成立。该校区由最初的几百名学生迅速扩展到数千名,并于2001年更名为林肯大学。这同时也是一个超过1.5亿英镑的大型开发项目——将林肯市旧城中心的棕地转变为以大学为中心的集零售业与休闲业于一体的房地产开发项目。林肯大学为林肯市提供了至少3000个工作岗位,每年为当地创造近2.5亿英镑的经济收入。这些成就使其校长玛丽·斯图尔特(Mary Stewart)于2018年被《卫报》(The Guardian)评为"年度校长"。

根据英国2003—2004年的立法,伯恩茅斯、德比、格洛斯特、伊普斯维奇、北安普顿和伍斯特等地都成立了大学,这些地方以前根本没有大学,大学的成立为这些城市带来了与林肯市类似的故事,其中的一些城市非常成功。

放眼整个澳大利亚,大学对整个国家的影响是不可估量的。大学不仅为本地毕业生提供了高质量的教育,为本地提供了庞大的国际学生市场,还支撑了国家的大部分智能产业。或许与英国截然不同的是,澳大利亚一些大城市也依赖高等教育来维持其经济。例如,拥有 500 多万人口的大都市墨尔本是澳大利亚南部维多利亚州最具影响力的城市。根据维多利亚州政府对本州国际教育所进行的经济价值分析,该州的教育服务业(主要是高等教育领域)在 2016—2017 年间创收 91 亿美元。这是维多利亚州迄今为止最好的表现,较上年同比增长超 10 亿美元。国际教育为墨尔本提供了近 6 万个就业岗位,也是墨尔本这座大都市最重要的出口产品(译者注:从国际贸易角度,吸引国际留学生可被视为教育服务出口),这得益于墨尔本一系列院校的支持。墨尔本的 10 所大学中有 7 所进入了世界一流大学排行榜。值得注意的是,国际学生市场不仅受到了当地民众的欢迎,还受到了澳大利亚各大政党以及主导澳大利亚未来经济规划重要人物的欢迎。

澳大利亚还有一些远离大都市中心的小城镇和小城市。大学教育是当地经济发展的关键要素,对这些地区至关重要。顶尖公立大学的卫星校区在这些较小中心的影响也十分显著。

本迪戈(Bendigo)是维多利亚州最大的地方性城市之一,该城市很早便基于位于墨尔本的拉筹伯大学(Latrobe University)(位于墨尔本大都市的学校)发展了一个分校。目前,该分校本身已成为了一个覆盖大多数学科的重要实体,维多利亚州最贫穷的地区是吉普斯兰。吉普斯兰地区有许多小城镇,这一地区几年前建立的一个技术学院,后来被莫纳什大学(Monash University)作为一个分校区接管。这个分校逐步发展壮大,本书的作者之一埃德·伯恩(Ed Byrne)推动了莫纳什大学吉普斯兰校区与巴拉瑞特大学的合并,形成了一个新的区域强校——澳大利亚联邦大学(Federation University Australia),该大学在维多利亚州经济发展的各领域发挥了巨大作用。澳大利亚联邦大学不仅为年轻人提供了适应未来职业的教育,与企业和政府建立了密切的伙伴关系,还雇用了大量的本地员工。这些本应在吉普斯兰(澳大利亚最贫困的地区之一)备受限制。但事实证明,大学更好地满足了地区需求。澳大利亚几乎所有的地方大学都成为了当地经济的支柱。

这种通过大学活动重振经济的现象，无论是像英国北部大城市那样循序渐进式的，还是像林肯大学那样加速规划式的，都已在世界各地变得越来越普遍。尤其是在地方层面，发达国家的大学系统与经济的关系也愈加紧密。在人工智能时代，人类活动和思想的重心必然将更多地转向高阶的工作和智力活动。当然，大学仍是这个故事的中心。当前社会变化之快史无前例，知识总量每隔几年就会翻一番。这些知识带来了新的技术、商业以及产业的变革，甚至缔造了一个全新的世界。而大学系统作为社会中专门研究知识的组织，是这一变革过程的核心，而政府和产业之间广泛而复杂的联系加强了这一变革。虽然大多数国家的政府已在知识层面上承认了这一点，但一个国家的大学政策并不总是反映在这一关键时刻培育和发展国家大学部门的需求。

到目前为止，我们已在本章探讨了有关"大学对地方所产生的影响"这一议题的部分案例。同样值得一提的是那些优秀的大学在大城市的影响力。如今，即使是大城市中那些最精英化的研究型大学，也同时在为全球发展和地区发展发挥着重要作用。这往往关涉到成千上万人的就业，与当地的经济利益息息相关。大学往往通过与当地建立合作伙伴关系、成立高科技初创企业，以及发展大学的衍生品等方式来支持当地的产业。一般而言，大学主要与工业界进行合作，如制药业等。名校、企业、政府之间的合作衍生出了高科技区域的概念。

世界上有很多这样的地方，当然，旧金山湾区及硅谷是其中的佼佼者。北美还有一些优秀案例，例如，圣迭戈市有大量的医学研究和制药行业产业。斯克里普斯研究所（Scripps Research）、索尔克研究所（the Salk Institute）、伯纳姆研究所（Burnham Institute）以及加州大学圣迭戈分校（University of California San Diego）的出现，在短短几十年里就巩固了圣迭戈市的发展。毫无疑问，圣迭戈是当今世界主要的医学研究地之一，它和同样极具优势的洛杉矶以及旧金山湾区一同为加州的知识生产体系及其经济体系的雄厚综合实力作出了巨大贡献。北卡罗莱纳三角区（The North Carolina

Triangle）（译者注：北卡罗莱纳三角区是位于美国北卡罗莱纳州的著名高技术园区），德国的莱茵·内卡三角区（the Rhine Necker Triangle）（译者注：莱茵·内卡三角区是有着约235万人口的密集型欧洲都市圈，中心城镇是一座大学城——曼海姆），以及英国剑桥大学（Cambridge University）周围蓬勃发展的工业园区也是较为典型的例子。有趣的是，中国主要的新兴开发区同样基于类似的模式。本书的作者之一埃德·伯恩曾有机会帮助中国的苏州工业园区建立一所由新加坡政府和中国政府联合创办的国际研究机构（即新加坡国立大学苏州研究院）。在短短十多年的时间里，一个拥有数百万人口的繁荣城市已经发展起来了，那里同时拥有若干所优秀的中国及海外高校的分校，以及蓬勃发展的智能产业。这无疑是未来城市的典范，中国正在发展更多这样的城市！

那么对于旧世界呢？世界上的大城市往往对那些已经存在了好几个世纪的大学相当满意。但这些院校仍然有机会在"新世界"继续发挥影响，它们的核心使命是完善并加强教育和研究。伦敦大学国王学院（King's College London）在未来10年的战略发展规划中，将全球影响力、国内影响力、地方影响力与卓越的教育和研究等指标视为同等重要。目前，国王学院已经任命了一位新的副校长来领导这项倡议，他所负责的范围从环保意识到公平和多样性计划，再到大学与地方政府和行业的直接互动。

近期，《泰晤士高等教育》（Times Higher Education，THE）发布了根据一系列指标测定的世界大学影响力排行榜，伦敦大学国王学院在这些指标上排名全球第五（2019年数据），比它在主榜单（THE世界大学排名）上的排名还要高一些。伍斯特大学（Worcester University）的表现也十分亮眼。榜单上的纽约大学（New York University）和康奈尔大学（Cornell University）都参与了纽约市最新的重大项目。其中，康奈尔大学在纽约市长迈克尔·布隆伯格（Michael Rubens Bloomberg）的倡议下，与以色列的以色列理工学院（Technion-Israel Institute of Technology）共同开展了大规模研究与开发活动。

或许,美国有关大学复兴城市中心的典型案例是几年前由常春藤盟校宾夕法尼亚大学(Penn)发起的。在埃米·古特曼(Amy Guttman)校长的领导下,宾夕法尼亚大学在费城市中心发起了一项名为"宾夕法尼亚大学交通枢纽规划"(Penn Connects)[①]的大规模开发项目,该项目基于从美国邮政局(US Postal Service)购买的24英亩土地。这个项目所追求的目标十分远大,不仅在于促进费城的教育和经济,还在于提升费城本已十分荒废的中心城区的社会地位。这个项目的规模越来越大,最初意图仅仅是培育初创企业,但现在已成为费城经济的核心部分。事实证明,该项目对费城的支柱产业和新兴企业都具有吸引力,其中的一项重大胜利就是创建了强生公司(Johnson & Johnson)新的研究实验室。

至此,关于"大学对当地经济所产生的影响"的故事已经十分具有说服力了。现在,我们将话题转向政府和其他可以为此提供帮助的部门。

✥ 政府与本地大学的发展 ✥

前文中已提及了大学产生的经济影响大部分来自于其自身的努力以及所建立的伙伴关系。其中就包括大学与从地方层面到国际层面的各级政府(如欧盟)建立的重要伙伴关系。

各级政府(国际、国家、区域和地方)都认识到了地方经济发展的重要性,并承认了大学在制定和提供战略计划方面的重要贡献,因此为其提供资源以鼓励这种

---

① https://www.pennconnects.upenn.edu.

贡献。

但与政府提供的实际资源（通常规模相对较小）同等重要的是政府对大学战略思维和建立更广泛合作关系方面所作出的贡献。正是这些合作为新的投资提供了真正重要的资源（例如新的基础设施），这或许是变革发生的决定性因素。

大多数政府现在都创建了某种形式的资金支持，通常是以注入经费的形式，而非从实质上帮助和激励大学形成并扩大对地方经济的促进作用。英国目前的政府资金支持项目有高等教育创新基金（Higher Education Innovation Fund），①该基金为支持和发展大学与更广泛世界之间的知识交流提供资金；"联通能力基金"（Connecting Capability Fund），②该基金用于资助大学在研究商业化方面的合作，旨在鼓励大学与外部的科技界、工业界以及地区建立伙伴关系；以及校企合作区（University Enterprise Zones，UEZ），③旨在产出创新并将其商业化，提供能服务于地方和区域经济关键部门的最佳技术。2015 年，诺丁汉（Nottingham）、利物浦（Liverpool）、布拉德福德（Bradford）和布里斯托（Bristol）一共设立了 4 个试点校企合作区。

此类项目可以帮助到某一地区的地方大学，然而存在一个问题，即大学在这种复兴策略中的真实参与程度如何？大学的参与会不会仅仅是流于表面？中央政府可以支持这样的项目（但通常难以成功地发起），而区域或地方政府（例如通过当地的市长）也许能够发挥初创作用。

在英国，研究经费作为当地经济增长的主要贡献者，其整体地理分布也存在重大问题。例如，英国研究理事会（Research Councils UK）2015—2016 年的 31 亿英镑支出在英国各个地区中所占的比例如下表所示④：

---

① https://re.ukri.org/knowledge-exchange/the-higher-education-innovation-fund-heif/.
② https://re.ukri.org/knowledge-exchange/the-connecting-capability-fund-ccf/.
③ https://re.ukri.org/knowledge-exchange/university-enterprise-zones/.
④ http://www.rcuk.ac.uk/about/aboutrcs/research-funding-across-the-uk/.

表 5-1 2015—2016 年英国研究理事会科研经费支出在英国的地理分布

	全国科研支出占比(%)	
英格兰东南	23	
伦敦	21	57
东英格兰	13	
苏格兰	10	10
中英格兰	9	
西北英格兰	7	
约克郡-亨伯	6	24
东北英格兰	2	
西南英格兰	5	5
威尔士	2	2
北爱尔兰	1	1

由表 5-1 可知，伦敦、东英格兰以及东南英格兰共获得了约 57％的国家研究经费，而东北英格兰、西北英格兰、约克郡-亨伯，以及中英格兰（这四个地区在与前者人口大致相同的情况下）仅获得了约 24％的国家研究经费。当然，这极大地强化了英格兰本已十分严重的区域经济分化，也助长了我们在本章提及过的由全球化中的"输赢"所造成的社会分化。

同样值得一提的是，用于激励大学促进地方经济发展的科研经费占比非常小，因此当大学进行发展战略思考时，政府资金来源这一因素的影响作用不会很大。

各国政府需要认识到进行适当规划的必要性，以便能够在地理意义上更公平地分配研究资金。当然，我们承认这并不简单。因为新的资助机构——英国研究与创新署（UK Research and Innovation）在学术上独立于政府。其次，政府需要支持的那些具有世界级水平的研究在地理上主要分布于伦敦和东南英格兰。我们会建议在全国范围内选出少数几所研究密集型大学,将资源向这些大学集中。这已经在曼彻斯特成为现实——例如高端创新型材料石墨烯的研发,鉴于我们在本章前面部分所描述的当地经济发展潜力,其他的大学或许也可以进行这种尝试。

❧ 社区中的大学 ❧

本章的大部分内容都集中在有关"大学对当地经济的影响"的讨论上,我们现在将目光转向大学对地方公民的重要性,以及大学在全社会中营造一种崇尚知识的氛围和文化的智力角色。

我们将大学的这一角色纳入大学的四大支柱性角色之中,并将其视为大学的重要贡献。其主要原因在于,在这个瞬息万变的时代,人们对事实和现实的蔑视与日俱增,且常常在公共话语中用"假新闻"取代事实和现实。这就是我们在本章讨论过的后全球化社会日益分化,甚至两极分化的产物。当然,这种已经发展了好几个世纪的"反科学"文化不符合大学的一整套伦理体系。此外,这种"反科学"文化对全社会而言非常危险,因为它挑战了我们应对变化的重要前提——正确地理解客观事实,并尝试用最好的方式处理它。

大学可以通过一些重要的途径在全国推广这种更加理性的方式,但它们在当地的角色可能更为显著且更加重要,并且可以通过多种方式实现,例如:

- 与当地的中学和学院合作;
- 与本地私立及公立机构雇主共同规划未来;
- 研究当地社会当前的发展方式,参与公民领袖的活动;

- 促进当地社会中处境不利者的平等和机会；
- 思考提升社会凝聚力和消除社会分裂的途径；
- 发展当地强烈的公民意识和地区的公共历史叙事能力；
- 审视环境可持续发展、公共卫生和技术变革等重大挑战对当地的影响；
- 促进关于"如何使城市和社区在整体上更具可持续性"的讨论，并寻找实现这一目标的现实路径；
- 就当地的战略优先事项（如教育、卫生、治安和交通）与当地政府合作（例如研究建设高质量公共服务体系的创新性途径）；
- 鼓励学生积极参与当地社区活动；
- 促进当地社区的讨论和辩论。

这仅仅是部分范例，目前没有全国统一的模板可以直接地应用于各个地区。最有价值的活动只能通过当地大学直接参与当地社区的优先事项和关注点来界定（无论最有价值的活动可能是什么）。

在英国，促进这类活动的组织是英国国家公共参与协调中心（National Coordinating Centre for Public Engagement）。[①] 该组织的总部设在西英格兰大学（University of Western England）和布里斯托大学（University of Bristol），由英国研究与创新署（UKRI）和英国维康信托基金会（Wellcome Trust）资助，旨在支持英国高等教育部门的文化变革，以便使高等教育部门通过参与公共活动为21世纪的社会作出关键性、战略性和有价值的贡献。此外，国家公共参与协调中心支持优秀的公众参与其中，为大学中的公共参与发展创造条件，并通过建立强大的网络和伙伴关系扩大其影响力。

---

① https://www.publicengagement.ac.uk/about-us.

正如一位校长所说的那样,大学面临着两个选择:要么成为"推动平等的引擎",通过强有力的地方参与促进公众利益和公共利益;要么成为"推动不平等的引擎",①将穷人拒之门外,远离他们的社区。大学的选择是显而易见的,我们相信,让公众参与这一进程是大学发展的必经之路。

"城市中最合适的大学组织新模式"是我们对地方大学进行的最后一点讨论。例如,利兹(Leeds)有五所高等教育机构:利兹大学(University of Leeds)、利兹贝克特大学(Leeds Beckett University)、利兹三一大学(Leeds Trinity University)、利兹艺术大学(Leeds Arts University)和利兹音乐学院(Leeds College of Music)。

它们各自具有独特的历史,可以追溯到一个世纪以前或更久。它们都有各自的使命、优势和劣势,同时服务于利兹本地及全国的社区。

利兹大学的这种模式也许不能很好地回应利兹未来在研究或教学方面的需求。同样的道理也适用于英国和世界其他地方的城市。

也许是国家体制的缘故,澳大利亚在地方合作和区域层面的综合规划方面更为先进。例如,由维多利亚州的8所大学组成的校长级别正式委员会定期举行会议,会议往往就与本州有关的问题(即地方问题)进行商讨和规划。

在一个特定的地区,一个很值得讨论的问题是满足当地需求的最佳大学组织形式是怎样的。这种基于当地实际情况出发的讨论比直接从国家层面的某些"合理"建议中获得结论要好得多。

因此,我们建议各城市的高校应积极考虑最适合当地的科研和教学模式,并考虑实现这一目标的具体举措。而政府应考虑可以提供哪些激励措施来促进全国范围内的大学建立更合理的模式。

---

① For example,https://edtrust.org/engines-of-inequality/.

❧ 结语 ❧

我们关注大学与地方/区域的关系有两方面的原因。首先,社会亟需解决全球化所带来的负面影响,而我们认为大学能发挥重要的积极作用。其次,与顶尖大学在研究和教学方面带来的影响相比,人们往往很难真正关注到大学对当地的直接影响。事实上,很多教职工、学生,甚至是大学领导,从未优先考虑过大学对地方的影响。

以下是我们给出的建议:

大学应为与社区之间的互动联系制定详细的战略规划,包括与当地工商业和公民领袖建立牢固的关系,以推进与社区的联系。

大学应与当地的合作伙伴以及其他大学讨论该地区未来高等教育提供者的最佳形式。

地方/地区政府应制定战略规划,与所在地区的大学合作,发展坚固又富有成效的伙伴关系。

各国政府应致力于持久的政策举措,以促进和支持当地大学的经济和社会参与。

第 6 章　谁将从大学教育中获益？

❦ 谁从中获益为什么重要？ ❦

本书的作者之一查尔斯·克拉克（Charles Clarke）在其政治生涯中见到过许多本可以从大学教育中获益的人。他们本应接受大学教育，却从未能获得这样的机会。如果能获得接受大学教育的机会，他们将有能力作出更大的贡献。在1987年英国大选之初，查尔斯亲身感受到了尼尔·金诺克（Neil Kinnock）关于"金诺克（Kinnock）家族千年以来第一个进入大学的人"的演讲对数百万人产生的巨大影响。他看到了他的妻子卡罗尔（Carol）作为一名大龄学生所取得的成就，她直到28岁才有机会接受大学教育。最近，他见证了亚利桑那州立大学（Arizona State University）与星巴克之间的合作，亚利桑那州立大学为星巴克员工提供获得学士学位的机会。

本书的另一位作者埃德·伯恩（Ed Byrne）在十几岁的时候随家人搬到了澳大利亚最小的州——塔斯马尼亚州，他上的第一所大学便是塔斯马尼亚大学（University of Tasmania）。塔斯马尼亚大学是塔斯马尼亚州唯一的大学，这所大学规模很小，但质量很高，实力也日渐增强。塔斯马尼亚大学不仅为它所在社区提供了教育机会，还为其作出了巨大的经济贡献。埃德（Ed Byrne）觉得很难有一所高等院校能比塔斯马尼亚大学为社区作出更大贡献。这一经历强化了埃德的信念,即大学作为公民机构的中心,还应具备不同的使命以满足地方需求。

我们的经历使我们都相信,谁有机会上大学?这一问题是任何社会经济和福利的核心。

这就是为什么谁能从中受益很重要。

⋙ 引言 ⋘

在本书的第3、4、5章中,我们分别从三方面,即大学与工作的关系、开展研究以了解世界,以及和所在地区和社区的关系,对大学应对现代世界挑战的核心职能进行了讨论。

本章将探讨另一个难题,即如果大学要作出杰出贡献,那么谁最应该在大学里学习?这对大学形成和发展新一代的价值观意味着什么?高质量的教学对于这一目标的实现意味着什么?这一议题涵盖一系列文化层面和实践层面的问题,由此组成了有关大学运作的政策基础。公众的态度创造了一个重要的政治环境,使大学和政府的决策更加复杂。

⋙ 大学入学名额的需求与供给 ⋘

几乎每个中产阶级或有抱负的家庭都非常看重他们孩子上大学这件事。日本近几年甚至有报道称,一些年轻人因不能进入名牌大学而自杀。在英国的一些家庭中,整个家庭投入了多年的时间和大量的资源,专注于为孩子们铺好通往牛津、剑桥等"好大学"的道路。甚至早在孩子五岁时对小学或私立预备学校[译者注:预备学校(preparatory school)指英国收取学费,提供小学阶段教育的私立学校,学生年龄跨度为5至13岁]的选择都是服务于这一目标。此外,对于那些为顶尖大学输送了大量学生的英国公立中学和私立中学,入学竞争往往十分激烈。与此同时,西方在近几十年以来一直努力使更多的人得以进入大学。尽管有些人认为有太多的年轻人渴望上大学,但没有人提出,如果可以的话自己的孩子应尽可能不上大学。在芬兰等一些国家,有50%的年轻人正在攻读学士学位。

鉴于此,我们试图客观地看待这个非常容易使人情绪化的领域。从个人而非整个社会的角度来看,结论或许大不相同。不同水平的学习将带来的社会经济结果差异十分明显,不同学历(副学士、学士、硕士和博士)的复杂性也使这一领域更加复杂。因此,如何处理大学入学名额需求与供给之间的关系没有简单的答案,但大学可以使用一些一般性原则处理这一困境。

我们首先讨论不同的个体将从大学教育中获得什么,包括从大学教育中获得的工作和职业机会。诚然,每个个体在大学教育中的收获最终仍取决于个人本身的能力和意愿。

贫穷家庭

我们的讨论首先从英国、美国、欧洲大部分地区以及澳大利亚和新西兰等发达国家的最低社会经济群体开始。这些国家的大学制度往往很发达,且民众的日常生活水平很高。

人们普遍认为,大学教育是提高生活质量和社会经济地位的关键途径,也是出身贫寒者进入中产阶级的关键途径。在英国，这一观念从20世纪上半叶开始就特别强烈，在美国历史上也是如此。这就是尼尔·金诺克(Neil Kinnock)的著名呼吁"为什么我是金诺克(Kinnock)家族一千年以来第一个能够上大学的人？"引起了工人阶级和新兴中产阶级家庭父母和子弟强烈共鸣的原因。这也是乔·拜登(Joe Biden)在1987年美国总统竞选中盗用这一观点的原因。

对大多数人而言，大学被认为是提高他们社会阶层和生活期望的唯一现实路径。例如，南威尔士山谷(South Wales valleys)建立的矿工图书馆(Miners' libraries)就表明了教育对工人阶层家庭的重要性。在未能接受大学教育的情况下靠个人奋斗而成功获得财富当然是可能的，有许多广为人知的事例可以说明这一点。同时，也存在拥有土地的贵族通过继承获得财富和地位的情况。但放眼整个社会，绝大多数人都是通过接受高等教育提高其社会地位的。高等教育使他们能够进入某一领域、胜任管理岗位或是成功创业。但无论个人的成就如何杰出，现实表明总体情况远不能令人满意，我们的大学教育做得远远不够。

许多杰出的个人来自于本没有机会接受高水平教育的原生社会阶层，但在获得进入大学的机会后，他们便在国家生活的各个方面发光发热甚至上升到了国家领导者的位置。在英国，这种情况始于二战前，形成于二战后。他们的成功往往是通过具备高度选拔性的教育系统获得的，这掩盖了绝大多数人做得不太好这一事实。在任何一种选拔制度中，或多或少都有一些人未能通过考试。那些成功的人往往成长于愿意为他们提供支持和帮助的家庭，而对于那些不太幸运的人，他们的周围可能是那些不重视高等教育（甚至不重视任何教育）的家庭成员和同龄人。在相当程度上，他们注定在基础教育阶段就失败了，这直接导致了他们无法取得进入大学的资格。

如果一个人成长在一个无书可读、没有抱负的家庭里，那么希望从何而来呢？答案应该是小学和中学。但不幸的是，有些地区的中小学教育绩效较低，这可能会削弱家庭对大学教育的向往。这通常不是因为教学质量低，而是一种根深蒂固的文化，即学生学习成绩差、家长参与度低。这一困难很难被克服,但 2000 至 2010 年期间英国的"初始学术学院项目(initial Academy School programme)"试图解决这一问题并取得了一些成绩。

然而,这一问题仍然难以解决。近期数据显示,牛津大学(University of Oxford)和剑桥大学(University of Cambridge)的本科生中来自最低社会经济阶层的学生只有不到5％。尽管英国大学一直尝试补救这一问题,但收效甚微。纵观整个英国,在其他社会群体的入学率随着大学整体入学率提升而增加的情况下,最低社会经济群体中年轻白人男性的入学率始终徘徊在5％左右。同样地,在美国,除了那四分之一最低社会经济群体之外,各阶层大学入学率在过去 20 年里都有所上升。这些来自最低社会经济阶层的学生是既能为扩大高等教育机会作出最大贡献又能从中获益最多的人。他们在教育上的失败是对整个国家潜力的巨大浪费。

诚然,如果能在小学和中学早期进行干预并得到家庭成员的支持,这样的干预或许更为有效。如果学生在学校生活的早期就错失良机,那么要让他们在中学后期为进入大学作好准备是不可能的。虽然改进基础教育是在这一方面作出提升的主要途径,但大学同样可以发挥重要作用。例如,让中学生接触到大学生,尤其是让与之背景相似的大学生对他们进行指导,这可能会起到事半功倍的效果。大学可以在一定范围内提供支持,例如与当地的一些中学签订支持性的协议。与此同时,为他们提供在继续教育学院攻读大学学位的机会也会有所帮助。然而可悲的是,一般越是有声望的大学,就越少建立这样的联系。这样的联系无疑也是一所市民大学的核心职能,即大学与当地社区建立特殊的联系。然而许多大学做得还不够。

中产阶级

我们现在将视野从社会经济阶梯的底部上移,来看看中产阶级和中上层阶级家庭的孩子。无论在哪个发达国家,这一群体都是大学的传统领地。大多数大学生来自社会经济背景相对优越的家庭。现代大学体系的扩张在很大程度上正是由市场力量推动以满足他们的需求。

这些家庭深刻认识到,大学教育有助于巩固子女的职业和社会地位,使之与上一代相比具有相同或更好的社会经济水平。因此,这些家庭鼓励他们的孩子在学校有出色的表现,并与有类似志向的同龄人交往。他们努力把孩子送入为大多数人所向往的学校,很多中产阶级子弟希望进入某一专业领域,并将大学教育视为通往这一职业的路径。在英国,学生所获得的第一个学位很可能是进入某一专业领域的门槛,美国的情况与之相似,中产阶级子弟通常在获得文理学院的学士学位之后再进入研究生院进行专业领域的学习。这种选择所产生的价值显而易见,并且可获得可观的经济收益。因此,中产阶级父母们会持续努力以确保他们的孩子进入大学。

在英国,大多数这样的学生会以在研究型大学学习为目标。这一类型的大学我们已在第 4 章中进行过讨论。而在美国,大多数这类学生将会就读于规模庞大、条件良好的州立大学,有时也被称为赠地大学。虽然许多来自中产阶级的学生希望在排名世界前列的国际化大学中学习,但学术或经济条件上的限制将使大多数人无法进入常春藤盟校或类似高等教育机构。尽管如此,大学还是会为学生做好它的本职工作。对于这一群体,大学教育的价值显而易见。他们毕业后将从事富有前景的职业,获得可观的个人发展。

在举世公认的顶尖大学中,牛津、剑桥以及常青藤联盟代表着一个顶峰,或许如今的中国 C9 联盟高校正在试图复制这一顶峰,而在欧洲大陆,法国的大学校(Grandes Ecoles)则是顶尖高校的代表。就读于这些学校的大多数学生从学业初期就以这些名校为目标,而且可能早就将这一目标纳入了早期择校的考量之中。他们的父母很可能就有在这些名校就读的经历,而这些学校也培养出了许多进入名牌大学的优秀毕业生。当然,名校有来自各种社会背景的优秀学生,但就入学总额和录取率而言,拥有权力及富裕的经济条件仍然是一个重要优势。有人认为,在这些学校中,来自"非传统"背景的学生可能会感到格格不入。①

在英国,7%的中学生上的是"公学"(虽然名为"公学",实为由家长付费的私立学校),42%牛津大学和剑桥大学的学生来自这些学校——远远高于来自公立学校学生的比例。事实上,三年间仅8所"公学"就培养出了1310名牛津剑桥学生,而其他全部2900所中学考上牛津和剑桥的学生仅有1220名。② 类似的问题也出现于其他罗素集团大学中。在英国的领导层中,③71%的高级军官、74%的大法官、61%的国内顶尖医生、51%的杰出报社记者、42%的英国电影和电视艺术学院奖获得者,以及32%的下议院议员都上过私立学校。牛津大学和剑桥大学毕业生的这一特征更加明显。

为什么会出现这一情况?毋庸置疑,要进入罗素集团大学必须要在中学取得最高水平的学术成就。但其他一流大学的学生群体也同样需要具备这一能力。因此,仅仅考虑能力这一单一变量无法解释该现象背后的原因。同样地,就学生接触到的优质理念、学术资源,以及他们与同辈的高质量讨论而言,这些大学的教育质量或许更高(正如本书第4章所言,关于教学质量的数据似乎并不支持这一观点),或许正是朋辈的志向对学生最终的职业生涯产生了影响。

在职业方面最有影响力的因素可能是拥有一个学位,尤其是一所国际顶尖大学所颁发的"优秀"学位(例如2.i或更高等级)。这一学位让大多数学生的职业生涯有了良好的开端,尤其是如果他们渴望在领导层与之具有相似学术背景的公司工作,那将极具影响力。名校学位的影响力可能不是一切,但它非常重要。通过在一所名校(例

---

① For example, Sathnam Sanghera: https://www.thetimes.co.uk/magazine/the-times-magazine/sathnam-sanghera-elitism-the-oxbridge-accessproblem-and-why-i-never-felt-i-belonged-at-cambridge-8dtm77jvf.
② Sutton Trust, December 2018: https://www.suttontrust.com/wp-content/uploads/2018/12/AccesstoAdvantage-2018.pdf.
③ The Sutton Trust's Leading People 2016 report: https://www.suttontrust.com/wp-content/uploads/2016/02/Leading-People_Feb16.pdf.

如在伦敦大学体系中的某所名校)攻读硕士学位可使学生获得社会声望并为个人简历增彩。对于那些渴望在法国达到社会最高层的人而言,如果他们不能被大学校录取,那将变得十分困难,尤其是因为报考法国的大学校几乎没有"第二次机会"。

对于新加坡、中国大陆以及中国香港等亚洲国家/地区的年轻人而言,要想进入顶尖大学往往伴随着巨大的压力。此外,众所周知的是,日本的年轻人往往会在大学入学方面给自己过大的压力。或许,那些具有雄心壮志的学生最终无论出于什么原因——自我驱动、家族历史、父母的影响,或是上述所有因素的总和——都较早地找到了通往最高层次社会认可的道路。

最近,美国联邦检察官披露的"学校蓝调行动"贿赂丑闻,证实了大学录取工作的高风险。该案件至少涉及50人,其中一些人已经认罪或同意认罪。33名大学申请者的父母被指控,他们为使孩子进入包括耶鲁大学(Yale University)、乔治城大学(Georgetown University)、斯坦福大学(Stanford University)和南加州大学(University of Southern California)在内的多所著名大学,于2011年至2018年间行贿高达2500万美元。

有鉴于此,我们承认真正优秀的大学能够作出巨大的知识(智力)贡献。如果没有这些大学,世界将极度贫瘠。与此同时,我们认为必须采取更多的举措缩小社会背景和经济条件的不同在入学方面产生的巨大差异。

不可避免的是,顶尖大学的招生名额供不应求。这些学校无疑提供了极佳的教育体验,并且相对于需求而言机会供给极其有限。迈克尔·克劳(Michael Crow)[①]在他的许多著作[②]中都指出,我们通过排斥性而非包容性的语言来定义大学的卓越。许多人使用包容性的语言,因此我们或许正在系统性地欺骗我们自己。这种看法与现有的

[①] 亚利桑那州立大学校长。
[②] For example, Designing the New American University: https://www.amazon.co.uk/Designing-American-University-Michael-Crow/dp/1421417235.

讨论有关,即包括大学在内的教育体系是否主要是为了激发每个人的才能并使其发挥潜力而存在的,抑或只是作为"过滤器"用以识别"最有天赋"的个体以帮助其发展。克劳(Michael Crow)认为,学生越难被一所大学录取,一所大学的教职员越难获得终身职位,这所大学就越有声望,由此该大学的学位在职业发展方面的价值就越高。因此,他认为这就可以解释为什么这一层次的大学不愿提供更多入学机会。

事实上,许多大学已经可以提供与高水平的牛津、剑桥,或是常青藤盟校水平相当的教育。但荣誉仅与少数几所大学有关。他们在大学界中的特殊地位就像诺克斯堡(译者注:诺克斯堡是美国一处戒备森严的军事基地,美联储的金库也设在这里)一样安全,无论这合理与否!这些观念能否在信息革命和不同阶层学生就读期望日益增长之中得以保留尚有待观察。但到目前为止,我们所描述的评估具有极大的弹性,这些大学充当了日益陈旧且非贤能主义经济社会阶层体系的捍卫者。

大学教育为个体带来的其他价值

在前文的讨论中,我们使用简化论者的术语从职业发展和经济利益两方面研究了大学教育的价值。但大学教育还具有其他重要价值,即大学教育将为个人带来充实、快乐和幸福的生活。这对个体同样重要。

具体而言,大学教育的其他价值包括获得更好的问题分析能力、论证能力、包容性、应对分歧的能力以及横向思维的能力。此外,对于大学本科生而言,他们将有机会继续发展个性、道德以及专业能力,本科生身份使他们在时间和空间上免受部分劳动力市场的压力。

当然,所有大学都会开展丰富的课外活动,学生有机会在主要学习领域以外发展技能和兴趣,这将极大地促进学生的个性化发展,提升其充分参与学习的能力。此外,国际化体验也非常宝贵。经济以及劳动力的全球化使学生的身心比以往任何时候都更为国际化。

在大学里发展起来的友谊往往可以持续一生。学生们在大学期间接触到同龄人的背景与中学时期相比更加多元。他们可能初次与来自不同国家、种族和宗教的同学交流，这一过程将帮助学生构建包容性思维，而这种丰富的体验将使之获益终身。对于不同社会阶层、经济水平和种族的学生而言，大学教育的期望和收益都是非常可观的。大学服务于多元文化的融合，并在此过程中成为公平和多样性的倡导者，这对整个社会而言也是极其宝贵的。

此外，不同的学生对大学教育的期望可能不同。但无论家庭背景如何，大学教育为绝大多数学生在职业发展、社会经济福利和个人发展方面带来的优势都是十分可观的。绝大多数学生在大学阶段都是学习上的自我驱动者，并且有能力从大学教育所带来的智力刺激（无论是在一般意义上的还是在专业发展上的）中获益。

简而言之，那些认为大学教育应该更加严格地限定学生数量、缩减招生数量的人往往没有考虑到个体的全部利益。而供给和需求相互作用背后的张力将决定哪些学生最终能获得大学本科学位。

入学率

在理想世界中，每个有能力完成大学教育的学生都应该上大学。国家不应设置人为的门槛，而应继续努力使他们的年轻人在中小学教育系统中为进入大学作好准备，并为他们提供大学系统以进一步发展年轻人的专业技能和通用技能。

发达经济体应以最高水平的大学入学率为目标。如果在中学系统运转良好、社会经济地位较低的群体渴望自我完善的条件下，将大学入学率设置为接近50%是完全合适的。

诚然，学生获得和完成学位的能力是最基本的。在这方面，英国和澳大利亚做得很好。美国的表现则相形见绌,其学生第二学年后的辍学率无论以什么标准衡量都很高。根据联合国教科文组织的数据(仅限于经合组织成员国和其他几个国家)显示,对25—64岁人群在不同国家的大学入学率①进行统计并将之与国家经济发展联系起来是有意义的。当然,此处存在一个问题,即大学入学率与国家经济发展中何者为马车何者为马呢?可以确定的是,在澳大利亚、加拿大、英国和美国等国家中,超过40%的人口具备某种类型大学的入学资格。此外,联合国教科文组织以10年为单位记录了25岁以上各年龄段的大学入学率数据。人们发现在上述所有国家中,25—34岁群体相比55—64岁这一区间群体的大学入学率显著提高了。因此,有相当多国家的大学入学率介于30%—39%之间,这也包括许多欧洲国家。这些国家的数据也显示出从年长群体到年轻群体大学入学率的明显增加。在例如巴西、南非和土耳其等全国大学入学率低于25%的国家中,国家经济发展水平和全国大学入学率具有显著相关性,这些国家的数据同样也显示出从年长群体到年轻群体大学入学率的微弱增加。

根据哈佛大学和亚洲开发银行(Asian Development Bank)的一项研究,全世界人口中的6.7%持有大学学位证书。在过去十年中,这一数字每年增长0.178%,但平均增幅略低于20世纪下半叶。这说明我们正朝着正确的方向前进,但进展非常缓慢!国家繁荣与公民拥有大学学位证书比例之间似乎具有较为明显的相关性。经济发达国家的教育支出更多,从而使更多的年轻人有机会接受大学教育。例如,瑞士和韩国等国的大学入学率非常高,它们不仅仅是在维持目前已有的繁荣。事实证明,人口中较高的大学教育完成率是国家繁荣的根本因素之一。

如前文所言,人们仍然能听到资深人士评论称有太多的人上了大学,他们坚称更多的人应该进入以职业为导向的教育项目。但这根本不是一种非此即彼的选择,人们的愿望应该是,几乎所有的年轻人都接受与其潜力和能力相适应的高等教育。这就应

---

① http://data.uis.unesco.org.

尽可能让有能力接受大学教育的人获得大学教育，否则就会使一国的人力资源贬值。

在那些名校高等教育明显加剧社会分层的国家，可能有其他原因需要确保高等教育入学率在更高水平上具有国际竞争力。幸运的是，英国在这方面表现良好。加拿大、澳大利亚、瑞士以及斯堪的纳维亚国家则做得更好。尤其是在没有丰富自然资源的国家，受过良好教育、具备较强灵活性和适应性的劳动力是他们最大的财富，其成功的一个显著驱力是日益提高的大学入学率。

学生应该学习什么？

从学生的角度来看，学生应该能学习任何吸引他们注意力的知识。但这种情况存在一种危险，即大学扩招可能导致一些大学降低入学标准。这将促使一些在中学表现一般，甚至不能顺利毕业，也不能很好地为严格的大学教育作好准备的学生进入大学。尽管处于这一情形的学生最终会进入低一级的大学学习，但这些大学所提供的课程要求较低，传授的技能较少，在就业市场中没有那么受尊重，辍学率也可能很高。

这不仅是一个理论问题。例如澳大利亚开展的首个取消入学资格的实验性举措恰好出现了这种情况，一些排名较低的院校几乎将它们的招生人数翻了一番，录取了一些资质较低的学生，并且在第一年即出现了极高的肄业率。然而，那些成功完成学业的学生也会得到一些好处，尽管毕业后第一份工作的收益可能并不理想。但在扩招的背景下，学生所获得的整体技能仍在较大程度上能使其终身受益。

在理想情况下，在大学入学方面取得圆满成功意味着来自不同背景的学生就读于最严格的专业课程。但对一些人而言，可能仍然需要专门为其量身定制发展路径，这正是教学质量至关重要的地方，也是美国在研究生院设置一系列高水平专业学位的原因之一。在澳大利亚，医学和法律等领域在本科层次和研究生层次的专业课程往往由同一所大学提供。对于许多学生而言，本科阶段的最佳选择是获得通识性的知识，在研究生阶段则选择具体的专业。美国的文理学院是这方面的典范，它们为学生的生涯提供了极佳的平台。

总之，关于"学生应该学什么？"这一问题的结论是明确的。学习的内容首先应是由个体偏好驱动的，但一些学生可能需要多做几次尝试才能发现他们所钟爱的职业。

去哪里学以及什么时候学？

学生应该去什么类型的学校？这对任何一个国家明智的大学组织部门而言都是一个关键性问题。学生有着多元化的愿望、各不相同的内在学习能力以及多样化的教育背景。并不是所有的人都具备攀登学术高峰的能力，即使具备这样的能力，他们中的许多人也想尽快开始自己职业生涯，他们将目光朝向其他领域的高峰。

如前所述，各个国家都需要充足的具有才能的劳动力进入不同的专业领域。此外，学生们所期望的大学教育时长各不相同。有些人想尽快完成本科学位以进入劳动力市场。有些人想花更长的时间继续在专业领域深耕，少部分人将继续博士阶段的学习以创造新的知识。这些选择在个体贡献或个人成功方面并没有优劣之分，良好的大学系统应提供多样化的选择以满足个体和国家的需要。同样重要的是，学生要在正确的方向上努力以取得成功（最好是在他们完成中学教育之前对其进行正确的指导）。

这需要学校为学生提供高质量的职业生涯及就业咨询，为其提供充足的信息。对于大多数学生而言，从他们大学生涯的早期开始发展路径即是相当清晰的，虽然有的学生会接受额外的第三阶段教育以获得他们的最高学位。

越来越多的学生在本科期间选择离家近的大学。这在苏格兰和澳大利亚是一种传统（这与英格兰和威尔士的情况相反），在一定程度上是处于经济原因或某种习惯。然而仍有相当多的学生选择离开家乡读大学，尽管他们通常只能通过兼职或从父母那里得到相当微薄的资助。他们通常会选择一所具备优势学科且综合评价较好的大学。

以上的思考都围绕着我们在这本书中为界定大学的不同使命和组织形式所做的工作。重要的是，高等院校应在它们所选择的领域内都做到最好并合理地开展学生培养。绝大多数的大学管理者对于我们所思考的这些方面都有所理解。克拉克·克尔（Clark Kerr）基于对此的深刻理解建立了加州大学（the University of California）体系，使一系列联系紧密的高等教育机构以各不相同但各自互补的角色运作。

他所创建的框架包括一系列顶尖的研究型大学，尤其是加州大学洛杉矶分校（University of California, Los Angeles）、加州大学旧金山分校（University of California, San Francisco）、加州大学圣迭戈分校（University of California, San Diego），以及加州大学伯克利分校（University of California, Berkeley）。这些机构所开展的研究足以重新定义我们的世界，并且它们与那些以学生培养为重要使命的教学型大学大学有着紧密联系。然而，克拉克·克尔（Clark Kerr）关于国家高等教育体系的构想并不清晰，甚至是有些混乱。高等教育机构了解自己的空间并发挥自己的优势至关重要。英国的继续教育学院同样有重要的发展空间，它们通常与大学联系紧密以增加高等教育的入学机会。

国家的优先事项与大学招生有什么关系？

对于各个国家而言，为重要的就业领域和专业设定优先级都是完全合理的，无论是通过对特定领域进行补贴或是其他差异性支持机制。因为有些职业必定会比其他职业更具吸引力，相应的职位竞争也更加激烈。

这是决策者和学校管理者不可忽视的问题。大学自治制度导致的现实困境是我们可能无法发展出足够的多样性来满足国家需要。大学发展的多样性不仅有赖于大学校长和管理部门的领导力，还需要与政府以及各经济和社会部门进行协商对话，但这在目前做得还远远不够。这种对话有助于确保一个国家的大学制度符合个人和国家的需要。因此,在一个国家的社会生态中了解并扮演好自身角色对于一所大学而言至关重要。

近年来,那些招生方式比美国更为集中化的国家(例如英国和澳大利亚)就不同院校应招多少学生展开了讨论。历史上的做法是在各种指标(包括所拥有的学科门类及其过往表现等)的基础上,各个学校集中分配具体的招生名额。这样的中央计划机制最初用以分配以赠款为主要来源的公共教育资金,但多年来一直延续到了以学费为主要资金来源的时代。

然而在2010年初,澳大利亚和英国开展了一项大型政策实验。纳入这一实验的大学没有招生人数上限,从而创造出"需求驱动"的资助体系,以反映高等教育领域向市场环境的过渡。在这一模式下,各院校的招生人数由市场力量决定。通过有担保能力的国内贷款承担短期和中期的费用,当学生的收入越过一定的门槛时则通过税收从学生那里获得长期补偿。这一政策实验非常具有勇气,因为它使政府面临数十亿英镑的潜在额外成本①。事实证明,这两个国家的国内高等教育入学率显著增加。

对于一所高等院校而言,这一政策实验使其处于两难困境之中。它们是否应该提高招生数量?如果是的话,是否应该通过提高自身在那些具有接受高等教育的学术能力、数量相对有限的学生群体中的竞争力来实现这一点(这一学生群体通常由考试成绩定义)?又或者是通过降低入学学术标准来实现这一点?有趣的是,在澳大利亚,不同大学采用了完全不同的方法应对这一问题。一小部分看重国际生源的顶尖高校决定不再提高其录取标准。而其他绝大多数院校决定维持目前的学术准入标准,甚至意图将之逐步提高。国内生源招生数量取决于高校在国内兄弟院校间的竞争力。毫无疑问,这些高校所采取的策略是成功的。

另一些入学标准相对较低的院校决定放弃原有的入学标准,这导致了学生人数大

---

① 第7章更详细地阐述了这个问题。

幅增加以及退学率和肄业率的升高。这项政策或许提升了一些大学的最低入学人数，但对于大学的声誉以及对大学所处的整个社会贡献甚微。就社会服务职能而言，质量堪忧的课程、较低的毕业率以及相对较高的成本定义了大学社会服务职能的失败。这仍是一个富有争议的话题。

当然，英国的大学也面临着类似的矛盾、困境和竞争。大学和学院招生服务机构（UCAS）①颁布的 2018 年度报告（End of Cycle Report 2018）②分析了英国高等院校的招生政策模式，英国政府③指出，2018 年来自英格兰、北爱尔兰和威尔士的 18 岁人群中有 34.4% 获得了无附加条件的录取通知书④。而在 2013 年，这一数字仅为 1.1%。就一些大学而言，高达 70% 的录取通知书是无附加条件的，这些高校采取了这一办法来挑战那些提供"有条件"⑤录取高校的吸引力，使自己成为学生的首选。

如果中学和大学略微改变考试和入学时间周期，让学生在知道中学考试结果后申请大学，那么这样的情形将发生改变。苏格兰正在进行这样的尝试，这种尝试十分棘手但并非不可能完成。考试和入学时间周期的改变将给申请者带来更多的信心和确定性，也能使那些背景较差的学生受益。另一种或可实现同样目的的方法是鼓励学生在完成基础教育和进入大学之间休学一年，同时提供给这些学生短期就业机会。

那么，国家的优先事项与此有什么关系？这一问题的答案是什么？政府是否应该采用原始的苏联式中央计划模式来对大学招生数量进行严格控制，或是通过一系列"学术五年计划"来加强这种控制？市场是否应该在高等教育领域占据主导地位，并汇集以形式提供不同知识的课程供应商？高等教育领域是否应该允许私人供应商进入？

---

① 大学和学院招生服务中心。
② https://www.ucas.com/file/225551/download?token=nGdxoNQn。
③ UK Government, April 2019：https://www.gov.uk/government/news/universities-urged-to-review-unacceptable-admissions-practices。
④ 即录取结果不取决于学生的考试成绩。
⑤ 其条件是，如果学生将该大学作为第一选择，则会被录取。

这里的矛盾在于,是放开招生数量还是取消学费上限,又或者两者同时进行?2010年,《布朗报告》(Browne Review)提出希望取消学费上限而非招生数量限制。而其后的两党联合政府同意取消英国大学学费上限,并将学费增加了两倍。在澳大利亚,吉拉德(Julia Gillard)工党政府提出高等教育系统招生不设上限,她的继任者——来自自由党的托尼·阿博特(Tony Abbott)提出学费不设上限但未能成功实施。对于政客而言,让家长、未来的学生,以及纳税人接受这一变革并非易事。

我们将在本书第8章中进一步讨论这个问题,但我们认为使用僵化的中央计划管理监督系统在现代经济中难以充分反映学生的选择。因此我们认为有必要接受市场对于高等教育资源最终分配的作用,尽管这可能会造成一定程度上的混乱,同时还需要面对某些专业供大于求的问题。此外,我们或许还需要承担大学"破产"和"兼并重组"的结果。

我们将在本书的第7章介绍硕士和博士课程以及学位,它们同样是大学生活的重要组成部分,尤其是对国际学生而言。

国际学生

日益增长的国际学生流动是全球高等教育系统的重要组成部分,尤其对于英语国家而言。国际学生不仅拓宽了知识的广度、提升了活力,还为一些大学的发展提供了资金。因此,我们有必要对国际学生流动的一些重要趋势加以界定。

国际学生的整体数量[①]正在迅速增长,从2001年的210万增长到2017年的460万学生。相对于本国人口,澳大利亚(23.8%)的国际学生比例最高,其次是英国(21.1%)、加拿大(15.2%)和新西兰(15.0%)。欧洲国家的国际学生比例在6%—

---

① https://www.studyinternational.com/news/country-home-largestinternational-student-population/.

12%之间,美国是5.3%。日本(4.7%)和中国(1.1%)的国际学生比例要低得多。

各国国际学生数量的变化很快,2016至2017年增长最快的分别是墨西哥(58.9%)、西班牙(24.9%)、加拿大(18.3%)、日本(12.5%)、澳大利亚(12.1%)和中国(11.4%)。这些国家国际学生数量的增长都与英国(0.9%)形成鲜明对比,英国由于其消极和破坏性的全国性政策而停滞不前。

英国历来非常重视学生和学术共同体国际化的价值。1990至2010年间,英国历届政府都做了大量工作以鼓励英国大学使其学术队伍多样化。但在过去的9年里,由于和大学有关的移民政策缺乏连续性和有效性,这些努力成效甚微。

2018年,在世界大学排名前1 000名的93所英国大学中,国际学生平均占比为30%,其中,国际学生比例较高的是三所伦敦大学系统成员院校:伦敦政治经济学院(The London School of Economics)(71%),伦敦大学亚非学院(The School of Oriental and African Studies)(56%),伦敦帝国理工学院(Imperial College London)(55%)(译者注:伦敦帝国理工学院现已独立于伦敦大学系统)。在排名前1 000名的35所澳大利亚大学中,国际学生平均比例为26%,其中比例最高的是莫道克大学(Murdoch University)(48%)、南澳大学(University of South Australia)(41%)和墨尔本大学(The University of Melbourne)(40%)。与英国不同,澳大利亚的国际学生不包括在移民人数之中,国际学生拥有毕业后在澳大利亚工作的权利,并且被澳大利亚政府和人民视为国民经济和社会发展的重要贡献者。

一般而言,美国大学的国际化程度要低得多。世界大学排名前1 000名的157所美国大学中,国际学生平均比例为13%。其中卡内基梅隆大学(Carnegie Mellon University)的国际学生比例最高,占比为45%,麻省理工学院(Massachusetts Institute of Technology)为34%,哥伦比亚大学(Columbia University)为32%。毋庸置疑的是,许多美国大学都以招收国际学生作为填补国内教育收入减少的手段,尤其是从中国招收国际学生。但这一举措是否会受到中美贸易关系恶化的影响还有待观察。

与此同时，中国处于另一个极端。在世界排名前1000名的63所中国大学中，国际学生的平均比例为5%，其中，国际学生比例最高的是暨南大学（Jinan University）（25%），其次是北京大学（16%）。中国招收国际学生的主要障碍是大学用普通话授课。但英语作为第二语言已经在中国很多地方日渐普及，例如南方科技大学（Southern University of Science and Technology）等一些较新的大学开始提供英语课程。我们很可能将会看见中国的国际学生人数持续增长。

韩国近年举办了一所顶尖大学——韩国科学技术院（Korea Advanced Institute of Science and Technology），该大学仅以英语授课，在国际市场上崭露头角。此外，韩国科学技术院十分重视与其他国家的世界级大学和企业建立战略伙伴关系。

事实上，国际教育市场的竞争日益激烈。就英国而言，即使没有签证方面的问题，其大学也不能将国际生源作为其未来几十年可靠的收入来源。

❧ 社会效益 ❧

经济效益

在本书的第3章和本章前面部分，我们已经讨论了大学教育对个体和社会产生的经济效益。我们认为，大学为我们社会的经济实力和经济复原力作出了巨大贡献，大学必须作出重大变革才能在这一方面做得更好。

简而言之，任何国家的劳动力市场都需要足量受过良好培训的年轻人进入各主要行业和经济部门。在人工智能时代，提供更加先进的教育将更为必要，因为人工智能很可能替代经济体系中的一系列高技能工作。

任何劳动力短缺都会造成严重的经济和社会后果，包括特定地区的经济衰退，这导致重要领域需要大量移民来充当劳动力。① 例如，英国经济目前缺乏 STEM 领域的优秀人才，尤其缺乏高层次工程领域研究生。对于某些职业而言，人力资源规划需要几十年时间，因此各国政府解决人力资源问题的最佳方法是依赖各专业领域数量适宜的大学毕业生充实到劳动力队伍之中，上一代人也已普遍接受的观念是学生上大学是为了获得高等教育，包括培养更具分析性和复杂性的思维模式以及接受适当的职业训练。

诚然，目前许多国家的政府（尤其是英国政府）更多地将大学的主要作用视为给那些"有学历要求的就业职位"培养和输送年轻人。对这一类职业的定义往往是相当技术性的，甚至有时仅以入职时的收入水平来粗略定义，而非基于难以被量化的分析能力、交互合作技能以及组织能力。我们认为，"有学历要求的职位"很难以一种更为理性的有效方式来定义。

这种方法可能导致令人难以置信的平庸和简单化，甚至极具危险和破坏性。有人认为，如果毕业生人数超过了所谓的"有学历要求职位"所需的人数，就说明大学招生人数过多。这种世界观将大学简单地视为技工学校，几乎就像一台香肠机，它们开展学校教育，并吸引年轻人加入劳动力大军。

现实中，年轻人往往需要几年才能找到工作。他们毕业时需要遵循一系列流程，但不是所有行为都由经济驱动。一段时间内，他们很可能会从事一些对技能要求不高的工作，这往往会登上民粹主义色彩的头条新闻，即"大学毕业生在 Costa 咖啡店工作"或"毕业就失业"，这些新闻主要集中在那些从事低于"毕业生水平薪资"或用不上"毕业生水平技能"工作的毕业生身上。这种说法激化了关于减少大学招生人数的争

---

① 例如，移民咨询委员会的短缺职业清单于 2019 年 5 月明确列出了采矿工程师、3D 计算机动画师、网络安全专家、急诊医学以及儿科顾问等短缺领域。

论,但大学教育的意义在于个人自由度的增加,个体一生中选择的增加。拥有如此多的大学生对社会来说只是一件好事。

然而,这场战斗仍在继续。人们只能希望那些"减少招生主义者"输给那些更具洞察力的人。

帮助培养新一代

大学教育除了为个人和社会产生经济利益外,还对加强和发展现代、自由的民主社会作出了根本性贡献。此外,大学教育赋予了年轻一代责任感,从而帮助构建未来社会。从这一角度出发,注重辩论、批判性思维和智力开发的大学文化非常重要。

世界各地的社会情况各不相同。许多国家的政治体制和文化算不上严格意义上的"自由民主",由此限制了直接或间接的公开讨论。此外,还有一些学科的专业界限十分严格。例如,STEM学科很少或完全不关注人文和社会科学。但无论社会的性质如何,大学本质上都在挑战主流文化和学说。因为无论何种类型的教育,都不可避免地引出社会的关键问题。极权主义体制曾在不同历史时期试图扼杀大学中的异议,但由于无法将受教育者的经济效益与整个社会隔离开来而注定会失败。此外,学术研究本身具有国际性,这削弱了任何政权试图隔绝外界的控制。这些挑战不仅来源于极权政体,1968年法国大学和美国大学在越战期间的历史就清楚地说明了这一点。

这种思路还应当被用于指导大学的国际交往。这种交往意味着大学不可避免地需要在一些无法完全遵循西方民主与人权模式的国家开展工作。例如,一些国家的妇女地位,一些专制国家的出版自由限制或是对科研的限制,都可能会给大学的工作带来艰巨的挑战(译者注:作者在此处的叙述带有一定的西方中心色彩,出于忠实原文的考虑将原意译出)。有人认为,大学不应该在严重侵犯人权的国家开展工作,而应在对其抵制的基础上寻找改良的途径。

我们不同意这种看法。所有教育组织,甚至其他的组织都面临同样的挑战。但大学的使命和核心价值观是它的内核,最重要的是要确保其使命和价值观被应用于全世界各地大学的日常工作中。因此,尽管通常十分困难,但必须尽可能地提出清晰、无歧义的基础性原则。

但大学的扩招和教育标准的提高都彰显了大学的精神内核即自由主义价值观。增加受教育机会、发展教育能力和培养批判性思维,本身就是对削弱各种类型的压迫和极权政体控制的重大贡献。在此基础上,大学与社会间的这种联系应得到大力支持。大学在促进民主、人类价值观和个人基本自由方面具有重要作用,因而使大学在学术和教育实践中拓展民主价值观尤为重要。大学在帮助培养新一代的同时,必须维持和提升这些价值观。同样,大学有责任培养学生的独立思考能力(而不是被无知的"假新闻"所误导),传授给学生自由和民主的价值观。

要做到这一点,最好的办法是确保社会由受过良好教育和见多识广的公民组成,这样的公民能够理解时事,作出深思熟虑、富有意义且可能对周围的人产生影响的贡献。这包括一种公民意识,即能够围绕地方问题和今后几年重要的全球重大挑战进行政治讨论并作出贡献。公民应认识到服务社区的重要性,并将志愿服务和宽容作为人生旅程的重要部分。当然,这不仅是大学的责任,但任何一所称职的大学都应作出积极的努力,在这些方面对学生加以提升。

从这一角度来看,高等教育是巨大变革的推动者,并且以个体和国家利益为考量。人们只需看看具有高比例大学毕业生的国家和拥有较少大学毕业生的国家(当两者都拥有人数较少的中产阶级以及人数较多的工人或农民阶级)之间公共话语质量的对比。这曾经只适用于西方社会,而如今所有的国家都在这条轨道上。

简而言之,人们既有的普遍认知实则并不充分,即受过良好教育的劳动力与国家繁荣之间显著相关。大学对一个国家所作出的巨大贡献远非毕业生人数与相应职位数之间的精确匹配所能形容。大学在国家建设方面的贡献是一个更加丰富和复杂的命题。

价值观、言论自由和民主

在这种情况下，无论多么困难，大学保持基本的民主价值至关重要。近年来，人们日益担心大学中的言论自由和民主受到威胁，因为各种极端组织试图在大学中传播反民主的价值观。

英国的历届大学部长都对这一问题十分关切。在 2017 年 12 月，乔·约翰逊（Jo Johnson MP）声称部分书籍被从大学图书馆移走这一事件"破坏了言论自由的原则"。这起受到教育部关注的事件是否认纳粹大屠杀的大卫·欧文（David Irving）所撰写的书籍从两所大学图书馆中被移走。2018 年 1 月，乔·约翰逊（Jo Johnson MP）的继任者萨姆·吉马（Sam Gyimah MP）警告说，审查文化正在大学校园里蔓延。

2018 年 3 月，英国议会人权联合委员会（The Joint Parliamentary Committee on Human Rights）发表了有关"大学言论自由"的调查报告①。该报告提出，在法律范围，大学内必须成为"公开且不需审查的"辩论场所，并强调了对威胁大学言论自由行为的"零容忍态度"。繁琐的程序、过度的谨慎，以及对哪些内容可以被允许公开发表的困惑，这些现象所带来的问题不亚于禁止有争议的演讲者发表演说。委员会主席哈丽雅特·哈曼（Harriet Harman）说："不管演讲中发表了多么令人不愉快、冒犯性或侮辱性的言论，学生必须尊重他人的言论自由，人们可以抗议这样的言论，但不能阻止他们。"②

针对这些担忧，2018 年 10 月，英国广播公司 BBC 公布了一项关于 120 所大学图

---

① https://publications.parliament.uk/pa/jt201719/jtselect/jtrights/589/58902.htm.
② https://www.bbc.co.uk/news/education-43544546.

书馆书籍是否被清除、课程是否被更改以及演讲是否被取消的情况。① 事实证明，自 2010 年以来，没有出现任何书籍被清除或禁止的情况，仅有 7 名学生抱怨课程内容在某种程度上是冒犯性的或不恰当的，但其中大多数已经纠正。此外，有 16 所大学收到了对演讲者的正式投诉，学校也相应地取消了 9 项活动，其中包括有争议的伊斯兰神职人员海赛姆·阿尔-哈达德（Haitham al-Haddad）、著名教授塔里克·拉马丹（Tariq Ramadan）等人的演讲，以及原定的市长辩论。这场辩论的参与者原计划包括来自英国国民阵线（National Front）和英国国家党（BNP）的代表，但由于原计划中的示威活动引发了"对学生、教职人员以及公共安全的关切"而被取消。

女权主义作家吉曼·基尔（Germaine Greer）和"LGBT 权力"运动推动者彼得·塔切尔（Peter Tatchell）在饱受诟病中仍旧发表了演讲。网络视频发布人（YouTuber）"阿卡德的萨贡"（Sargon of Akkad）以及马里亚姆·纳马齐（Maryam Namazie）在伦敦大学的演讲就曾被抗议者和诘问者打断了。

对于在校园内发生的任何事件，即使是由学生或工会发起的活动，大学都倾向于采用和针对外来演讲者相同的政策。如果在少数情况下预料中的抗议活动导致活动被取消，或是对示威的恐惧以至于无法邀请可能引起争议的演讲者，那么问题就会出现。目前，有 6 个组织被英国全国学生联合会（UNS）列入官方的"不提供平台名单"（即不允许代表该组织的个人发表讲话），分别是英国伊斯兰极端组织"侨民"（al-Muhajiroun）、极右翼政党英国国家党（BNP）、右翼组织"英国防御联盟"（EDL）、宗教极端主义组织伊扎布特（Hizb-ut-Tahir）、英国穆斯林公共事务委员会（Muslim Public Affairs Committee）以及新纳粹团体"国家行动"组织（National Action）。这些问题很复杂，尽管高等教育部门有义务在法律范围内保障言论自由，但大学其他的法律义务可能会与保障言论自由的义务相冲突。大学还必须采取"预防"策略防止人们陷入恐怖主义

---

① https：//www.bbc.co.uk/news/education-45447938.

恐慌，这也是政府反恐法的一部分。此外，大学还有照顾学生和教职员工的义务。

我们认为政府将大学纳入《2015年反恐与安全法案案（Counter-Terrorism and Security Act 2015）》中是错误的，因为该法案的某些条款可能严重阻碍大学的言论自由。此外，英国国家安全局（MI5）前负责人埃莉萨·曼宁汉姆-布勒（Baroness Manningham-Buller）对此也持反对态度。

基于此，平等和人权委员会（Equality and Human Rights Commission）联合英国全国学生联盟（National Union of Students）、英国大学协会（Universities UK）、英格兰和威尔士慈善委员会（Charity Commission for England and Wales）、英国学生事务办公室（Office for Students）、英国独立高等教育组织（Independent HE）、GuildHE集团、反极端主义委员会（Commission for Countering Extremism），以及英国内政部于2019年2月编制了相关指南①。该指南规定了大学保护校园内合法言论自由的法律权利和义务。在我们看来，各方协商的过程及其结果（即该指南）似乎是解决这一难题的正确方法。指南还明确指出，大学应该重视保护校园内的言论自由，并且应具备保护校园内言论自由的能力。

同样地，对于大学而言，对历史进行公开的学术讨论也是非常重要的，但这必然会触及容易引起争议的内容，例如大英帝国的历史和伦理问题（尤其是其奴隶制）。此外还有一些存在着困难的范畴，例如对大学的历史性资助以及对于其过去的物质表征。我们认为，解决这些问题的最好办法是公开讨论历史，并承诺现在和将来都将充分尊重人权和各种价值观，而非向那些漠视历史的人妥协。

我们已经在英国提出了这些问题，同时我们相信所有国家都需要考虑这些问题。正如前文所述，由于不同的历史和文化，不同国家将面临不同的挑战。

---

① https://www.gov.uk/government/news/free-speech-to-be-protected-at-university.

教学

教学质量和人文关怀是大学教育取得成功的关键。我们强调大学应帮助学生作好应对多变世界的准备。于学生而言,大学教育既具有狭义上的经济意义,也具有广义上的人生意义。因此,教学、人文关怀和学生福祉特别重要。

这就是为什么我们在本书的第 4 章中如此强调大学的教学作用,并将其置于大学事务发展的优先地位。但凡事不可一概而论,由于教育背景、智力、学习地点、学习期待以及语言的不同,不同类型的学生需要不同的教学方法。为了提升教育水平,大学需要对不同情况下不同类型学生的最佳教学形式进行更多的研究,继而根据需要加以应用。

我们支持政府对大学施加一定的压力,使大学专注于教学质量,尽管仍有必要开展大量工作以探索真正可以提高教学标准的指标和评价体系。我们在本书的第 4 章中讨论了其中的一些问题。我们认为,英国的教学卓越和学生成果框架(Teaching Excellence and Student Outcomes Framework,TEF)仍有待发展和改进。

我们认为,学生并不关心大学教育的成本,他们在大学学习之旅中期待得到高质量的支持,以使他们最大程度地从课程中获益。学生在这方面的成功也是整个社会的成功。

✤ 结语 ✤

本章进一步描述了大学所处的环境,以下是一些政策建议:

政府层面，各国政府应继续扩大招生，尤其要面向社会经济地位较低的群体，并继续审视招生程序，使社会各阶层都能更好地进入大学，包括向某些群体提供助学金、加强大学和中学之间的联系，相关项目尤其应针对最低社会经济群体设立。

大学层面，大学应提升教学质量，加强对所有学生的人文关怀。

大学应该和继续教育机构以及基础教育机构建立有效的联系并进行实质性交流。

大学应开发各种类型的课程（包括预科课程和预修课程）以鼓励社会各个层级的人群申请，同时制定专门的入学政策和学费方案以鼓励来自贫困社区的学生入学。

大学应审视其录取标准，鼓励不同年龄段的人进行申请，例如来自大龄学生的申请。大学或许可以提供更多类型的延期入学安排，以便学生在进入大学之前获得更广泛的课外经历。

大学应积极捍卫自己的民主文化和权利意识，并且应拓展和推进与世界各地大学之间的国际合作关系。

第7章 终身教育

❧ 为什么终身教育很重要? ❧

本书的作者之一查尔斯·克拉克(Charles Clarke)于1974年访问英国开放大学(Open University)的暑期学校时接触到了终身学习(lifelong learning)。终身学习所具有的蓬勃生命力彰显了教育的潜在作用和对人们日后生活的重要性。在那之前不久,他教授了几门与工人教育(Workers Education)有关的课程,接着在伦敦城市文学学院(City Literary Institute in London)的"新视野"(Fresh Horizons)系列课程中讲授数学部分(译者注:"新视野"是伦敦城市文学学院于1966年推出的一系列课程,旨在帮助希望重新开始接受教育的大龄学生),以帮助那些曾在学校表现不佳的人获得上大学的机会。

1998年,克拉克担任了教育部次长,并负责教育技术工作。当时,他将"慕课"(Massive Open Online Course,MOOC)的发展视为一种新兴的教育选择(尽管"慕课"的价值评估和商业模式在当时仍存在一些争议)。

2010年后,克拉克帮助英国开放大学与多所英国大学建立了"未来学习"(Future Learn)伙伴关系(译者注:"未来学习"是由英国开放大学于2012年成立的数字教育平台,旨在为全世界提供免费在线课程),并帮助其实施在国际上销售开放大学课程的计划。他看到了英国皇家全科医师学院（Royal College of General Practitioner）为全科医师所开发在线持续专业发展资源的努力，该资源可供全科医师在整个职业生涯中使用，并且在国际范围内通用。

最近，克拉克注意到美国亚利桑那州立大学（Arizona State University）正在开发一项振奋人心的项目，即创建在线学位教育以改善来自不同教育背景人群的生活。

克拉克教育生涯中最令人兴奋的时刻，即是结识那些有着不同的目标，并且通过勤奋和创造力取得教育成就的人们。

这些终身学习的机会对改善人们的生活非常重要。

引言

东西方大学的悠久历史中都蕴含着一个亘古不变的事实，即大学最初的角色是为年轻人提供更高水平的教育，大学的这一角色（正如我们在本书第2章探讨过的）比大学的科研职能更具持久性和稳定性。

我们确信大学将继续发挥培养学生这一关键作用，并使毕业生为下一阶段的生活作好准备。这在某种程度上是大学存在的理由，也是大学的核心业务和主要资金来源。

这也是大学能够胜任的角色。正如我们在本书其他部分描述的那样，大学在扮演这一角色方面势必存在优势与不足，某些大学的科研发展就像一块永磁铁，在某种程度上将科研人员从他们的教学任务中吸引过来。但就总体而言，大学在这一角色上表现得很好。

在未来的几十年里，大学将继续肩负着给予那些刚刚成年的年轻人良好教育的责任。但大学在接下来的几年里还需提供另一类同样重要的教育(这将和它们教育中学毕业生的任务一样重要),即为数亿人提供终身学习的机会。当然,这势必会是一项巨大的挑战,但我们认为大学很难回避这一挑战。

这一领域存在着大量的争议、机遇及挑战(本章将对其进行探讨)。同时,本章还将讨论它们如何改变大学的工作方式,以及大学在应对这些挑战时所面临的争议。

我们将从终身学习为何无法回避挑战的根本原因入手,继而描述人们所期待的不同类型的终身学习,以及提供这种教育的方式和有效的课程类型。最后,我们将考虑四个方面的内容:终身学习领域可能出现的激烈市场竞争;大学是否具有足够的灵活性和适应性来满足市场需求;技术变革将以何种方式限制教育选择;以及即将出现的多样化终身教育供给。

✧ 在瞬息万变的时代里"变老" ✧

首先,人口平均预期寿命(life expectancy)无疑是关键因素。在大学兴起的中世纪,能活到 40 岁已经算是很幸运了。在这一时期,人们唯一的希望就是精通一门手艺。再者,那时的大学主要致力于研究神学。铁血宰相奥托·冯·俾斯麦(Otto Von Bismarck)作为现代德国的缔造者而被历史铭记。然而对于俾斯麦在 19 世纪最后的 25 年里基于普鲁士传统建立的德意志帝国而言,人们常常忘记教育也是其重要的优先事项和社会政策重心。他所创立的模式在当时令人羡慕,并且在日后为人所称道。我们已经讨论了柏林大学作为现代研究型大学的诞生。有这样一个故事(几乎可以肯定是杜撰的),据说俾斯麦曾在柏林街头看到大量残疾退伍军人,他想为这些残疾退伍军人做一些事情,于是让他的助理咨询了当时的名医:"如果能避免传染病之类的疾病,一个人理论上可以活多久?"他得到的答案是 65 岁,于是俾斯麦将德国的退休年龄定为了 65 岁,并为退休人员发放少量的国家养老金。这一举措被许多国家争相效仿——如果说有什么变化的话,那便是随着国家富裕程度的提高,退休年龄反而有小幅下降的趋势。不知道俾斯麦会对此作出何种解释?

各国的平均预期寿命差别不大,但在富裕经济体中,男性的平均寿命高达 70 岁左右,女性的平均寿命在 80 岁左右。如果排除那些在年轻时死于外伤、不可治愈的癌症或其他原因的个体,观察那些活到 60 岁仍然十分健康的人,会发现他们中的大多数很可能会活到 80 岁。而生活在当今医疗技术进步时代的年轻人,平均预期寿命是 90 多岁。单是因为寿命延长这一因素,一个国家中老年人的比例自然就会显著增加。

此外,从人口统计学角度来看,还存在一个因素(即生育率),其显著性因国而异。众所周知的是,随着财富的增加,生育率会越来越低。造成这一情况的原因很容易理解,部分是由于富裕社会中养育子女的经济成本、双亲的双职工趋势,以及女性追求自己事业的愿望等因素。再加上许多国家都出现过婴儿潮所引发的人口膨胀,法国、日本等国家都出现了倒三角形年龄分布(即老龄化),英国曾经也是这样。一些国家对此采取了更加开放的移民政策。而英国、日本等国家则试图限制其他国家的年轻人入境(这势必加剧人口老龄化)。中国由于大力推行独生子女政策,这一现象几乎比任何国家都明显。中国的人口结构很好地说明了这一点——在一个家庭中有四个祖父母、一对双亲,以及仅有的一个孩子。社区中中老年人比例日益上升所带来的影响显而易见。单纯从经济学角度考虑,对于那些正在工作的一小部分人而言,要养活日益庞大的非工作人口和老龄化人口越来越困难。

在这种情况下,由俾斯麦首创于德国并延续了 130 余年的政策已不再具有可持续性。单从经济学角度而言,65 岁甚至更早(例如法国)的统一退休年龄安排并不具备可持续性。

下面让我们来谈谈个人偏好。诚然,许多人期待退休,期待减少几十年的工作责任。但许多人则不然:他们在正常退休年龄仍然精力充沛、表现良好,并且希望继续工作。为此,英国和澳大利亚等国家开始提高全国退休年龄。即便在法国,原本就较低的退休年龄也可能再次被调高(尽管这一举措必定会备受争议)。而对于那些与私营企业有密切相关的人士,尤其是那些自己经营企业或在私营企业工作的人,他们很可能会工作更长时间——这个群体通常会工作到70多岁。

在人口老龄化的情况下,经济发展需要更多的老年人长期性地加入劳动大军,这需要越来越多超过60岁且希望继续工作的健康个体。这一情形将对教育(尤其是大学)产生重大影响。

简而言之,一个20岁出头刚毕业的年轻人很可能会活到90多岁,并且可能需要工作至70多岁才能退休,所以个体工作年限将达到50年或更长。在这一过程中,大多数人将从事两到三种职业,而在不同职业间的过渡时期,大学很可能在对他们进行再教育方面发挥关键作用。在这种应对新挑战的教育过程中,他们将不需要参加在当下的学校本科教育中非常重要的校内或课外活动。由于家庭和经济原因,他们可能还需要在接受继续教育的同时从事谋生的工作。

在人口结构发生重要变化的同时,工作和闲暇时所需的基本技能正以越来越快的速度发生根本性的转变。无论人工智能最终会对全社会工作/休闲的整体比例产生何种影响,不同年龄段的人们都需要获得相关技能并对此有更广泛的理解,以便能够过上充实的生活,以及能从各种不同类型的机会中获益(正如我们在本书的第3章中特别讨论过的)。

这有助于我们理解这类教育的本质,即人们日益注重这种贯穿他们生命不同阶段的教育。接受这类教育的原因很多,其中最重要的原因可能是:

- 持续的专业发展,在持续快速变革的专业环境中提高个人知识和技能;

- 通过教育改变职业生涯，走向一条全新的生活道路；
- 个人的教育兴趣和自我发展，使个人得以发展自身的兴趣。

为满足这些需求，不同类型的终身教育需要具备以下鲜明特点：

- 主要为非全日制形式，而非全日制形式；
- 可以在一年中的多个时间点入学（也可能在任何时间点），而不仅仅采用传统的学期模式；
- 如果学生能将以前学习过的模块转换成一门新课程的某个组块，那么效果会好得多，这需要大学在课程互认这一问题上共同努力；
- 基于学生的工作模式提供灵活的上课方式；
- 学生可能需要住校，但也可能不需要；
- 能以多种形式提供教育（例如在线教育），且成为大学课程设计中愈加普遍的一部分；
- 使用一系列学习平台（例如电脑和手机），就像开放大学最初使用电视作为学习平台一样。

我们现在转而讨论终身学习的这几种形式，以及大学未来在提供这类教育方面所发挥的作用（如果有的话）。

我们不在本章中讨论所有类型的终身教育所产生的各类资助问题。我们将在本书的第 8 章讨论与学生财务相关的其他问题时一并对其进行探讨。

❧ 持续性的专业发展 ❧

终身专业发展在多个不同的职业中已经十分普遍。据说,完全掌握一个复杂的职业需要在职前培训后的工作中投入 1 万小时的时间。然而即使在整个漫长的职业生涯中,重复一项单一工作的机会也少之又少。大多数改变职业轨道的人会进入那些他们已经具备了相关知识和技能的领域(这对他们适应新职业很有帮助)。

这些教育和职业方面的挑战最初往往直接出现在硕士和博士研究生毕业后。硕士阶段和博士阶段的学习可以是全日制的,也可以是非全日制的,但通常需要在大学中脱产学习一段时间。

硕士学历愈加重要的原因有很多。我们已经提到了美国模式,尽管这一模式中学生的时间成本和财务成本更高,但该模式较为稳健和完善。

英国大多数大学提供的一年制硕士学位(通常紧接在本科毕业之后),相当于苏格兰和其他一些国家(例如澳大利亚、新西兰)的荣誉学年(honours year)(译者注:"荣誉学年"制度指以邀请的方式让排名前 5% 的优秀本科毕业生以加读一年的方式进行高强度的研究性训练)。就教育角度而言,这一类型的硕士学位可以合理地被视为是一个耗时更长、程度更深的本科学位。但它常常被视为博士阶段学习的第一年,而非独立的一年制学历——尽管它的确为想要走这条路的人提供了攻读博士学位的机会。

工作一段时间后再取得的硕士学位通常代表着职业的重新定位,而非进入学术研究领域的路径。

这一类型的硕士课程(无论耗时一年还是两年)为那些已获得本科层次学位的学生提供了在某一专业领域或子领域进一步深造的机会。

这类硕士课程（无论是现场授课还是通过在线教育远程授课）将变得越来越重要，因为它适用于整个职业生涯的不同时期。同时，这类硕士学位作为一种促进专业发展的重要方式将越来越普遍。

博士学位已经存在了一个多世纪（译者注：作者此处指现代意义上的博士学位），自第二次世界大战以来，博士学位作为进入学术界的主要途径已越来越普遍。但现在人们不再仅仅因为对学术或科研的追求而攻读博士学位。许多人攻读博士学位是因为他们想在某一领域获得更深层次的专业知识或分析技能，而非为了在大学中获得教职。

越来越多的人希望将他们在博士学习过程中所获得的知识和个人技能（Personal Skills）（译者注：个人技能往往指不可量化的"软技能"，包括自我管理技能、职业情操和认知技能等）带入更广阔的商业领域。有趣的是，与英国相比，德国攻读博士学位的大学生比例要高得多。在德国，拥有博士学位的工商界领袖占比远高于大多数欧洲国家。这可能只是一种文化现象，但德国经济的确在过去的 25 年里取得了首屈一指的全面成功（尤其是当我们把国土面积和自然资源纳入考虑时）。他们的做法可能有很多值得称赞的地方。

在毕业后的最初几年里，有多种方法可用于促进个人持续的专业发展。

在终身学习的教育议题中，某些类型的知识会永久地拥有其价值，例如人体解剖学（human anatomy）中的各种概念。而其他一些曾被视为同样确定的知识正不断地被修正。1860 年，开尔文勋爵（Lord Kelvin）（译者注：开尔文勋爵即威廉·汤姆森，英国物理学家，被称为热力学之父）曾作出过著名的论断：麦克斯韦方程组（Maxwell's equations）（即一组描述电场、磁场与电荷密度、电流密度之间关系的偏微分方程）]已经为现代物理学的知识探索之旅画上了句号。但没过几年，量子力学（quantum mechanics）和相对论（Theory of relativity）的出现就推翻了这一论断！如今，每一门学科都有许多有关知识衍生和扩展的例子（当然，这些例子或许不那么戏剧化）。实际上，这意味着学生在大学毕业时所拥有知识库的有效期仅有几年。当然，随着时间的推移，知识的有效性会持续降低。

例如，为医学界所公认的是，毕业生如果在没有接受任何定期进修培训的情况下继续从事医务工作，那么他们将很快发现自己的知识已经过时了。对于所有职业而言（尤其是专业领域），都存在着结构性的定期知识更新。对专业知识进行更新日益成为注册执业医生的基本要求。英国的医疗行业在这方面做得很好，执业医生往往需要定期进行重新认证（对于律师也是如此）。但这并不适用于所有职业。例如教师这一职业，中学和大学都提供了各种平台鼓励教师提升技能，但这不是一种硬性要求（例如作为晋升的要求）。不同职业中的具体实践各不相同，但我们认为有一点是可以肯定的，即随着时间的推移，对具有资格认证性质的持续专业发展的要求会变得越来越高，并将逐步扩展到国际上的其他一些职业。

对于终身学习的这一重要方面，大学的参与程度差强人意，但如果按照我们的想法妥善处理（通常包括那些已经和大学建立了良好关系的专业团体开展合作），大学在终身学习领域的参与度很可能会增加。这也是一个适合于运用"技术增强学习"（Technology-enhanced learning，TEL）方法的领域（译者注："技术增强学习"指直接支持教与学的在线学习设施或环境），我们将继续见证新的终身学习实现方式，特别是在当前技术飞速发展的背景下。

对于人生旅途的多个关键阶段而言，这一类型的正式化再培训项目将变得越来越重要。

ᛝ 职业的变化和较"晚"接受大学层次的教育 ᛝ

由于前文所提到的原因（即工作性质的快速更迭和寿命的延长），人们越来越普遍地想要更加频繁地更换职业。尽管与他们过去的生活相比，一部分变化所带来的影响可能微不足道，但仍有很多变化将会产生非常重大的影响。

例如，越来越多的人选择在结束了一个完全不同的职业生涯后（可能是在从事某种收益丰厚的职业25年后），在人生的晚年从事教学或社会工作。

而且，由于某些人生经历，总有一些"大龄学生"比大多数人更晚寻求大学学位。一些优秀的大学［尤其伦敦大学伯贝克学院（Birkbeck College，London）和英国开放大学（The Open University）］即是为那些非常想要获得"第二次上大学机会"的人建立的。］美国也有很多大学提供各种各样的在线课程。它们通常在那些由于社会经济地位或种族原因而较少获得大学教育机会的社区中招生，对于此类"第二次上大学机会"的需求将随着时间的推移在世界各地不断增加。

大学系统作为一个整体将继续发展教育和专业培训项目，以支持和应对今后的职业变化。年龄更大的学生不一定需要（或未必喜欢！）毕业后由大学经历主导的社会人际关系。在线教育（E-Education）这一方式非常适合大多数正在更换职业的大龄学生。目前，对高水平大学硕士学位的需求已经非常大，尤其是那些在商业领域工作了相当长一段时间后寻求更好工作前景的人。在过去，从某种程度而言，这类学生通常都是30多岁，通常选择攻读工商管理硕士学位（MBA）。而现在，有种类更加丰富、涵盖范围更广的专业研究生课程可供这 群体以及年龄更大的人群选择。

毫无疑问，今后将有更多机会开发出新型的教育产品，以支持个体在人生后期的工作或职业转变。目前有很多这样的例子，我们在此处仅列举两个。首先，许多西方国家缺乏熟练的数学老师，而许多从事工程相关行业的人都具有较高水平的数学能力。因此，一些地区针对具备高水平工程专业背景的人士开展中学数学教学培训项目。其次，许多西方国家存在护理行业人才短缺的问题。在澳大利亚，针对那些希望转行到护理行业的人士所开展的护理专业成人培训已十分成熟，并已培养出一批50多岁的新护士进入这一行业。这类例子在未来几年将会更多。

对于以上所有这些案例,以及那些涉及更多职业、技能以及年龄阶段的情形,对教育和培训都有着需求——尤其是那些需要从业者经过资质认证的领域。

✤ 个人教育兴趣和自我发展 ✤

英国始终在终身学习的第三个领域(即个人教育兴趣和自我发展)处于领先地位,该国全社会都对成年生活中的教育产品有着强烈的需求,这些教育产品并不都与工作相关,而是与个人兴趣领域知识的提升有关(可能包括学习一门新的语言、历史或哲学,以及人类知识的任何一个领域)。对于那些希望探索和深入研究某一领域的人而言,成立于 50 年前的英国开放大学多年来一直是世界范围内具有开创性的典范。它始终保持着蓬勃发展,世界上其他国家也采用了与之相似的模式。维基百科列出了全球 60 多所"开放大学",其中的一些与它们在英国的原型(即英国开放大学)建立了良好的关系。

毫无疑问,开放大学的一个主要作用是为那些由于各种原因不能在年轻时就读大学的人提供大学教育(正如上文所讨论的)。此外,开放大学的另一个有效的功能是为那些希望加强某一领域知识并准备投入必要学习时间以获得大学学位的成年人提供新的教育机会。这无疑与本章前面部分所提及由人口老龄化所催生的再教育需求有共通之处,同时也显示出大学经历对改善生活和职业发展的有效性。

有时,"成人教育"(Adult Education)可能会被贬低为"插花课"或"编篮子课",由于政府多年来侧重于利用有限资源支持以职业为中心的教育和培训,导致成人教育领域可利用的资源逐渐减少。因此,为这类活动争取资助往往十分困难,这说明我们需要对不同形式成人教育(尤其在大学层次)的成本和收益进行清晰的思考。

当然,与为了转换职业而进行的进一步学习相反,这类教育的主要特点在于获取正式的资格认证可能不那么重要。由此带来的一个结果是,这一领域的教育资源可以与其他形式的学习相互重叠。

例如,许多人使用各种类型的"慕课"进行自我教育,还有一些人通过"未来学习"(Future Learn)①平台开展学习。同样地,许多美国大学也提供在线课程(其中一部分是免费的)。这些资源显然在世界各地都可以获得,且往往涵盖丰富而广泛的主题。

为了吸引更多的观众,诸如大卫·阿滕伯勒(David Attenborough)的《蓝色星球》(*Blue Planet*)②和布莱恩·考克斯(Brian Cox)的《行星》(*The Planets*)这一类电视节目,是通过与开放大学的学者合作并在他们的参与下制作的。这些节目中包含着教育元素,如果观众对节目内容感兴趣,他们会继续扩展自己的相关知识。类似《维多利亚》(*Victoria*)或《王冠》(*The Crown*)这样的电视剧同样有数百万人观看,并且引发了观众对其历史准确性的争论,激起了对于"假历史"和"假新闻"的质疑。对于观众而言,这造成了真正的困境,而更广泛的教育机会或许能更好地为这类困境提供重要的答案。

当然,还有一系列商品化的学习资料(包括从语言学习到实践技能的多种科目)也显然满足了某些教育需求。

对于大学而言,要明确自身在这个市场中扮演何种角色并非易事。我们现在转向讨论这个市场。

---

① https://www.futurelearn.com.
② 该节目 2017 年在英国有 1 400 万观众,是英国收视率最高的节目,而在中国估计有 8 000 万观众。比"X音素"(The XFactor)节目拥有更多 16—34 岁观众。

❧ 终身学习议题的要求 ❧

将专业意义上的终身学习、以多个职业为目标的教育,以及基于个人兴趣的新知识领域扩展这三个方面综合起来,就构成了与大学高度相关的终身学习框架的核心。

随着社会的自我重整并持续地脱离传统的学习模式(在中学或大学中开展学习,且需要在年轻的时候完成),知识的获取和学习显然已经成为一个终身的过程,这个领域将在未来几十年里变得非常重要。

就某种程度而言,这一情形由来已久。但我们认为,渐进的根本性转变尚未清晰地反映在个体或社会的观念中,这一情形将在未来 20 年里发生巨大变化。大学需要大幅度地改变对终身教育的态度(这一需求将在未来几年中急剧增加)。

因此,现在让我们来讨论终身学习领域一些在未来可能会变得十分重要的普遍性问题。

也许整个终身学习领域的主要变革动力将是知识本身的性质。更准确地说,是知识存储和获取的方式。很明显,在大多数学科中,大学本科教育主要教授学科的核心原理,以及探索和使用庞大且不断更新的知识库的能力。

回顾大学在不同历史发展阶段的知识获取方式,并推测未来的发展趋势是很有趣的。

在中世纪,僧侣们将所掌握的有限知识抄写到羊皮纸上,只有少数人能够使用它们(通常是那些居住在修道院中的修士或是那些经过长途跋涉去查阅资料的人)。在信息时代之前,印刷术的发明对于知识传播而言是一件开创性的事件。威廉·卡克斯顿(William Caxton)和他的同事们印刷的书籍迅速传遍了欧洲和全球[译者注:威廉·卡克斯顿(1422—1491),英国历史上第一个印刷商]。这对人类智力发展的加速作用不可小觑(包括推动了启蒙运动高潮的来临)。

但近年来,知识传播形式的发展已经大大超过了印刷术所带来的变革,并且正处在加速发展之中。互联网及其衍生品从根本上改变了知识的存储、获取以及使用方式。由于我们正处于这一进程之中,互联网及其衍生品对知识传播的影响程度尚不十分明确,但当我们回过头来审视这些技术的潜力时,会发现它们所带来的影响甚巨。

教育工作者、终身学习者,以及大规模电子知识库(其规模正在持续增长,并通过互联网或其后继者变得更容易使用)之间的关系将以难以预测的方式决定终身学习在未来几十年里的发展。

由于在智能手机、平板电脑,或是笔记本电脑上进行知识的搜索和查询非常容易,因此知识作为内容已变得更容易获取,知识的存储也不像过去那样更多地依赖记忆。技术上的新突破或许会使基于视觉和听觉设备的知识传播更加贴近每个人的生活,随着计算机能力的增强,这项技术将使每个人能在任意时间点快速访问希望获取的几乎任何知识内容。在这样一个世界里,就大学和大学中的教育工作者而言,提供清晰的"路标"将变得越来越重要,即提供知识的背景信息和获取知识的指南,而非提供知识本身。教育工作者的角色变成了塑造学生的分析技能和创造性思维,使学生在这个充满知识的世界中轻松地使用知识。

技术的进步有助于发展出新的教学方法,但技术本身并不能支撑新的教育范式。知识的背景信息与获取知识的指南将一如既往地在终身学习范式中发挥重要作用。新技术将加强和丰富新的教学方法,而非取代它。

我们提出了一些非常具有前瞻性的问题。如果我们大多数人回想起自己的青年时代,曾经有一段时间,上学和学习有点像服用蓖麻油!为了确保拥有光明的未来,人们有时会做一些令人不快的事。大多数学生只能在学生生涯的初期通过学习新技能和新知识获得自我满足感的增加。一些非常幸运的学生则从一开始就拥有较高的自我满足感(这与他们所成长家庭的类型有关)。那些在学业上取得成功的人必然会为自己的学业感到自豪并乐在其中。如果他们升入大学教育阶段,这种心态将贯穿他们获得第一个学位(即学士学位)的过程。

在那之后,事情就变得愈加复杂了。对于一部分人而言,进修(通常是在大学里)可能是一个人生选择,这通常需要在工作和学习之间进行权衡和取舍,尤其是这意味着一大笔个人支出(学费)。基于自我发展需求的情感激励或许足以让一个成年学生进入研究生阶段的学习。而对大多数人而言,通过改善职业选择实现自我完善的愿望明显更加现实,也正是这种愿望推动他们开展研究生阶段的学习。自我发展和就业优势必须与收入及其他选择的机会成本相平衡。

理想情况下,终身学习应是在这样的环境中产生的:在这种环境中,终身学习是日常生活中不可或缺的一部分。这既包括人生中只会发生几次的那种密集而冗长的学习,也包括将每天接触新知识视为人生旅途的一部分。伴随着世界范围内知识化趋势的加深,知识的丰富程度和可获取程度的进一步提升,终身学习几乎是人类发展进程中不可回避的一部分。

❧ 实现终身学习 ❧

尽管前文已经间接提及了支持终身学习的方法论,但我们将在本节进行更加深入的探讨。对于那些希望在较大年龄继续攻读硕士学位的人,我们已经看到了两种截然不同的途径。第一种途径是直接到大学上课,课程的学期结构与常规本科生教育相差不大。这一类型的学习将需要从一系列模块中积累学分,继而获得硕士学位。学习者也将与其他学生一起参加常规课程和辅导课程,并在规定的时间内提交作业。

包括美国、澳大利亚,以及大多数欧洲大陆国家和中国在内的一些国家,这类授课型硕士项目基本都需要进行两年的全日制学习。而英国的大学很早就有提供一年制硕士项目①的传统。这一年通常紧接在三年制的本科学位之后,这在澳大利亚和苏格兰被视为荣誉学年(honours year)。荣誉学年被看作是对某一学科进行深入研究的机会,通常也被视为博士研究的开端。一年制硕士模式也作为面向更多大龄学生的硕士课程结构在英国得到了广泛应用。一年制模式在许多国家的工商管理硕士(MBA)项目中十分普遍,但美国的一些顶尖大学仍然坚持两年制模式(即使是 MBA 项目)。

要求学生离开工作岗位很长一段时间去攻读授课型硕士课程势必会存在许多问题(尤其是两年制的硕士课程),这可能会限制一部分学生的入学(即使是那些对研究生学习非常感兴趣的学生)。商科教育界早就认识到了这一点,并找到了新的解决办法。许多商学院所提供的高级管理人员工商管理项目(EMBA programmes)可以通过一些较短的学期进行学习,通常是在这两年中进行每个月大约三到四个课程组块的密集式学习。巴黎郊外的欧洲工商管理学院(INSEAD)②是提供高管工商管理课程的典范,该课程的各个模块可以在不同国家的多个授课点学习。当然,这类课程相对于大学而言极其昂贵,学生需要支付高额费用。

另一种途径是通过在线教育学习一至两年高度结构化课程。通过远程教育开发的一些大学课程,其结构与学生直接在校园中学习的课程大致相似。也就是说,学生处于固定的学期结构中,这是一个让全体教职人员更容易为之服务的学习模式。

大多数提供这类项目的大学会有更多的入学时间点(通常至少一年有 4 个入学时间点),而非那种适用于本科招生的单一入学时间点。这种方式具有更强的灵活性,使

---

① 甚至——在牛津剑桥和都柏林——有一种极为荒谬的零年硕士学位,完全不需要进行学习。查尔斯即拥有剑桥大学的这种硕士学位,为此他什么都不用做!他也从来没有使用过这个学位。
② https://www.insead.edu.

学生可以随时注册,对学业进度的评估也有相当大的灵活性,通常会依据考核作业的完成度以及技能的掌握情况确定学习的进展速度(而非依据僵化的传统学期结构)。这对大龄学生的好处不言而喻。

终身学习的另外两个关键领域包括为个人发展和兴趣而学习,以及为保持专业能力和职业认证而学习。这两类学习对课程结构的不同偏好使学生对于授课形式有着截然不同的选择。大多数有意就读的学生和终身学习者显然需要更大的灵活性,而开放大学各种形式的课程结构可以很好地发挥作用。

对于专业进修和职业资格再认证而言,学生亲身参加短期课程是非常有用的,短期课程提供了与同行互动交流的机会(这是专业进修的重要部分)。这一领域的大部分活动最好以这样的方式进行:专业学生可以在最适合他们的时间开展活动,且能无限期累积学分。一般而言,这一类型的专业继续教育将分成不同的组块(block)进行且延续数年,包括完成短期课程、阅读期刊、参加会议等一系列活动。灵活性是终身教育在这两个领域的重要优势。

❦ 未来的选择 ❦

我们现在来看终身学习领域的未来,并提出四个问题,这些问题的答案可能会决定大学未来在终身学习的世界中将扮演何种重要角色。

1. 市场将会是什么样的?

终身学习的市场在未来二十年将如何演变?在市场营销的入门课程或工商管理

课程中，学生很早就在市场营销模块中学习了市场细分（market segment）和竞争活动（competing activities）的概念。终身学习领域可被视为一系列非常独立的活动，每项活动都由不同类型的参与者主导。在这种观念下，正规的硕士课程可能是大学的专属工作，但终身学习的其他方面也可能被其他竞争者所代替。汉堡连锁店的市场细分围绕着这样的问题：谁是竞争对手？下一个问题可能会扩大到关注快餐领域之外的竞争，包括那些越来越专注于即食食品的超市。授课教师的目的是鼓励学生进行更加开放的思考，至少是在制定最初的商业计划时。

正如我们在上文中所讨论的，终身学习的所有消费市场显然在技术和实现路径方面有相当多的共通之处，在与某个细分市场的互动中所学到的技能也适用于其他细分市场。更明显的是，灵活的授课方式是终身学习市场中一个至关重要的优势。长期以来，授课机构的学术声望和品牌赋予了大学很大的优势。品牌在教育领域的重要性不亚于在其他任何领域。不同的教育提供者正在提供能够有效满足市场需求的高质量、高灵活性的选择，因此没有理由在未来得不到极高的评价，特别是当它们的产品建立在高质量的教学之上，而非高质量研究的声誉。

近年来，我们主要通过私立高等教育提供者见证了这种路径的开端。随着全球终身学习市场的持续增长，高灵活性、技术驱动，以及高质量的实现路径是未来几年终身教育领域发展的必然趋势。如果我们中有人注意到，灵活的教育产品和实现路径在过去10年中在这一领域是如何变得日益突显，那么未来的方向似乎是明确的。对于那些探索新领域的初创企业，失败总是在所难免。一些早期的尝试进展并不顺利，但也有一些发展得很好。目前，正在横向思考在终身学习领域建立业务的创业人士比比皆是，我们希望他们能够茁壮成长。

2. 大学的适应能力如何？

大学是否有能力成为终身学习领域的主导者？很明显，许多不同类型的组织将为这个巨大的舞台作出贡献。像英国皇家全科医师学院这样的专业团体就在监督专业标准的维持和定期开展资格再认证方面担任主要角色。在过去 10 年里，在线教育领域（E-education）出现了一些新成员。其中的一些大学渴望并已经成为了私立大学，例如凤凰城大学（University of Phoenix）（其声誉好坏参半）。其他的一些机构，例如美国的桂冠集团（Laureate group）即可被视为满足多种社区需求的在线教育先驱，该机构基于私立大学模式建立，这种模式较之任何公立机构都更具灵活性，且在基因里带有根深蒂固的创业精神。像卡普兰公司（Kaplan）这样的大型私营企业也在这一领域越来越活跃。除了通常的消费者保护立法外，是否会有人呼吁对这些私营的教育提供者进行更多的监管，尚有待观察。

简而言之，知名大学并不缺乏竞争者，并且竞争必然还会加剧。非传统高等教育提供者带来的高灵活性或许非常重要，因为授课的灵活性可能是产品质量之外最重要的市场优势。各知名大学已经开始与教育实体公司建立伙伴关系。从理论上讲，这类合作项目将大型学术团体的雄厚学术实力与商业活动相结合，在终身学习领域不断发展和增长的市场中游刃有余。培生教育（Pearson）是一家规模庞大的国际教育企业和出版商，近年来已在终身学习领域发展了大量业务，并与亚利桑那州立大学（Arizona State University）、伦敦大学国王学院（King's College London）以及澳大利亚莫纳什大学（Monash University）等多所大学合作。这类合作项目在吸引和培养高素质学生方面已经取得了显著的成功。

高等教育领域的传统巨头们是否有足够的创业精神和内在灵活性，以至于能够在这个不断增长的市场中有效地参与竞争（正如他们所期待的那样）？这仍然是一个悬而未决的问题。在未来几年,大学势必在为大龄学生提供硕士课程方面扮演重要角色。他们的学术实力和学术品牌确保了这一点。然而,除非大学能找到一种比目前更灵活、更适应市场的方法,否则由新的教学方法支持的私营提供者可能会日益挑战大学在这一领域的主导地位。

用哈佛商学院(Harvard Business School)的话来说,大学是卓越的教育供给机构,而不是教育需求机构。简而言之,大学提供一种教育产品,有意就读的学生可以选择接受或放弃。大学通常并不十分擅长了解其所处的市场,也不擅长开发特定产品以满足市场需求。但这种情况已经开始改变,尤其是那些传统上一直是招揽学生型的大学(这类院校必须主动在市场上招揽学生),而不是被选择型的大学(这类院校很幸运,每个招生名额都有许多有意就读的学生申请),但这样一个由机构而非市场制定规则的保守行业仍有很长的路要走(尽管商学院早已根据市场变化来开发教育产品)。

值得注意的是,不同国家的终身学习课程市场各不相同(即使他们使用同一种语言)。因此,一所希望在国际上推广其课程的大学,必须明确自身是否已经准备好在不同的国家投资开设略有不同的课程(这种些许的不同具有重要的意义)——即使是对于那些基础核心知识在全世界都非常相似的学科。

大学拥有的一项重要且相对而言未被充分利用的资产,即校友网络。这一资源在美国得到了更好的发展(主要是为了筹集资金),而世界各地的其他大学也出于同样的原因正越来越有效地利用校友网络试图成立自己的捐赠基金。然而,无论是细分的特定专业科目还是就整体而言,这也是终身学习机会的一个自然市场(natural market)(译者注:指金钱、货物的流动完全根据市场自然状况进行,政府不介入控制)。这一市场也将通过为校友提供有益的特定产品为大学提供一项可靠的收入来源。

这种方式也将改变大学与校友之间的关系,使大学从单一的举办筹款和慈善活动的角色转变为校友的支持者。从教育角度而言,大学将支持校友的整个职业生涯和个人生活。当然,大学会对这项服务收费,但大多数校友与母校之间由此建立的密切联系将会是一种非常积极的关系。

3. 技术发展将以何种速度挑战当前的教育模式？

这是一个富有争议的问题，我们已在前面的章节中有所涉及。它包含多个方面。我们已提及过大学校园是否会继续以实体形式存在这个问题。这一问题在很大程度上取决于信息世界的发展，但校园很可能会以实体形式继续存在（尤其为了本科生群体）。实体大学的位置只是这类技术问题的一小部分。也许更重要的是，不仅仅是学生，整个社区的人际交往与互动如何随着信息世界的发展而发展。

听觉信息可以直接传输到耳戴式设备上，眼镜上的 LED 屏幕可以让我们访问视觉信息，我们离这样的场景并不遥远，这两种输入都可以连接到互联网和语音控制界面。过不了几年，我们中的任何一个人都将能要求自己的计算机设备在任意时刻连接到云端互联网辅助大型计算设备的任意功能，例如实时语言翻译等。这类技术目前已经面世，就像黑暗之后的光明一样，这类技术在未来几年内将被广泛应用和推广。

让我们回顾一下过去的 20 多年里发生了什么。移动电话直到 20 世纪 90 年代才出现。接着是 MP3 播放器和内置软件越来越复杂的平板电脑。这一领域投入的智力劳动几乎比其他任何领域都多。成千上万的初创企业正集中在这一技术领域。目前正在开发的复杂软件几乎和改进通信的各个方面相关，这包括为相对缺乏经验的用户提供更多便利性。这将不可避免地对未来几十年的教育方式和知识获取方式产生深远影响。

这场"技术海啸"过后，我们很难再看到 500 名本科生在同一个房间里参加大型讲座的场面，但可以想象数百名学生同时参与校园里的一个学习模块。有些学生可能正坐在咖啡馆里，有些可能正坐在草地上享受着阳光，还有一些可能正在家里享受着早晨的咖啡或是正在陪伴远在世界另一端的亲人。但他们可以同时访问相同的材料、提出问题,并与教师进行有效互动。

这只是众多技术和教育变革中的一个例子,这些变革将在未来几年对大学产生影响,也与终身学习及当前的本科教育息息相关。伴随着每一次进步的发生,新的竞争者挑战大学传统优势的机会都将会增加。

4. 终身教育市场供给的多样化程度如何?

这也许是一个价值6.4万美元的问题。如果让这个市场自由发展,终身学习领域中的提供者种类将继续呈指数增长。终身学习领域各方面的业务规模也将增长(正如本章前面部分所讨论过的)。成功将属于创新者,尤其是那些以一种灵活且用户友好的方式为市场带来高质量产品的提供者。大学拥有很多高质量的教师,但在灵活性和市场反应能力方面表现相对较差,尤其是在通过满足潜在大龄学生需求和充分利用技术进步以提升教学方面。

老牌大学与商业合作伙伴之间的合作项目将有助于大学继续留在这一领域,这主要是因为大学学历的学术公信力,大学将会不可避免地愿意围绕其教育模式进行更多创新,而且这一转变实则正在发生。在终身教育领域,授课这一职责将主要由大学负责,因为大学拥有极其丰富的学术人员及了解如何支持和提供教育的专业人员。

许多大学已经注意到,在授课方式和核心结构方面提高灵活性的举措很可能会提升并保持大学在授课型硕士学位领域的适当竞争力。当然,这需要确保在真正意义上的替代品出现之前,这种形式的课程能够满足市场需求。在终身学习的其他领域,大多数大学的角色都较为边缘化。职业资格的再认证服务在很大程度上被大学忽视了。

除英国开放大学和其他极个别大学为大龄学生提供的非常有限的机会外,大学在很大程度上忽视了英国的广大人口在终身学习领域的个人发展需要。而其他国家往往做得更少。

旧秩序的拥趸将有如是担忧：如果大学完全丧失了这两个市场，那么主宰这些市场的参与者将开始蚕食大学在研究生教育其他领域的传统领地。对于整个社会而言，提升终身教育供给的丰富性或许是一个理想的结果。毫无疑问，大学将适应这一日渐多元化的领域，并继续成为终身学习领域内的主要参与者之一。

◎ 结语 ◎

大学作为知识的主要保存者、创造者和传播者，有机会成为知识经济时代创新和人力资本发展的核心。因此，在终身教育领域，大学可以选择成为核心角色，也可以选择成为若干关键角色之一。但如果大学不能理解终身教育的变革过程以及变革给大学带来的机遇，它也可能完全处于边缘地位。在未来的几年里，我们将会看到大学如何抓住机遇，并通过这些机遇促进社会的进步。这些都回到了大学的四个支柱性角色上[①]，这对大学在现代世界的发展至关重要，尤其是第三个角色，即教育和培养掌握应对变革所需技能的专家，以及第四个角色，即在全社会中营造一种崇尚知识的氛围和文化。

在 21 世纪不断变化的世界里，从纯粹的商业角度视之，这几个支柱性角色的影响将变得越来越大。目前，世界上最具影响力的公司都是与通信相关的高科技公司。它们全方位参与知识世界的旅程已经开始，而大学必须迅速作出适应。我们同时相信，有效的伙伴关系可以在实现社会人力资源最大化方面发挥实质性作用，因此：

---

① 正如第 1 章所说。

政府应该与大学合作，制定一个促进终身学习的国家框架。这个框架应包括资助终身学习的新方法、与专业教育机构的合作，以及对其他大学学习模块和资格进行认证的框架，以促进学习者在已获得资格的基础上开展进一步的学习。

大学应该与雇主和专业组织合作，推广可以在大学毕业后终身使用的研究生课程、资格证书和学位。大学应该考虑如何提供灵活的课程以帮助那些考虑转行的人士，大学同时应该考虑能为校友和当地社区提供什么样的终身教育服务。

第 8 章 谁为大学出资?

❦ 为什么"谁为大学出资"的问题十分重要? ❦

本书的两位作者查尔斯·克拉克(Charles Clarke)和埃德·伯恩(Ed Byrne)都曾试图从不同的角度解决"谁为大学出资?"这一问题。查尔斯曾作为教育大臣于 2003 年在英国推行新的教育体制,埃德则担任过两所大型大学的校长,他们早就认识到过低的政府拨款将造成大学发展的隐性不平等,但他们最担心的是大学的财务保障。许多大学都发现自己处于这种境地,因而面临着两难困境。

所有的大学领导者都必定会重点关注高等教育机构自身的生存能力,正如我们在本书的第 9 章所讨论的那样,校长(在北美通常称为 President,而在英国则通常被称为 Vice-Chancellor)的一个典型特质便是将大学置于强健且可持续的财政基础之上,这才能真正地使大学及与之相关的一切发挥出潜能。此外,这一主题也在政界引起激烈的争论。

2003 年,在讨论学费的问题时,查尔斯·克拉克曾在一场辩论中遭到一位学生代表的质疑,并且赢得了一片掌声。那位学生代表称:"如果你是一位真正的社会主义者,你就不会要求学生支付学费(译者注:此处"社会主义"一词的内涵与我国语境下的不同，下同）。"对此，查尔斯回答道："如果我是一位真正的社会主义者，我会把政府所有的教育经费投入幼儿园和小学，因为投资于这些领域才最有可能改变社会中最贫穷人群的生活和机会。"

安奈林·贝文（Aneurin Bevan）（译者注：英国著名工党领袖，曾任工党政府的卫生大臣）曾于 1949 年提出，"在言论上占据高位是社会主义的信条"。这一真理始终贯穿于有关"谁应该为那些出色的高质量大学出资"这一核心争论，同时也揭示了人们为何如此热衷于这一话题，以及这一问题为什么在诸多方面都十分重要。

⑤ 引言 ⑤

有关大学财政这一主题的研究，既具有高度的政治争议性，又十分复杂。每个人都有自己的见解，并且很多人只坚信自己的观点。

关于这一主题的讨论本质上是在探讨国家、学生自身（或代表他们的家长），以及雇主等利益相关者应贡献的大学资金份额，以及各利益相关者的具体出资比例。

不同国家的高等教育资金配置模式有着惊人的差异，它决定了大学财政的活力、大学的工作质量，以及大学履行好职责的能力。同时，它决定了个体大学教育负担能力这一重要问题，并且会影响大学生活的两大核心问题，即独立性与可控性。

本章将从三个潜在大学出资者的角度来分析这些问题。我们将重点关注本科教学和学习，同时探讨终身学习的资金问题。研究经费所引发的一系列问题我们已在本书的第 4 章中进行了讨论。

在任何一个国家，社会本身、学生个体，以及雇主都以不同的方式成为高质量高等教育体系的受益者。事实证明，如果要避免由于高等教育机构质量降低而导致的招生不足所带来的恶性循环,那么每个受益者都应为高等教育系统分摊成本,因为高等教育系统需要充足且具有弹性的资金。

在 1998 年之前,在包括英国在内的许多国家学生上大学都是免费的。学生上大学的费用完全由政府支付,有时通过地方政府,有时则通过中央政府。而在其他一些国家(尤其美国和韩国),大学经费则大部分来源于学费收入。

这是一个与民族精神和文化相关的问题,而不仅仅是技术层面的决定。欧洲大陆的大学教育仍然采取的原则是:要么免费,要么对欧盟学生收取最低额度的学费(一些国家还将这一标准推广至国际学生)。这反映了社会对此的整体看法,即教育免费这一理念应扩展至高等教育领域,尽管这具有极强的道德吸引力,但可悲的是,这往往会导致高等教育机构经费不足!

经合组织(OECD)的数据[①]汇总了 2013 年其成员国的高等教育资金配置情况,并对公共拨款和家庭(学生及其家人)出资的比例进行了对比。相关数据如表 1 所示。[②]

表 8-1　2013 年经合组织成员国的高等教育资金配置情况

国家	公共教育支出(%)	家庭支出(%)
韩国	32.5	43.9
智利	34.6	51.9
日本	35.2	51.0
美国	36.3	46.5
澳大利亚	42.5	42.2
以色列	50.3	32.9
新西兰	51.9	33.0

---

① https://data.oecd.org/eduresource/spending-on-tertiary-education.htm, Figure 4.2; page 81.
② 其他贡献者还包括私营企业、非营利组织、私营公司所提供的基于工作内容的培训,以及教育机构在研发方面的支出。

续 表

国家	公共教育支出(%)	家庭支出(%)
英国	57.0	19.5
葡萄牙	58.1	32.2
俄罗斯	64.9	23.1
意大利	67.2	26.3
拉脱维亚	67.8	30.6
墨西哥	67.8	31.9
西班牙	69.3	27.4
荷兰	70.3	15.9
立陶宛	75.3	18.9
斯洛伐克共和国	75.5	13.0
捷克共和国	77.0	9.4
爱尔兰	77.7	19.2
法国	78.9	10.8
波兰	80.4	17.6
爱沙尼亚	81.6	17.8
斯洛文尼亚	87.1	10.5
土耳其	87.3	12.8
比利时	89.3	5.0
瑞典	89.5	0.5
冰岛	91.2	8.2
丹麦	94.0	0.0
奥地利	94.6	2.6
挪威	96.0	3.4
芬兰	96.1	0.0
经合组织成员国平均值	70.5	21.4

上表不仅显示了不同国家制度下的巨大差异，也说明了家庭和国家都为高等教育作出了实际的贡献。而对于哪种模式更为恰当这一问题，目前并没有固定且统一的看法，不同国家的独特历史与文化导向了不同的结果。

我们将在本章中提出，均衡的出资制度是高等教育资金配置的最佳方式，且必须以公平的方式建立学费制度，即至少不应阻碍那些来自较贫困家庭背景的学生申请大学。同样重要的是，大学需要获得充足的资金来完成其利益相关者（包括国家和政府）需要它们完成的使命。我们在本书的其他部分提出了比目前英国和澳大利亚更为多元的大学使命，并且希望能将之反映在大学的财政安排上。

2011年以来，英国国内学生的学费可能是除美国之外最高的。人们通常认为，一切迹象都表明了贷款池这一概念（loan pool）（即学生毕业后通过缴税偿还贷款）有效地消除了阻碍学生进入大学的障碍。但对于那些从事诸如护理等薪酬较低职业的人而言，政府可能会为其设置缴纳学费的上限，以避免产生不可预见的后果。护理类学生助学金（nursing bursaries）的取消，以及英国和澳大利亚师范类学生助学金（teaching bursaries）的供给情况，都证实了这一点。

对于护理类专业和师范类专业的学生而言，政府是其直接或间接的雇主，因此这类举措可被视作雇主出资的形式（无论是通过助学金、国民保险或是其他的一些方式）。

不同时代的毕业生之间也存在着代际公平（intergenerational equity）问题。我们都毕业于一个完全不同的时代，大学教育或从一开始就免费，或提供给学生丰厚的奖学金。因此，对于我们和我们的同龄人而言，接受高等教育基本上是不花钱的。我们很赞赏在辩论中就学生债务提出的问题和关切。我们将证明毕业生的雇主应该为大学提供比目前更多的资金，而现有的财政体制也应激励大学扩大开设的课程和资格考试的范围，以更好地使大学支持那些试图进入现代职场并在其中工作的学生（我们已在本书的第3章和第7章探讨过这一点）。

最重要的是，高等教育拨款体系应促进而非限制大学的灵活性和课程设计。我们正进入一个更加"定制化"的世界,资金应该奖励而不是抑制这种发展。

为此,大学应认识到大学和学生之间的关系并不是一种简单的商业关系。学生不能通过出资购买获得一个学位,而大学不能也不应该向那些想花钱购买学位的人提供一等学位。大学只能为人们提供能使其最好地发挥能力的环境。当然,学生满意度很可能与其所获得的学位等级相关,但大学不能降低依据课程成绩所划定的学位等级标准。

事实上,于任何大学而言,声誉都是学位价值的基础,任何降低标准的行为都会对大学的所有毕业生产生负面影响——包括这所大学过去、现在和未来的毕业生!这就是英国学生事务办公室(Office for Student)将"保证授予学生的学历在当下和未来都保持其价值"作为大学注册条件之一的原因。如果英国学生事务办公室发现有大学违反了这一要求,这类大学可能会被罚款、暂停招生或注销注册。

因此,大学试图通过一系列举措维持自己的水准,包括支持教研人员和外部考官的进修,对学位等级进行审查并公布相关证据,增强课程分数与学位等级间转换计算方式的一致性与可解释性。在 2018 年 12 月,英国学生事务办公室发表了一份聚焦于这一主题的评估报告[1],我们期待大学对此作出有效的回应。

大学之间总是存在着某种程度的竞争,而有些竞争可能不会促进大学的发展。但总体而言,这些竞争对于促进大学开发多种课程以满足不同需要而言是必要的,一些大学可能会改进它们在此情形下的运作方式。

我们将接着讨论一些应该被重视的问题,比如大学层次教育的普及,以及评估每个受益者的潜在贡献等。尽管这些问题在所有国家中都存在,但本章所作的讨论主要基于英国的情况。事实上,澳大利亚的基本情况与英国非常相似。

---

[1] https://www.officeforstudents.org.uk/news-blog-and-events/press-andmedia/universities-must-get-to-grips-with-spiralling-grade-inflation/.

∽ 国家 ∽

对于大多数国家而言,通常由国家为大学提供资金。这种既有的模式与基础教育领域相似,即国家对基础教育负有主要责任。

国家资助大学教育的根本原因是,受过良好教育的庞大人口不仅本身是一种人力资源优势,还是国家取得良好经济效益的强大动力。各国政府需要确保各个行业都有比例合理且技能熟练的劳动力。从这一角度来看,高等教育的确至关重要。

正如我们在本书的第 6 章中所指出的,拥有一群受过良好教育、能充分参与全国性讨论,且具有横向社会流动性的公民,这对于国家而言显然大有裨益——公民中的批判性思考者能带来社会的流动性并给予劳动力以创业思维。现代国家需要高效能的大学系统。

对于所有经合组织成员国而言,接受过高等教育人口的比例也在稳步提升。来自经合组织的数据(2014 年数据)再次清晰阐明了这一点(见表 2)。[①]

表 8-2　各国不同年龄段接受高等教育的人口百分比

国家	不同年龄段(接受高等教育的人口百分比)				
	25—64	25—34	35—44	45—54	55—64
澳大利亚	42	48	46	38	33
奥地利	30	38	33	27	21

---

① http://stats. oecd. org/Index. aspx? DatasetCode = RGRADSTY; https://data. oecd. org/eduatt/population-with-tertiary-education. htm.

续表

国家	不同年龄段（接受高等教育的人口百分比）				
	25—64	25—34	35—44	45—54	55—64
比利时	37	44	42	34	26
巴西	14	15	14	14	11
加拿大	54	58	61	51	45
智利	21	27	24	17	14
中国	10	18	9	6	4
哥伦比亚	22	28	23	18	16
哥斯达黎加	18	21	19	17	17
捷克共和国	22	30	21	20	15
丹麦	36	42	41	33	29
爱沙尼亚	38	40	39	35	36
芬兰	42	40	50	44	34
法国	32	44	39	26	20
德国	27	28	29	26	25
希腊	28	39	27	26	21
匈牙利	23	32	25	20	17
冰岛	37	41	42	36	29
印度尼西亚	8	10	9	8	4
爱尔兰	41	51	49	34	24
以色列	49	46	53	48	47
意大利	17	24	19	13	12
日本	48	59	53	47	35
拉脱维亚	30	39	31	27	23
立陶宛	37	53	38	30	28
卢森堡	46	53	56	40	32
墨西哥	19	25	17	16	13

续　表

国家	不同年龄段（接受高等教育的人口百分比）				
	25—64	25—34	35—44	45—54	55—64
荷兰	34	44	38	30	27
新西兰	36	40	41	32	29
挪威	42	49	49	36	32
波兰	27	43	32	18	14
葡萄牙	22	31	26	17	13
俄罗斯	54	58	55	53	50
沙特阿拉伯	22	26	22	18	14
斯洛伐克	20	30	21	15	14
斯洛文尼亚	29	38	35	24	18
南非	7	5	7	8	7
韩国	45	68	56	33	17
西班牙	35	41	43	30	21
瑞典	39	46	46	32	30
瑞士	40	46	45	38	31
土耳其	17	25	16	10	10
英国	42	49	46	38	35
美国	44	46	47	43	41

上表的第一列数据说明大多数发达国家接受过高等教育人口的比例在35%—50%之间，而后几列数据表明，这一比例在各更年轻的年龄组中稳步上升。

许多分析者都认为，生活水准与经济表现和这一人口比例有密切的相关性。大量的研究证实了这一点，各国政府也都认可这一相关性的重要性。

除了这种广义的相关性，大学还对国家的财富作出了非常直观的贡献。[①] 例如，

---

① https://www.universitiesuk.ac.uk/facts-and-stats/Pages/higher-educationdata.aspx.

2014—2015年间,全英国的大学为英国宏观经济创造了超过950亿的总产值。同年,它们为英国国内生产总值(GDP)贡献了大约215亿。此外,英国大学直接或间接地为英国提供了94万多个就业岗位。

这本身就是一种巨大的经济贡献,也使国家相信大学是一项理应得到国家支持的国家资产。

然而,这一针对国家必须资助大学的有力论点虽然获得了广泛支持,但也需要满足一些重要的条件。

数量的增长

首先,大学生人数的稳步增长迫使各国不得不考虑他们对高等教育的负担程度。在20世纪70年代,英国仅有不到10%的人上大学,而现在则有超过40%的人,这一巨大转变必然激起有关高等教育负担力的尖锐问题。

此外,在过去的30—40年里,大多数发达国家在通过提高税收为政府支出提供资金方面受到许多政治限制(尽管这种限制是可取的)。自2008年金融危机以来,更为严格的"财政紧缩"已成为常态。

这样的政治限制和经济形势使政府公共开支的所有领域都受到了挑战,即使各领域的情形本就不甚乐观。许多公共服务部门都面临着财政停滞或更糟的局面。如果政府和大学希望自己避免这种命运,就需要拓展其他的资金筹措渠道。英国前教育大臣威利特(Willetts)所推行的改革将本由英国政府承担的大部分国内本科教育经费转移到了学生身上,其部分原因是希望保护大学免受全面财政紧缩对其公共资金收入的影响。

当政府的公共开支需要在不同层次的教育(从幼儿园到中小学,继而是继续教育和高等教育)之间作出选择时,这一争论将变得十分激烈。在这种情形下,花在大学生身上的钱越多,就意味着花在小学生身上的钱越少。面对这一选择,政府听取了大量的研究给出的建议,这些研究表明将教育经费投入于年轻一代(即幼儿园和小学阶段)比花在大学生身上更有可能提升教育效果,尤其是对那些来自贫困家庭的学生而言。

这就是英国工党政府自1998年起将政府公共资金集中用于年轻一代,并向大学生推行学费贷款的原因。这也是保守党所领导的联合政府在2010年将学费上限提高到9000英镑,继而再调高至9250英镑的原因。尽管这次调整是为了削减国家对大学的基础性支持,但同时也是保守党所实行"财政紧缩"政策的一部分(工党政府则从未实行过该政策)。2019年5月,前首相特蕾莎·梅(Theresa May)在2017年选举受挫后发布《菲利普·奥加尔审查报告》(Philip Augar review)[下称《奥加尔报告》;译者注:"菲利普·奥加尔审查"(Philip Augar review)即"18岁后教育和资金审查"(Review of post-18 education and funding),是一项针对英国18岁后教育制度和经费分配问题的评估项目,由菲利普·奥加尔担任主席],建议英国政府将学费上限降低至7 500英镑①,而降低学费上限的条件是政府应增加对大学的教学拨款,以取代所损失的学费收入。

调高学费上限这一举措所处的政策环境同样值得关注。教育维持津贴(Education Maintenance Allowances)②[译者注:教育维持津贴是英国政府为16到18岁的青少年(年收入低于3万英镑的家庭)提供的一项补贴,通过每周补贴10到30英镑使他们上得起学或能接受就业培训]和"更高目标"(Aim Higher)项目③(译者注:这是英国前教育和技能部与英格兰高等教育基金委员会合作发起的一项倡议,旨在扩大英国高等教育的参与)等举措是工党提案的重要组成部分,然而随后即遭到废止。

---

① https://assets.publishing.service.gov.uk/government/uploads/system/uploads/attachment_data/file/805127/Review_of_post_18_education_and_funding.pdf, Chapter 3.
② 该津贴旨在帮助贫困背景的学生在16—18岁期间留在学校或大学。
③ 一项帮助"非传统"背景大学生上大学的计划。

最著名的例子或许是朱莉娅·吉拉德(Julia Gillard)担任澳大利亚教育部长期间所提出的"20—40"政策。这一举措与澳大利亚的教育传统相去甚远,它强调应有40％的人口至少拥有本科学位,大学新生中应有20％来自社会经济水平最低的人群。而澳大利亚通过取消学生人数上限和增加政府资助来支持这项举措。

大学的独立性与可持续性

除了上述围绕着拓展大学经费筹措方式而产生的经济领域的争论外,关于大学经费问题还存在十分显著的意识形态和制度领域的争论。

这凸显了保障和切实加强大学学术及财务独立的重要性。对于大学治理层面所存在的一些问题,我们将在本书的第 9 章展开讨论,但大学独立性的关键在于给予大学发展空间——例如我们在本书中所强调的大学为应对当前挑战应采取的一些举措。这意味着大学能够筹集资源(包括对学生收费)、履行各项职责、独立划定招生人数,并确定自己的发展重点。许多世界顶尖大学的经费都在很大程度上独立于政府,这或许并非巧合。

毫无疑问,取消学费上限与提高国内学费两项举措同时增加了单个学生的学费和学生总人数,这大大地提升了澳大利亚和英国大学的独立性和投身国家建设的战略性能力。

事实上,一所财政拮据的大学往往很难蓬勃发展,也很难满足一个现代国家的发展需求。无论如何,大学的运营成本确实很高,尤其是当大学承担了大量的研究与创新任务时。

在其他国家,大学独立性这一问题相较于英国(尽管正如我们将会在本书的第 9 章讨论的,学生事务办公室的成立及其角色正在挑战这一点)、澳大利亚或是美国更为紧迫。然而,无论处于何种情况,减少大学对国家财政的直接依赖都将是大学自由的一项重要内容。在一些欧洲大陆国家,大学的资金严重不足(至少相对于英国而言是这样),这必定导致这些国家的高校在世界排名中排位较低。

保障大学资金的可持续性是英国开展 2004 年学生资助改革的一个重要目标。但不幸的是,2011 年以来的一系列改革都严重削弱了这项改革的成果。2019 年 5 月发布的《奥加尔报告》[①]也建议对一些举措进行调整。

学生贷款模式的财政可持续性取决于能否尽可能地减少国家对该系统的支持。全额偿还贷款的学生比例越低,学生贷款系统就越需要国家对该系统进行财政支持。2012 年发生的一个看似十分微小的变化是,毕业生偿还贷款的年收入水平门槛从 15 000 英镑提高至 21 000 英镑,这一阈值的变化对于高等教育财务系统而言非常敏感。而这一毫无远见的改革主要是为了回应自由民主党政府在处理该问题时的政治窘态。这一举措是基于一种错误的认知,即提高贷款还款门槛不仅能减少学生的财政压力,还能为政党赢得政治声誉。然而,这一举措明显地降低了预期中全额偿还贷款学生的比例,从而削弱了整个学生贷款体系的可持续性,因为政府需要为这一系统投入更多的财政支持,这将动摇人们对整个学生贷款体系的信心。

在 2017 年保守党会议上,特蕾莎·梅针对自己糟糕的大选结果宣布,学生贷款的还款门槛将在 2018 年 4 月的基础上提高到 25 000 英镑(继而再次提高至 25 725 英镑),这使得情况变得更加糟糕——纳税人的长期成本增加至惊人的"每年超过 23 亿英镑"。[②]《奥加尔报告》批评了这项改革[③],并建议将还款门槛降低至 23 000 英镑,如果这一举措得到实施,将在一定程度上改善当前的情况,但我们认为这还远远不够。

[①] https://assets.publishing.service.gov.uk/government/uploads/system/uploads/attachment_data/file/805127/Review_of_post_18_education_and_funding.pdf.
[②] Institute for Fiscal Studies:https://www.ifs.org.uk/publications/9965.
[③] https://assets.publishing.service.gov.uk/government/uploads/system/uploads/attachment_data/file/805127/Review_of_post_18_education_and_funding.pdf,page 170.

2012年的变革是在英国政府回应了《布朗审查报告》(Browne Review)[译者注："布朗审查"是由布朗勋爵(Lord Browne)组织领导的英国高校学费审查项目]后所作出的决定,这意味着英国政府最终采取了直接补贴的形式,即通过核销学生贷款池中不会被偿还的部分,为高等教育资助体系的高额成本买单。这并不是2004年建立这项制度的初衷,这一举措也导致国家更多地参与到大学的战略决策之中,例如限制大学的学生人数等。

相比之下,澳大利亚政府从税基(tax base)(译者注:指的是应纳税额的基数)中预支资金,这样既使得家庭支付更少的费用,学生贷款也得到了适当的偿还。本书的作者之一埃德向上议院的一个委员会作过介绍,他对比了澳大利亚和英国的大学资助体系,并提供了详细的证据①。

英国的高等教育资助体系应进行相应的调整,而目前最重要的是调整学生资助系统,以进一步实现该系统的可持续性并加强大学的独立性。在目前的学生资助系统运行过程中,国家所作出的巨大贡献并没有得到充分的理解,并且也并非基于任何连贯性、战略性的方案。此外,目前的还款利率过高,当前的学生债务偿还标准并不公平。

资金收支平衡

表8-3所展示的是2017—2018年期间英国大学整体的资金收支平衡情况(尽管大学之间存在巨大差异)。②

---

① http://data.parliament.uk/writtenevidence/committeeevidence.svc/evidencedocument/economic-affairs-committee/the-economics-ofhigher-further-and-technical-education/written/70524.html.
② https://www.universitiesuk.ac.uk/facts-and-stats/Pages/higher-educationdata.aspx.

表 8-3　2017—2018 年英国大学资金综合平衡表

收入	金额
学费和教育合同	189 亿
科研拨款和合同	62 亿
资助机构拨款（教学和研究）	51 亿
其他收入	72 亿
捐赠和投资收益	2 亿
总收入	382 亿
总支出	372 亿

上表说明英国政府持续性地为大学提供了大量资助，但学费对于大学资金的贡献仍是极其重要的。

在本章的最后一个部分，我们将简要介绍一种可能的解决方案以应对这一广为讨论的问题，即如何增加政府对大学的财政资助。我们认为，政府应该征收"毕业生税"（graduate tax），"毕业生税"在本质上是一种仅由毕业生缴纳的额外所得税，用以支付大学费用。2003 年，工党政府在研究其学生资助的提案时曾积极讨论过这一方案。然而这其中存在一个政治问题（至少是在 2001 至 2005 年议会任期期间），当时的财政大臣除了增加国民保险金以支付国民保健服务（NHS）更高额的资金需求，并未考虑其他任何一项增税计划。除此之外，"毕业生税"在其他一些方面也可能引发争议，例如大学的独立性、弹性收入（即使是在经济不景气的时期），以及为避税移民问题等。

学生（及其家长）

与那些没有机会上大学的人相比，学生需承担大学学费的根本原因在于他们是大学教育的直接受益者。

大学教育所带来的收益显而易见，目前各行各业的领军人物都拥有大学学历，并且享有与之相匹配的薪酬。此外，大多数雇主在考虑高级职位的人选时都要求其具有大学学位。

正如我们在本书的第 6 章中所讨论的，发达国家中富裕家庭的孩子往往将大学教育作为未来生活的重要阶梯。对于这些人而言，三年的大学课程几乎是他们成年后教育的最后阶段。而近期英国政府所提出的学费支付要求也并没有减少这种需求。

事实上，目前已有许多学术研究试图量化个人从大学学位中所获得的经济效益。这些研究通常表明，大学学位确实为个人带来了经济效益，且经济效益的平均水平高于学生所必须支付的学费。

例如，《英国高等教育毕业生去向调查》(Destination of Leavers from Higher Education Survey in England)①于 2016 年 11 月对 2012—2013 年度的英国高等教育毕业生的就业状况进行了抽样调查，调查表明：

- 在英国定居的毕业生中，87.5% 的毕业生已经就业，5.8% 的毕业生选择继续深造，仅有 2.2% 的毕业生被认定为失业。
- 在英国定居且已经就业的毕业生中，有 84.1% 的人从事专业工作。
- 在英国定居并从事全职带薪工作的毕业生，工作三年半后的薪资中位数为 2.7 万英镑。
- 87.5% 的毕业生表示目前对自己的职业生涯感到满意。
- 65.3% 的毕业生认为他们所接受的课程为其带来了相应的经济价值。

类似的调查也显示出了相似的结果。

这些都是学生应分担大学教育成本的有力论据。

---

① https://www.hesa.ac.uk/news/19-07-2018/DLHE-publication-201617Z01 The University Challenge 76519.indd 258 30/11/2019 12：21 Notes 259.

英国首个开创性的高等教育收费举措是于 1998 年实施的,当时大卫·布伦基特(David Blunkett)宣布,从 1998 年开始,英国将全日制学士学位学生的预付本科学费设置为每生每年 1 000 英镑。与此同时,只有来自较富裕家庭的学生需要支付全额学费,而来自最贫穷家庭的学生则不必全额支付。这使得政府能够将更多的应急资金投入小学和幼儿园。

此后,学生应该为他们的大学教育付费这一理念首次得到确立。而这项政治举措引发了 2003 年的改革,这次改革意味着学生贷款将在其毕业后通过税收形式偿还,而非由学生或他们的父母预先偿还。

要求学生支付费用这一举措最令人担忧的是(除付费者自身利益这一因素外),学费可能会阻碍那些来自贫困家庭的学生申请大学。

然而事实证明,无论是从 2004 年起每年收取 3 000 英镑的学费,还是从 2011 年起每年收取 9 000 英镑或更高额的学费,英国的学费政策并未阻碍来自贫困家庭的学生进入大学。

这是因为英国在提高学费的同时,还施行了一系列配套措施(自 2004 年开始),以减轻可能会对贫困家庭学生造成的阻碍。2010 年后,政府决定取消诸如"教育维持津贴"和"更高目标"项目等一系列重要的激励措施,这一决定将对较低社会经济阶层进入大学产生何种影响仍有待观察。

然而,英国资助体系中最重要的部分是英国政府可以通过学生贷款公司(Student Loan Company)(译者注:是专门为学生提供贷款的非商业公司)向学生提供用以支付学费的贷款。这些资金将通过常规税收体系进行回收,当毕业生的年收入超过 25 725 英镑时(如前文所述,这一年收入门槛最初为 15 000 英镑,继而逐步提升至 21 000 英镑、25 000 英镑、25 725 英镑,当前则被建议减少至 23 000 英镑),需要每年支付其年收入的 9% 用于偿还贷款。

这一制度的最终效果是,学费贷款没有成为学生需要支付的一笔单独费用,而只是从税收中扣除一笔额外的费用,并且支付过程并不复杂,可以通过税收系统自动扣除。

而澳大利亚的学生总体债务水平较低,是因为其政府提供了更直接的前期资助,并且有更多的学生住在家中。但澳大利亚的资助系统与英国在本质上十分相似,贷款池系统在这两个国家都取得了一定成功。

关于英国资助体系的第二个重要方面,即如果毕业生没能在 30 年内偿还贷款,[1]那他们将不需要偿还这笔贷款。2019 年 5 月,《奥加尔报告》建议将学生贷款的偿还年限进一步延长至 40 年,[2]这样毕业生就更有可能在工作生涯中付清他们的所有债务。这一体系意味着那些由于遭遇不幸或选择从事报酬相对较低职业而在一生中实际收入不高的毕业生,将不需要偿还债务,而且在达到贷款偿还年限之后也不会有任何债务困扰他们。

英国和澳大利亚高等教育资助体系的这些特点避免了美国式资助体系的问题,美国式资助体系无法让来自贫困家庭背景的学生轻易地筹集到支付学费的资金(尽管美国的一些州确实为来自贫困家庭的学生提供了贷款)。

除了这些主要内容,英国政府还进一步实施了一些重要举措,以减轻学费政策可能会给学生带来的消极影响。

例如,2004 年,学生贷款的最初借款利率为零。英国政府于 2011 年推行了实际利率政策,并于 2017 年将借款利率提高至 6.1%。这是一个很高的利率,很可能会阻碍许多学生进入大学。《奥加尔报告》[3]建议取消学生在全日制学习期间的利率,但仍保留毕业后剩余偿还期内的利息,但毕业生的实际还款总额不能超过实际贷款额的

---

[1] 2004 年推出学生贷款计划时的设定是 25 年。
[2] https://assets.publishing.service.gov.uk/government/uploads/system/uploads/attachment_data/file/805127/Review_of_post_18_education_and_funding.pdf, page 171.
[3] https://assets.publishing.service.gov.uk/government/uploads/system/uploads/attachment_data/file/805127/Review_of_post_18_education_and_funding.pdf, pages 172-3.

1.2 倍。

《奥加尔报告》的建议更接近澳大利亚的学生贷款模式,因为澳大利亚的学生贷款体系只从学生毕业后开始计算利息,但澳大利亚的学费贷款利率等同于经济领域的真实通胀率(Inflation Rate),而非英国所采用的商品零售价格指数(Retail Prices Index,RPI) + 3%。

但我们仍然认为,学生只需承担实际利率为零的学费贷款,而非商品零售价格指数(RPI) + 3%。

为了向 16—18 岁的青少年提供财政资助,鼓励其继续接受全日制教育,英国于 2001 年推行了教育维持津贴。事实证明这一举措非常成功,但 2010 年两党联合政府上任后,教育维持津贴作为其实施的财政紧缩政策的一部分被取消了。

同样地,英国政府于 2004 年为那些非常贫困的家庭推出了学生补助金制度(这项制度为来自贫困家庭的学生提供了真正的学习动力)。这一制度于 2015 年被取消,但特蕾莎·梅在发布《奥加尔报告》的同时承认,终结这一制度是一个重大错误①。《奥加尔报告》建议"政府应将社会经济弱势地位学生的助学补助金额度恢复到每年至少 3 000 英镑,并且在学生资助系统的所有官方描述中明确其父母将承担的预计费用"②。

2004 年,英国政府曾通过设立"更高目标"项目,该项目所作出的努力旨在改变社会文化、激发学生接受高等教育的志向,并向那些从来不曾看到这一可能性的社区展示大学教育所带来的益处。

英国政府通过设立公平入学办公室(Office of Fair Access;OFFA)推进单个大学在入学公平方面的统筹安排(例如助学金以及多种入学方案等)。这一系统现已发展

---

① https://www.gov.uk/government/speeches/pm-speech-at-augar-reviewlaunch-30-may-2019.
② https://assets.publishing.service.gov.uk/government/uploads/system/uploads/attachment_data/file/805127/Review_of_post_18_education_and_funding.pdf,Chapter7.

成为英国学生事务办公室（Office for Students），要求每所大学都切实实施的"入学与参与计划"（Access and Participation Plans）①。

这一系列举措已经产生了一定的影响，并且成功地确保了来自贫困家庭的大学申请者持续增加。因此，那些针对学生贷款制度最为激烈的批评并未得到证实。

将学费额度与大学及课程相联系

2004年，英国推行的新政策所设定的学费上限为3 000英镑。2011年，学费上限被提高到9 000英镑，并且为了回应通货膨胀，于2016年提高至9 250英镑。《奥加尔报告》建议将学费上限定为7 500英镑。

选择3 000英镑这一学费上限是英国政府有意为之的（尽管是在相对武断的基础上确定的），以允许高等教育领域确立差别收费的原则，同时避免因收费水平过高而阻碍潜在的大学申请者。

然而，即使是在学费上限提高到9 000英镑之后，大学也只在理论上而非事实上实现了差别收费。这一事实令我们以及大多数决策者都感到惊讶。

不同大学的使命和宗旨并不完全相同，也不应该完全相同。在诸多职责和学科领域之中，每所大学都有自己的优势和弱项。每所大学都以不同的方式教书育人，它们采用不同的教育技术，并且有着不同的学生构成、工作关系以及教学方法。因此，每所高等教育机构所颁发的学历证书在质量及含金量方面各不相同，对于支付费用的学生而言，其经济价值也各不相同。

2003年《英国高等教育白皮书》发布，其目的之一即说服高等教育界，使其公开承

---

① https://www.officeforstudents.org.uk/advice-and-guidance/promotingequal-opportunities/access-and-participation-plans/.

认高等教育机构之间在实际运行过程中的确存在差异,高等教育是多元化而非同质化的,这些差异导致了不同的经济后果,其中就包括对学生收费额度的影响——不同高等教育机构的不同课程应根据其质量及其对于学生未来生活的价值收取不同额度的费用。

然而,在具体实践中,几乎所有的大学都认为它们可以将所有课程的学费设定为最高额度(即3 000英镑上限)。而当学费上限提高了三倍,达到9 000英镑之后,它们也同样如此认为。英国开放大学(The Open University)和其他一些大学的收费确实低于每年9 000英镑的上限,但这样的大学仅仅是少数。每年生均收费接近9 000英镑已经成为高等教育行业的常态,那些学费定价过低的机构有被指具有学位质量过低的风险,尽管这种指控很可能只是无稽之谈,毫无经济学依据或其他方面的合理性。

"所有大学的学历对于学生具有相同的价值",这仅仅是一个神话,但人们仍然对此抱有期待。事实上,许多学生很可能为学位课程支付高于其实际经济价值的费用。

其他国家的做法与英国不同。例如,澳大利亚按学习的专业领域区分学费额度。事实上,澳大利亚不同学费额度的划分基于三个标准:基础成本差异,该专业领域毕业生的潜在收入水平,以及课程的受欢迎程度。

在此基础上,课程(专业)被划分为三个等级,并根据不同的等级设置不同的学费标准:一级专业(包括艺术、人文、社会科学、护理、视觉和表演艺术)学费为3 300澳元,二级专业(包括计算、科学和工程、商业和经济)为4 700澳元,三级专业(包括医学、牙科、兽医学和法律)则为5 500澳元。

英国目前所实行的学费制度对于一部分在学院和大学里学习的学生而言是不公平的,他们所获得学历的经济价值可能明显低于在任何一所英国精英大学中所获得的学位价值。因此,英国现行学费制度的可持续性仍值得怀疑。我们应确定一个可靠的收费范围,尽管目前很难看出政府能够实现这一点。我们预计,当学费上限提高至

9 000英镑时,市场将推动差异化收费的趋势。但事实是,由于政府所规定的收费上限过低,这一目标无法全面实现。

生活费贷款的不足

在大多数情况下,生活费贷款(maintenance loan)[译者注:英国现行的"按收入比例还款的助学贷款"包括学费贷款(tuition loan)和生活费贷款(maintenance loan)两个部分]不足以满足学生在学习期间的基本生活需要,《奥加尔报告》也提供了一系列例证,尤其是在大学和其他私营部门收取高额房租的情况下。此外,大学的住宿条件有时很糟糕,甚至到了不利于学生学习的程度。伦敦大学就是一个典型案例,居住环境存在的诸多变数、分散的校园,以及高昂的房租都可能导致伦敦大学在英国全国大学生满意度调查(National Student Survey)中表现不佳。

全额生活费贷款的额度必须设定为足以支付学生实际生活费用的水平。如果不这样做,学生在没有补助制度支持的情况下将必须取得来自其他途径的资助才能支付生活费用,而那些来自更贫困家庭的学生很可能难以应对。

大学时光应该是大学生们一生中最快乐和最充实的时光,如果不佳的经济状况或是长时间的工作阻碍了他们获得这种体验,那将是令人惋惜的。

值得关注的是,基于本章其他部分所论及的原因,整个英国学生贷款系统的可持续性越低,政府将越不愿意将生活费贷款提高到适当的水平——这是必须提高整个贷款系统可持续性的另一个论据。

在18岁独立以及父母的责任

英国引入学费制度所带来的影响之一是通过学生资助体系促进了18岁学生的完

全独立和选择的自主性。学费改革在这一方面取得了重大进展,但要完全实现这一目标仍有一定距离。这种转变在很多方面都为社会所认可,并且应该被完成。

就目前而言,基于家庭经济状况调查提供生活费贷款的做法仍存在一个问题,即有些父母不愿意或不能支付他们本应支付的费用,而受此影响的学生则可能面临实际的经济困难。此外,因家庭破裂而产生的更为复杂的家庭经济关系越来越多,这意味着目前根据家庭经济情况确定生活费贷款数额的规定并非完全公正。

我们的基本观点是,年轻人应在18岁时独立,并且被视为独立的个体。每个学生都应获得全额的生活费贷款,现行的基于家庭经济情况调查的做法应该被取消。这样做的另一个好处是能明显地降低发放学生贷款所需的行政费用,并且从根源上消除官僚主义所带来的诸多问题。

这个具有争议的观点引起了一部分人的强烈反响,他们认为以对待较贫穷家庭子女的方式对待富裕家庭子女是不公正的,并且应该要求较富裕的父母在子女18岁后仍然为其支付教育费用。

然而,我们认为应该通过针对较贫穷家庭子女的激励措施来处理明显存在的社会不公正现象,例如恢复生活补助金,恢复为16—18岁的青少年提供教育维持津贴。此外,如果那些富有的父母愿意的话,他们应该通过税收制度而非通过他们的孩子向国家支付更多的钱。

将贷款制度扩展至其他类别的学习和终身教育之中

我们在本书的第7章中讨论了如何为终身学习提供更加连贯和有效的支持。财政支持显然是其中的重要因素,政府可以通过将学生贷款制度扩展到目前尚未涵盖的学生群体和课程,从而为终身学习提供财政支持。

令人欣慰的是，《奥加尔报告》已经对此给出了强有力的建议①，促使其朝着正确的方向发展。《奥加尔报告》指出，4级学历（例如国家高级证书）和5级学历（例如基础学位、国家高级文凭、高等教育文凭等）学生人数相较于6级学历（即大学本科学位）有所下降，该报告因此坚持提出如下建议：为那些从前未能获得公共资助的18岁以上学生设立灵活的、专门用于终身学习的贴息贷款，用以支付第4、5和6级学历所需的学费[译者注：英国学历体系从入门级（Entry）到第8级（Level 8）一共9个等级，3级相当于高中学历，4级相当于大专学历，5级为大学本科预科学历，6级为大学本科学历]。此外，《奥加尔报告》认为学习者应该能够获得针对上述学历中不同学习模块的专项资助。

一段时间以来，澳大利亚和新西兰都成功地为高等教育提供了灵活的终身贷款，新加坡还为所有的成年公民提供了一个"技能账户"（skill account）[译者注："技能账户"（skill account）是新加坡于2016年开展的全国性技能训练计划的主要项目，每位25岁及以上的新加坡公民都可以创建技能账户，政府每年为每个账户提供500新元的学分补助金，以支持个人参与符合条件的技能相关课程]。

《奥加尔报告》同时建议精简第4级和第5级学历课程的收费，并且加强全国（即英国）范围内继续教育学院（Future Education Colleges）网络的覆盖面，以确保全英各地的学生都有机会学习相关课程。

在较低的学历层次上，《奥加尔报告》建议向所有学习者免费提供首个完整的3级学历课程（例如A-Level、BTEC），并为24岁以上的在职人员提供首个完整的2级学历（例如A—C级普通中等教育证书）教育。

以上都是非常重要的建议，如果这些建议得以实施，这将是英国实现为终身学习

---

① https://assets.publishing.service.gov.uk/government/uploads/system/uploads/attachment_data/file/805127/Review_of_post_18_education_and_funding.pdf，Chapters 2 and 4.

提供财政支持的重要一步。这些建议还将消除许多阻碍社会流动的障碍，这些障碍仍然存在于学校后教育之中。此外，这种财政支持将有助于增加人们进入诸如法律界等职业领域的机会，这一类职业在当前的社会具有相当的排他性。

对于政府而言，同意实施这些建议的关键在于对贷款的偿还是否有信心，即是否相信完成这些课程学习的学生能够找到工作。这种方法也将激励大学和学院开始提供本书的第3章和第7章中所建议的那一类课程。

我们有充分的理由通过这些举措继续朝着正确的方向迈进。2018年2月，伦敦大学学院（University College London）的汤姆·汉勒（Tom Schuller）、艾伦·塔克特（Alan Tuckett）和汤姆·威尔逊（Tom Wilson）在一篇论文中提出了"全民学习权利"（National Learning Entitlement）的概念[1]。他们提出，每个人都应获得1万英镑的教育资助，用于支付他们所选择的大学、学院，或是培训机构的学费，以获得继续教育、学徒培训，或其他有正规资质的教育。

这类资助的一个重要且特别的对象是硕士及博士研究生教育。英国在2014年实行新的学费制度之后，向那些在英国高等教育机构攻读硕士课程的研究生发放了高达10 000英镑的免入息审查贷款（non-means tested loan）。至2016—2017年，将于2019—2020年开始研究生课程学习的学生最多可获得10 906英镑的免入息审查贷款，博士研究生最高可申请25 000英镑的免入息审查贷款。这些都是我们大力支持的重要进展。

最后，为了应对国际劳动力市场的变化，英国政府应该向英国学生提供支持他们在国外学习所需课程的贷款计划——我们认为这是完全合理的。这也将是英国本着"全球化英国"（Global Britain）[译者注："全球化的英国"（Global Britain）是以鲍里斯·约翰逊（Boris Johnson）为首相的英国政府为推进全球贸易和气候目标所喊出的口号]

---

[1] https://www.ucl.ac.uk/ioe/news/2018/feb/every-18-year-old-shouldbe-offered-ps10000-spend-courses-their-choice-paper-says；https://www.llakes.ac.uk/sites/default/files/63.%20Schuller%20Tuckett%20%26%20Wilson.pdf.

精神所迈出的革命性一步。

雇主

大学教学的第三个主要受益者是那些雇佣大学毕业生的公立和私营机构,他们所雇佣的大学毕业生既包括那些学习过更多职业课程的人,也包括那些受过更多"学术"教育的人。总体而言,他们所雇佣的受过高等教育的劳动力将提高他们的生产力和生产效率。

然而,雇主并没有正式地、实质性地参与大学的财政资助之中,尽管他们的确以多种方式支持着大学教学,例如提供工作实习、三明治课程(sandwich courses)[译者注:三明治课程(sandwich courses)是一种"理论—实践—理论"的人才培养模式,其实施方式是使课程学习和企业实习交替进行,使学生毕业后能尽快适应职业要求],其他就业导向的学位(如基础学位),以及资助特定的学生等(正如我们在本书的第 3 章中所讨论的)。

2015 年,英国政府制定了新的"学位学徒制"(degree apprenticeships)(译者注:新的学位学徒制是一种将高等教育和职业教育相结合的学徒制创新模式,学徒可以获得与全日制大学毕业生同等的学士学位或硕士学位)作为其核心政策,并为大学开发这一类学位提供启动经费。自 2017 年,约有 2% 的雇主(那些年度营业额超过 300 万英镑的雇主)需要缴纳 0.5% 的收入用于资助员工培训,其中就有部分用于"学位学徒制"项目。事实上,在 2017 年推出这一举措前就已经出现了类似的制度。

然而迄今为止,这些新举措并未真正得到实施,《奥加尔报告》对其发展方式提出了一些批评。目前存在的一个问题是,在当今瞬息万变的职场中,传统学徒制已经是一个过时的概念,甚至是一个过时的词汇。

此外还有一些鼓励雇主自愿为雇员支付培训费用(包括大学教育层次的培训)的

举措。但从整体看来,这些措施都没有成功,为"学位学徒制"制定一些法规确实是必要的。

然而,我们认为,毕业生的雇主有充分的理由为高质量的大学教育分担教学成本。这或许最好通过税收体系来实现,即为毕业生缴纳更高的国民保险税。

这可以通过对纳税申报表进行简单的变更来实现,即毕业生在纳税申报表上说明他们的本科学历和他们就读的大学。当然,英国税务海关总署和其他税务机关会抵制这种做法,因为他们有充分的理由不断敦促简化税收制度。

有一些人也提出了类似的建议。高等教育政策研究所(Higher Education Policy Institute)于 2018 年 11 月发表约翰尼·里奇(Johnny Rich)的一篇论文①。"亮蓝"(Bright Blue)智库[译者注:"亮蓝"(Bright Blue)是由英国企业家瑞安·肖特豪斯(Ryan Shorthouse)于 2014 年创立的保守党智库]的主任瑞安·肖特豪斯(Ryan Shorthouse)也于 2019 年 1 月在《泰晤士高等教育》(Times Higher Education)上撰文②,他们都提出了征收毕业生税的构想。

另一种从雇主那里筹集资金的方法可能是在公司税的基础上增加一小部分(公司税每增加 1%,税款将增加大约 30 亿英镑),用以抵消学校后教育的支出。当然,这也意味着只有那些需要缴纳公司税的雇主才会被包括在内。当然,这些公司也不会否认从大学和学校后教育中获得了一些收益。

雇主可以通过多种方式为大学教育分担成本,而且雇主的这种贡献将会带来巨大的正面效益。

首先,它将为大学增加更多的收入渠道。如果需要的话,我们建议,这些资金可以直接流向那些为纳税人提供了教育的大学。

---

① https://www.hepi.ac.uk/wp-content/uploads/2018/11/Policy-Note-10-Paper-November-2018-Fairer-funding-the-case-for-a-graduate-levy.pdf.
② https://www.timeshighereducation.com/opinion/business-anduniversities-should-pay-more-higher-edution.

第二，这将使雇主在提高大学教育质量方面拥有更大的利益关切。雇主同时也将更加关注大学教育与现代劳动力市场就业需求的相关性。

第三，如果将雇主缴纳的税收支付给毕业生所就读的高等教育机构，这将激励大学提高其毕业生的就业能力。

第四，它将建立一个框架，所有的毕业生（包括那些从未获得过学生贷款的毕业生）将通过这一框架为大学财政作出贡献，从而提升不同时期学生之间的代际公平。

这种方案的最大缺点是（这一缺点的确真实存在），它可能导致雇主更愿意雇佣非大学毕业生，因为雇主可以为他们支付更少的国民保险费（或者根本不需要支付）。然而，我们认为，在具体实践中不太可能出现明显的影响。

如上所述，雇主还可以为特定科目和课程设立学生奖学金。这可能对于从事教育、护理等职业或是到军中服役的人们有着特殊价值。

我们清楚地意识到，建议雇主为大学财政支出作出更多的贡献将是富有争议的。一般而言，向企业征税所面临的种种困难通常是公众所讨论的话题。然而，我们认为应该对这类问题予以考虑，因为各类雇主和大学之间存在高度的利益相关性。

⚘ 结语 ⚘

大学财政的复杂性及面对的政治挑战显而易见。维持现状似乎总比经历一场有争议且困难重重的改革更加容易。

然而，"不改变"的危险在于大学可能停滞不前，以至于社会中那些最富有创新力的人将寻找那些质量更高、在国际上更具知名度的大学作为替代性选择。许多国家都发生了这种情况，即使就中期而言这也不是一个好现象，更遑论从长期而言了。我们理解大学中大部分人的担忧,他们害怕做出太多的改变,因为他们担心当前高等教育模式的复杂性可能得不到理解,大学可能会出现资金缺口,但我们不认为他们的判断是正确的。

此外,我们在本书中提倡建立充满活力的大学,着眼于发展我们所提出的四大支柱性角色,以应对瞬息万变的世界所带来的挑战,这需要按照本章所阐述的思路建立能够维持一系列必要活动的大学资助体系。要使大学产生预期的效果确实需要资金支持,而且必须公开且诚实地面对资金的来源问题。这就是我们欣然接受英国国家统计局(Office of National Statistics)于 2018 年 12 月所作出决策的原因之一。这项决策决定对公共财政进行重新分类,并将学生贷款纳入其中,这将有助于保证政府在大学学费上的开支可以被清楚地看见和正确地理解。

大学有时认为政府觉得自己很有钱,而事实上,缺乏大量捐赠的高等教育机构有着巨大的利润空间,并且它们的效率仍有待提高,就这一点我们将在本书的第 9 章中进行讨论。因此,我们认为:

政府应创建一个可持续的大学资助体系,明确其目标,以减少大学对国家的依赖。同时,我们认为应认真考虑"要求雇主为他们雇佣的毕业生支付高等教育费用"这一建议,我们同时也希望政府将学生贷款制度扩展至其他类别的课程及终身学习(按照《奥加尔报告》所建议的)。

就现行的制度而言,政府应降低年收入 25 725 英镑的学生贷款偿还门槛,并降低学生贷款的还款利率,使之与消费者物价指数(The Consumer Price Index)保持一致,只反映实际的价格变化。同时,生活费贷款应足以支付学生的实际生活费用,恢复为那些来自贫困家庭的学生提供生活补助。此外,学生应在 18 岁时被视为完全独立的个体,并鼓励他们提前偿还学生贷款以支持公共财政。

大学应扩展自身的慈善类募款渠道,积极发展捐赠基金,发展专门为校友提供的教育服务。

第 9 章 大学治理、领导力与国家

❧ 为什么大学治理、领导力及其与国家的关系很重要？❧

本书的作者之一埃德·伯恩（Ed Byrne）曾说，大学中充斥着令人发笑的陈规——大学承认自身需要变革，然而却不愿意做出任何改变。一位非常杰出的大学校长曾说过："在我们的世界中，说的往往比做的多得多。但我们有责任确保大学在我们的任期内有所作为。"围绕着明确目标的渐进式改进通常能奏效，但也不能太过于缓慢。由于大学中教职员工的内在保守性，一些负面声音对大学的发展产生了动摇和阻碍，这些声音事实上使大学由渐进式的积极行动转向被动。而创建另一个委员会或是一个受到约束且在逻辑上缺乏合理性的体制，通常被视为解决（或是放弃解决）问题的方式。

也许大学的领导者能做的两件最重要的事情是：努力使大学朝着正确的目标和方向前进，继而确保大学拥有能着手实现这些目标的优秀团体。

军事领导力课程有时因其清晰的思路而引人注目。迦太基（Carthage）的汉尼拔·巴卡（Hannibal Barca）（译者注：北非古国迦太基的著名军事家）如同拿破仑（Napoleon）和罗伯特·爱德华·李（Robert E Lee）（译者注：美国南北战争时期南方著名军事家）一样，是他那个时代最伟大的战术家。三者都曾在一次又一次的战役中获胜,却都输掉了他们各自的战争。罗伯特·李将军的出色指挥使一场本应几个月就结束的战争持续了数年,他所拥护的还是赞成蓄奴的一方——他拥有杰出的领导力却投身于一项可怕的事业(译者注:有研究指罗伯特·李本人并不支持蓄奴,此处作者意为罗伯特·李为支持蓄奴的南方作战)。如果领导者的方向错了,无论他多么具有魅力或影响力,都将是弊大于利。而如果拥有正确的方向,即使是次优的领导力也能取得重大的进展。

多年来,埃德·伯恩始终认为当政府不加干预时,大学会有最佳的表现。如果政府给予大学足够的自主权和足够的资源,它们就能茁壮成长!但大学肩负着巨大的社会责任,如果完全等待其主动与政府合作,大学未必能够很好地满足社会的需要。看看牛津大学和剑桥大学在公平问题上的惨淡表现,这两所大学始终未能放弃对特权的支持(这与它们的言论相反)。再看看大学所承担的与日俱增的社会服务职责,它们的回应并不令人满意。因此,埃德·伯恩坚信"自上而下"和"自下而上"的干预对院校内部以及大学与政府的互动都十分重要。

这就是大学治理与领导力十分重要的原因。

❧ 引言——不同领导方式间的张力 ❧

领导力无疑是一个重要的问题。在当今世界,无论是需要满足股东期望的大型企业,还是政府部门,抑或是非政府组织,所有组织都面临着领导力水平这一重要问题。谁领导组织?如何选拔领导者?谁监督领导者?组织的整体治理结构应该是什么样的?最重要的是,如何使领导者的表现受到广泛的监督?对于任何一个组织而言显然应该实现这一点。在充满挑战和变革的时代,领导力比以往任何时候都更为重要,当今的大学显然也认识到了这一点。

因此,本章的第一部分着眼于单个大学内部领导力的性质和挑战,以及与之相关的治理问题。归根结底,大学内部领导力的整体水平将成为整个大学体系的根本优势或弱点。在本章的第二部分,我们将转向国家在"系统层面"领导力的相关问题,即政府或国家治理大学的方式。

当然,这两个部分是密切相关的,因为有效的大学治理和管理必须在国家的大学战略及其为大学治理所建立的框架内进行(尤其是在财政安排方面)。各国的情况有所不同,我们在本章中主要讨论英国、澳大利亚,以及美国目前既有大学治理框架内的领导力。正如我们将在稍后论及的那样,一个充满生机并且积极为社会作出贡献的大学部门其本身就应该为国家的战略发展作出贡献。

乔·里岑(Jo Ritzen),①荷兰教育部长,曾于 1989 至 1998 年期间担任马斯特里赫特大学(Maastricht University)的校长。他认为优秀的大学应具有三个属性:自治权、各层级优秀的学术领导力以及高水平的人均资助(在不区分资金来源的情况下)。我们将从这一视角来看待这些问题,也认为美国、英国和澳大利亚的高等教育体系在这些方面做得较好。

§ 大学治理与领导力 §

院校需要通过大学校长及其团队实现有效的战略领导,但这有赖于清晰且透明的

---

① Jo Ritzen:A Chance for European Universities:https://www.amazon.com/Chance-European-Universities-Avoiding-University/dp/90896422.

策略——他们需要能成为学生和学术共同体强有力的代言人,同时需要能被具有广泛代表性的大学理事会(University Council)监督。这一体系在运作良好时可以证实传统大学自治模式的合理性,该模式直接促成了几乎所有西方顶尖大学的兴起,也因此逐渐盛行于其他大洲。但遗憾的是,这种模式并非总是有效。

大学必须认识到,机构自治(institutional autonomy)仅在少数历史时期是大学与生俱来的属性。而在大多数时期(至少在现代),大学的自治权是政府和公众所赋予的,从而帮助大学满足国家的需要。教育大臣和政府都应对大学负责,但他们也应认识到,处于知识经济时代的大学只有在一定的自治程度下才能更好地发挥作用。

领导者的任命方式也影响着大学的领导力模式。欧洲的大学校长通常由大学中的学者选举产生。这与英国大学校长的任命制形成了鲜明对比,后者先由一个小型委员会提名(通常是校务委员会中的商界人士),再由大学理事会任命。在英国、欧洲或是美国,大学校长的权力有着很大的差异——即便是同一个国家内部,大学校长的权力都是千差万别的,更遑论各国之间的差异。大学设立时所获颁的皇家特许状(Royal Charter)为大学的发展提供了法律层面的指导,划分了大学内部的权利。代议制则有助于优化决策的范围和速度。

在大学内部,领导力这一概念比外界所认为的更具争议性。战略领导方面的认真尝试常常会被贴上"管理主义"的标签,并遭受到大多数学者的抨击。

而那些宣扬"管理主义"这一笼统概念的人通常认为,大学实际上需要的是一种"点到为止"的领导。他们认为学术界本质上是自治的,而成功的关键是允许"百花齐放",即让各个院校创建自己的管理模式。这一方式有其可取之处,至少在有些学校如此。在牛津大学、剑桥大学以及常青藤盟校中,这无疑是居于主导地位的管理哲学,这样的管理哲学不仅使这些大学蓬勃发展,还激发了许多伟大的研究和学术见解。这些顶尖大学认为它们的学术团体在非常积极地监管并维持着学术水准,尤其是在科研方面(虽然这一观点的真实性仍值得怀疑)。但应该注意的是,全世界范围内仅有少数几所顶尖大学能使这种温和的领导方式成为常态。

但即使如此,仍有许多试图改革的校长遇到了非常保守的学术团体,这些学术团体几乎反对任何改革,甚至把试图改革的领导者赶走。1908年出版的《学术的微观世界》(*Microcosmographica Academica*)①[译者注:由弗朗西斯·麦克唐纳·康福德(FM Cornford)撰写并于1908年出版的关于大学政治的小册子]中所描述的(剑桥大学)决策过程似乎仍然存在。人们显然已经意识到大学需要权责划分更明确的领导层。例如,剑桥大学从1989年起决定任命全职的校长(任期为七年),以取代过去那种实行了长达575年之久的模式,即任命任期一年或两年且几乎是荣誉性质的兼职校长。通常而言,这类大学中有关总体战略和改革的一般性讨论往往会因其合议制模式而变得复杂,因为合议制可能会营造一种"人多反而误事"和缺乏整体责任感的文化。

人们对大学中的"终身聘任制(academic tenure)"也有这样的担忧。这一制度的创建初衷是为了保护大学学者的学术自由,但它往往会成为大学确定其未来使命和目标的主要障碍。英国的这类"终身教职"已于1988年被废除,而美国仍然保留了这一制度(一些州已考虑通过立法将其废除),这一制度也给欧洲的一些国家带来了大学领导力方面的严峻挑战,尤其在提拔年轻学者晋升高级职称方面。

由于这些大学在世界范围内享有极高的学术声誉,这导致对其治理举措的任何批评看似都是没有必要的,但这些顶尖大学本身在如何很好地应对未来挑战方面确实存在着严重问题。

无论这几所大学取得的伟大成就能在多大程度上掩盖对其治理举措的批评,它们的管理方式显然并不适用于世界上的绝大多数大学(不管是在规划自身发展方面,抑或是寻求全方位的扩张和提升)。那些过于批评"管理主义"的人士或许并未考虑到所有大学的情况,大多数大学都坚信十分有必要采取一些战略来提高自身的"绩效"。

---

① https://www.maths.ed.ac.uk/~v1ranick/baked/micro.pdf.

瑞士洛桑(Lausanne)的汉斯·彼得·赫蒂格(Hans Peter Hertig)在其《大学、排名与全球高等教育动态：亚洲、欧洲和北美的视角》(*Universities, Rankings and the Dynamics of Global Higher Education: Perspectives from Asia, Europe and North America*)[①]一书中对此展开了研究，他考察了近几年来一些衰退的大学和蓬勃发展的大学。他通过详细的个案研究清晰阐释了大学领导层的态度、方向和抱负。赫蒂格在其研究结论中强调，大学的领导力水平是其成功与否的唯一要素。正如他的结论，领导力的重要性是毋庸置疑的——事实上，如果我们对世界各地的各类社会和经济机构加以审视，就会发现领导力确实非常重要。

"管理型"的领导作风与将大学视为"学者团体"的传统观念之间存在着张力，这导致对于现代大学领导与治理本质的争论一直悬而未决，而这一争论需要公开地加以解决。

大学理事会的应然角色、大学教研人员的期望、学生的诉求，以及校长的薪酬等问题，只有在对现代大学的领导和管理方式具有清晰共识的基础上才能得以解决。而这种共识在当前并不普遍存在。

大学的领导层时常陷于管理者的梦魇与改革深水区之间两难的境地。总是有太多来自高层却未经充分商讨的指示，这些指示即使在战略上是明智的，但在形式上的确有点像真正意义上的"管理主义"。就这类指示而言，其意图或许并非一无是处，最终也不会产生可怕的后果。呼声颇高的"无政府状态"治理模式同样不足以有效处理大学所必须应对的严峻挑战，尤其是如果大学要朝着我们在本书中所倡导的方向前进并承担起自身的责任。

[①] https://www.amazon.co.uk/Universities-Rankings-Dynamics-GlobalEducation-ebook/dp/B01HT1F9WG/ref＝sr_1_1?keywords＝Universities％2C＋Rankings＋and＋the＋Dynamics＋of＋Global＋Higher＋Education＋Perspectives＋from＋Asia％2C＋Europe＋and＋North＋America&qid＝1558795136&s＝digital-text&sr＝1-1-catcorr.

一般而言，开放的协商环境、信息的公开流动，以及人们对于决策过程的了解，通常能使高等机构具有上佳表现。人们知道自己的意见和看法会被倾听，但也理解被任命为大学领导者的人并不总是来自学术团体，这些被任命的人有责任作出为大学理事会所认可或批准的决定。当然，这些决定都需要在国家法律规定的范围内，并且符合国家的要求。

在大多数情况下，大学都有可能找到一种平衡，使员工受到尊重和倾听，使来自学生的声音被听见。为了大学能够选择合理的战略方向，人们也需要在管理的透明度方面对领导层有充分的信任。

英国近年来在这些方面都面临着压力，因为大学中的共同体对领导层的信心普遍降低了。这其实应该被视为一件好事，因为我们已经进入了一个人们可以对决策提出质疑和公开讨论的时代。但这需要高校各层级的管理者具有较高水平的领导能力和表达能力。而大学领导层应该说服人们，而非单纯依靠独裁式的决策。

现代大学领导者的品质

现代大学的领导者需要具备哪些品质是值得研究的问题。诚然，对于任何一所大学而言，这在很大程度上取决于大学本身的发展历史和所处的时代背景、大学自身所确立的使命和宗旨，以及大学所处国家的制度。每所大学的情况都不相同。同时，无论法律所赋予的正式地位如何，每一所大学都拥有一定的声誉——无论是否是它们所应得——大学的声誉都强烈地左右着不同人群对它的看法——包括它周围的社区、校友、现有教职员工和学生，以及全国范围内的舆论领袖等。

这些不同人群的不同观点共同构成了大学领导者的第一重挑战——赋予大学自身的定位、愿景、使命和发展方向。大学的领导者必须为大学确立明确的使命和目标。

应对第一重领导力挑战并非易事。任何大学都很难达到研究、教学，以及知识转化(尤其大学与当地经济、社会间的知识转化)之间的完美平衡。正如我们在本书的第4章中所指出的,仅就英国而言,各类院校的科研水平也是参差不齐的,有的领先于世界,也有的在科研贡献方面乏善可陈。大学必须在一定的范围内找到自身的定位,或设法大幅提高研究水平(这需要明确相关举措要落实到哪些具体学科),或坦然接受现实,即科研并非其使命的主要部分。二者是截然不同的应对方式,大学的领导者必须帮助大学找到合适的应对之道。

当大学试图维系与职场间的最佳关系时,这也就引发了一系列同样艰难的抉择。正如我们在本书的第3章中所指出的,这将引出一系列涉及专业(科目)设置、学习模式,以及考试与资格认证的重要问题。

大学需要面对的另一个永恒难题是"如何筹集资金",无论是通过本科生或研究生学费、研究资助,抑或是捐赠等渠道。大学高昂的运营成本是我们无法回避的事实,也难怪大学的领导者们会发现他们的大部分时间都花在了各类筹款活动上。

在面对这类领导力挑战时,大学的领导者需要具备强大的自信心、清晰的自我认知、诚实正直的品格、明确的愿景以及分析能力。

在大学的潜在定位、使命和职能之间达到完美的平衡并非易事。大学既有的整体文化难以应对这些挑战。大学中存在一种"群体思维",它倾向于暗示所有的大学都是大同小异的——至少在形式上是这样——然而不同大学的职能实则有着明显的区别。诸如"学术漂移"(academic drift)现象之所以会出现,即因为众多技术学院(polytechnic)在某一特定时期内被授予了大学地位,而"大学"通常渴望支持高水平的研究(至今仍是这样),而非支持教学或是发展与职场的密切联系(或是发展其他的大学职能)。

因此,即使是在最好的时代,大学的领导者也难以很好地应对最基本的大学领导力挑战。而现在,全世界的高等教育正面临着前所未有的新挑战,高等教育领域正发生着日新月异的变化,这将使领导者的任务变得难上加难。正如彼得·赫蒂格在前文所提到的研究中所指出的,这是领导力水平成为决定大学成功与否重要因素的原因。

当然,关于大学的"定位"、抱负、使命和方向等问题不可能单纯地由大学领导者自己作出回答。它们必须由整个大学(包括它的教职员和学生)、更广泛的社会群体,以及大学的出资者来作出决定。

这一点尤为重要,因为对变革的恐惧很容易阻碍大学领导者妥善应对第一重也是最基础的领导力挑战。大学内部的许多人很可能会认为,即使只是提出清晰的发展前景或是变革的可能性,他们自身的角色甚至职业生涯都会受到威胁。

善治与有效的合议制领导模式

为应对大学领导力的第二重挑战,高校的领导者应采用合议制的方式,这可以有效地让大学中的所有相关方都参与治理。这意味着对大学主要利益相关者(诸如教职员工、学生,以及出资方等)的利益、目标和抱负予以尊重。这同时也意味着尊重各类少数群体的权利。

"学术自治"这一概念的确立有其充分的合理性且十分重要。作为一种机构,大学中正式员工的结构非常扁平化——尤其是对于学术人员而言。大学校长通常通过施加影响而非直接控制来实现变革。优秀的大学校长应该成为大学(尤其是学术共同体)的代言人,继而制定出为人们所理解和认同的目标,并使之与不断提高的教育和科研水平及影响力保持一致。优秀的领导层也应认识到市民所扮演的重要角色,广泛的社区参与、公平性,以及多样性构筑了现代大学的基础。就这些方面而言,合议制领导模式显得十分重要。

具有一定自治性的大学在理论上都会有一个称为大学理事会(University Council)的治理机构。英国和澳大利亚的大学已经形成了十分相似的理事会治理模式,美国的大学也在一定程度上建立了类似的机制,而加拿大的大学在这方面则发展得更为完善。各国大学理事会的组成可能有所不同,但大多包括学生和教职员,以及一定合理比例的独立理事。20世纪70年代欧美学生运动的目标之一①就是在这类决策机构中获得合理的学生代表席位。而在此之前,学生从未在大学理事会中取得过席位,一些左翼分子(译者注:此处"左翼分子"指欧美国家持左翼立场的知识界人士)将其描述为"克制的宽容",②即大学为缓解抗议而采取的策略!

在一些国家(例如澳大利亚),大多数大学理事会成员是由政府直接任命的。在其他一些国家(例如英国),理事会基本采用自我提名制。而在美国,不同性质的高校间存在很大差异,但对于州立高校而言,州政府会深度参与其治理。无论以何种形式组建,大学理事会得以运作的前提通常都是政府所赋予的一定程度的自主权。大学理事会全面监管着大学的运作,校长既是大学的首席执行官,同时也是资深的学者。传统上,理事会的监管程度相对较弱,但在过去的十年里,由于大学的财政事务日益复杂、财务规模不断扩大,理事会加强了对大学的监督,在许多方面与私营公司董事会的监管职能相差无几。

大学理事会通常如大型公司的董事会设有下属委员会,例如财务委员会(the finance committee)、风险和审计委员会(the risk and audit committee)以及薪酬委员会(the remuneration committee)等。

与公司不同的是,大学还拥有一个学术评议会(the academic senate)或学术委员会(the academic board),通常由大学校长或第三方人士担任主席。这一组织或作为大学理事会的主要下属委员会,或基于大学的规章制度独立运作。这个团体由被任命或选举出的学者组成,通常也会包括一些学生。学术评议会/委员会加强了大学的学术质量,是机构自治的基石。

---

① 本书的作者之一查尔斯曾积极参与其中,无论是在剑桥还是在全国范围。
② After a 1965 essay by Herbert Marcuse: https://www.marcuse.org/herbert/pubs/60spubs/65repressivetolerance.htm.

就本质而言,机构自治意味着高校能在学术上实现自我管理。这给予了高校相当程度的自由来设定自身的学术发展方向。国家给予大学的这种自由对于大学而言是一项极大的特权,大学在享受这种自由的同时应与政府密切配合并致力于满足国家的需求。在英国、加拿大和澳大利亚,学术委员会(或学术评议会)和大学理事会在传统上是各自独立运作的,但在过去十年里,人们日渐意识到学术评议会在行使学术质量评价与监管职责时应向理事会负责。

学术委员会/评议会显然是一个非常重要的机构,它可以充分表达学者和学生的意见。如若运作良好,它不仅能进行课程认证、对考试与学术成果进行监督,还能在影响机构发展的重大问题上发出重要的声音。在一所成功的大学中,那些最有趣和最富争议的讨论往往发生在学术评议会上。因此,保证学术评议会或学术委员会在大学理事会中的话语权显得至关重要。

这种正式的合议机制是大学运作的基础,而领导力挑战的一个重要组成部分是如何成功运用该机制应对教研人员、学生以及工会。大学的领导者除了履行常规职责外,更重要的是倾听各方的意见,并且与校内外建立密切的联系。大学里的所有人都需要真切地感受到他们的贡献至少是被理解和认可了。独裁式、指令式,或是科层制的决策模式都不可能维持太久,因为来自大学各部门的支持将因此逐渐减弱。

大学中的大多数学者一开始都只有一个简单的目标——他们希望将教学和研究工作做得十分出色。他们通常主要关注自己的研究和所教的学生。因此,他们并不一定将院校层面的目标放在十分重要的位置。

因此,我们在前文中所提到的更具战略性的目标——使大学得到人们的支持——是一项非常艰巨的工作,这需要一群非常有决心且目标一致的个体在同一个团队中(作为大学领导层的一部分)协力合作。任何重大变革都无法通过专制的手段实现,变革的实现需要的是广泛的协商和支持——尤其院长和主要民意领袖的支持,最终还需要大多数员工的支持。学生的呼声也变得越来越强烈,而且通常与教职员的意见相一致，但二者在很多情况下也会发生冲突，比如在一些与教学和学生体验有关的问题上。

教职员和学生归根结底是大学的一部分，当这些群体强烈地表达意见时，那些不理解和不倾听他们意见的大学领导层将会遇到麻烦。大学不仅是一个机构，它还是一个充满活力、充满生机，且能够思考的社区。

有时候，大学中也会出现一些极具魅力的领导者，他们改变了所在的大学并将其提升到了新的层次，例如纽约大学（New York University）的约翰·塞克斯顿（John Sexton）和亚利桑那州立大学（Arizona State University）的迈克尔·克劳（Michael Crow）。但大多数优秀的变革领导者都需要有一群如玛格丽特·米德（Margaret Mead）所言的富有热诚的公民与之共同努力①。幸运的是，大学里充满了兼具这种心态和潜力的人。

提升领导团队运作方式和决策方式的透明度可被视为大学领导层与大学其他部门成功建立密切联系的关键。当然，这种透明度显然是任何领域现代领导力的重要组成部分，绝不仅限于大学。透明度让专制型的领导模式更加难以维持。这使得领导者与其"追随者们"的实际密切联系显得更为重要，而大学的领导者必须正直且值得信任。

一些大学领导者的地位在某种程度上已经大不如前，其中一部分原因是他们未能承担起相应的责任，也未能正确处理与其他部门的关系。维多利亚时代的阿克顿勋爵（Lord Acton）曾说过一句著名的警句，即"权力导致腐败，绝对的权力导致绝对的腐败"②，这也同样适用于大学。适当的牵制与制衡制度在任何一所大学都是必不可少的。未能实施这样的制度是导致校长薪酬问题产生的原因之一，我们将在后文讨论这

---

① "永远不要怀疑一小群有思想、有奉献精神的公民可以改变世界；事实上，他们是唯一曾改变世界的人"。引自 Nancy C Lutkehaus, Margaret Mead: The Making of an American Icon (Princeton, NJ: Princeton University Press, 2008), page 261.
② 历史学家和道德哲学家阿克顿勋爵（Lord Acton）在1887年的一封信中表达了这一观点。

一问题,并将讨论拓展到更广义的治理工作。

要想成功地应对大学领导力的第二重挑战,除了采用合议制的模式外,大学的领导者还必须具备一些个人技能,包括能清晰地诠释大学的总体目标和涉及大学生活各方面的关键性决策,并且以具有人格吸引力的方式传达大学的目标、明确的方向,以及为创新所作的准备。

这些并非普通的技能,许多现任的大学领导者显然不具备这些技能。在当今世界,要成为一名优秀的大学校长非常困难,正如本书作者之一埃德·伯恩从领导两所大型高校的经验中所体会到的那样。大学领导者经常在与大众意见一致的"斯库拉"(Scylla)(每个人都想被大众喜欢)和实行自上而下战略领导的"卡律布狄斯"(Charybdis)之间进退两难[译者注:"斯库拉"(Scylla)是墨西拿海峡一侧一块危险的巨岩,它的对面是"卡律布狄斯"(Charybdis)大漩涡,受此自然景观启发,古希腊神话中用"斯库拉"命名一种女海妖,用"卡律布狄斯"命名女海妖"斯库拉"隔壁的大漩涡怪。因此在英语中,处于"斯库拉"和"卡律布狄斯"之间即形容处于进退两难的境地],成功的大学领导者所具备的关键技能即能整合这种分歧。如果无法做到这一点,则将导致难以与整个大学共同体或大学理事会达成一致(或者与二者都无法达成一致),并导致提前卸任。

建立领导团队并促进公众的参与

大学领导力的第三重挑战是建立一支领导队伍,使大学释放实现有效变革的创新及创业潜力和能量。

这意味着从校长那里获得实质授权,继而在整个机构中发展和维持非正式的领导与支持网络,并有效地监测各部门的工作表现。"领导力"亟需被视为关乎大学整体参与文化与领导力文化的建构,而并非仅与少数人有关。

尤其在那些大学基本不由国家直接资助,即大学的大部分收入必须通过自主性活动获取的国家,大学领导层对教职员创业心态的支持非常重要。这对于我们在本章所提及的三个国家(译者注:即英国、美国、澳大利亚)尤为重要,因为这三个国家的几乎所有大学(无论私立还是公立)都需要筹集大量资金,尤其是用于资助那些复杂的研究任务。如果一位大学校长领导着一所学术实力雄厚但财务混乱(或财务状况始终不稳定)的大学,那么他的工作同样不足称道!因此,优秀的大学领导者不仅需要具备学术领导力,还需要具备与公平性以及财政事务相关的领导力。这将使大学共同体确信资源得到了很好的利用。

实现这一点其关键在于打造一个能识别和磨练未来潜在领导者的体系,以此努力维持院校的使命和发展方向。但许多大学未能成功实现这种非常重要的可持续性。

我们提出了大学领导力的第四重挑战,即阐明大学在解决地方和国家社会及经济挑战中所作出的贡献,并促使大学进一步解决这些挑战。我们在本书的第5章中讨论了一些地方层面的问题,但正如我们从本书开篇就提出的那样,高水平大学是应对和战胜世界性挑战的关键角色。

成功应对这一挑战的要点在于确保大学的确在为社会作出贡献。这需要创建广泛的合作关系并打破强大的"筒仓式思维"(silo thinking)(译者注:"筒仓式思维"指管理中的条块分割思维,这种思维方式使各部门各自为政且缺乏协作意识)。大学也有必要在大范围的讨论会中清楚地说明自身试图作出的贡献,并将之付诸实践。就根本而言,只要能为社会作出人们普遍理解并认可的贡献,任何一所大学都能在一定时间内取得成功。而大学的领导者比任何人都有责任来确保大学实现这一点,并帮助大学跳出学术界现存的舒适区,这些舒适区是大学发挥服务社会职能的障碍。

我们所界定的大学领导者所面临的四重挑战对于大学治理以及大学的成功发展都十分重要。

就我们的所见所闻而言,在面对这些挑战时,我们清楚地看到大学的实际领导水平差异巨大。我们不曾尝试基于这些标准来对领导力水平作出评判,事实上,使用客观的关键性指标来衡量领导水平是十分困难的。但我们不能仅仅因为无法很好地对其进行衡量,就断言领导水平无关紧要。

总体而言,我们呼吁大学更加重视领导力水平,就像许多公共部门和私营部门重视专业的领导才能一样。英国高等教育协会(Advance Higher Education)[①]在这方面发挥了一定的作用,而我们也相信加强对大学领导者和大学各层级领导能力专业发展的关注,将对大学大有裨益。

多样性与尊重

致力于帮助世界应对变化的大学,也应该在自身的具体实践中体现工作方式的革新。大学应该使所有体现这一变革的人充分发挥才能,并以这样的方式管理机构。

但许多大学并没有做到这一点,因为变革必定意味着要直面关乎性别和种族不平等的深层次问题,这些问题已经给许多大学带来了不良影响,尤其是那些科研密集型大学。

当前,大学远未达到其该有的水平。《泰晤士高等教育世界大学排名》(Times Higher Education World University Rankings)的一项分析[②]显示,在2018年世界排名前200的大学中,仅有34所大学的校长是女性。

瑞典的女性大学领导者比例最高:位于世界排名前200位的6所瑞典大学中,有4所大学的校长是女性。美国有11位女性校长(包括哈佛大学、康奈尔大学以及加州大学伯克利分校),这34位女性大学领导者中有7位在英国(包括牛津大学、伦敦帝国

---

① https://www.advance-he.ac.uk.
② https://www.timeshighereducation.com/news/female-leadershipmoves-backwards-worlds-top-universities.

理工学院、伦敦政治经济学院等)。

美国的顶尖大学中仅有18%由女性领导,而英国大学的表现已经超过了全球平均水平,有23%的顶尖大学拥有女性领导者。

在世界排名前200位大学所在的27个国家中,有17个国家根本没有女性担任上述大学的领导者。

英国高等教育统计局(Higher Education Statistics Agency)2016—2017年数据①显示,英国大学的教授中有26%是女性,高于2012—2013年的22%。有22.5%的女性学者年收入超过5万英镑,相比之下,年收入超过5万英镑的男性学者比例为35.6%。②

2019年3月,英国广播公司(BBC)对雇主向英国政府平等办公室(Government Equalities Office)提交的薪酬数据进行了分析③,发现英国大学职工的薪酬存在巨大的性别差异。2018年,英国大学所公布的薪酬中位数差距更大,平均为13.7%,高于2018年9.1%的全国平均薪资差距。

90%的英国大学称,它们支付给男性员工的平均工资水平高于女性员工,相比而言,公司中的这一比例为78%,地方政府中的这一比例为63%(约25%的地方政府中女性平均工资高于男性)。

2019年4月,《泰晤士高等教育》(Times Higher Education)还罕见地发布了大学性别平等排行榜④。这项排名的指标包括担任高级职务的女学者比例、大学研究产出中女性学者的比例、第一代大学生中的女性比例、性别研究的科研水平、性别平等政策,以及大学对女性职员招聘和晋升的保证等。

---

① https://www.hesa.ac.uk/news/24-01-2019/sb253-higher-educationstaff-statistics.
② Advance HE：https://www.ecu.ac.uk/publications/equality-highereducation-statistical-report-2018/.
③ https://www.bbc.co.uk/news/business-47723950.
④ https://www.timeshighereducation.com/news/universities-scoringhighest-gender-equality.

在该表排名前10名的大学中,有2所来自英国[分别为伍斯特大学(Worcester)和伦敦大学国王学院(King's College London)],2所来自澳大利亚,2所来自新西兰,瑞典、荷兰、意大利和西班牙各有1所。

上文所呈现的这些令人震惊的统计数据说明,大学在性别平等方面还远远落后于其他主要的国家机构,除此之外,大学还存在着处理教职员对学生性骚扰的有效性问题。英国慈善机构布鲁克(Brook)和数据调研公司DigIn在2019年的一项研究①表明,英国大学中的性骚扰程度令人难以容忍,而2018年发布的报告《让学生沉默》(*Silencing Students*)②则指出了英国大学在处理与性骚扰有关的投诉和纪律处罚方面所存在的弊端。澳大利亚人权委员会(Australian Human Rights Commission)于2017年发布的报告《改变处理方式》③(*Change the Course*)则描述了澳大利亚校园中令人无法容忍的性骚扰现状。在美国,一系列报告[包括美国国家科学院(The National Academies of Science, Engineering, and Medicine)所发布的报告]④揭示了美国大学中也存在严重的这类问题,许多大学领导者因未能妥善处理这些问题而被高调解职,尤其是在回应"Me Too"运动的问题上(译者注:"Me Too"运动是2017年哈维·韦恩斯坦性骚扰事件后在社交媒体上广泛传播的一个主题标签,用于谴责性侵犯和性骚扰行为)。

就我们平日的所见所闻而言,大学中仍然存在许多歧视女性的行为,并且有太多的实例表明大学没有足够的决心去根除这些不公正现象。

类似的批评也适用于大学中的种族歧视,以及非洲裔和少数族裔群体(Black and

---

① https://www.brook.org.uk/data/Brook_DigIN_summary_report2.pdf.
② https://1752group.files.wordpress.com/2018/09/silencing-students_the_1752-group.pdf.
③ https://www.humanrights.gov.au/our-work/sex-discrimination/publications/change-course-national-report-sexual-assault-and-sexual.
④ https://www.nap.edu/catalog/24994/sexual-harassment-of-womenclimate-culture-and-consequences-in-academic.

Minority Ethnic，BME)的境遇。

英国高等教育协会于2018年9月开展的一项调查①显示，在2016—2017学年，英国大学的1.9万名教授中仅有25名黑人女性和90名黑人男性。与白人同行相比，来自非洲裔和少数族裔群体背景的教职员更有可能担任初级职位，薪酬较低，并且以定期合同而非长期合同的形式受雇。

2018年12月，英国广播公司对罗素集团大学中的非洲裔和少数族裔群体薪资展开了调查②，结果显示白人学者的平均工资为5.2万英镑，黑人学者的平均工资为3.8万英镑，阿拉伯裔学者为3.7万英镑。可以发现，这些大学中的黑人学者和阿拉伯裔学者的平均工资比他们的白人同事低26%。

罗素集团大学中有86%的学者是白人，6%的印度人和其他南亚裔，6%的中国人和其他东亚裔，1%的黑人，0.4%的阿拉伯人，这表明来自非洲裔和少数族裔群体的学者比白人男性或白人女性更难被提拔到高薪的高级职位，他们的收入也往往较低。

在罗素集团大学中，收入的性别差异在少数族裔女性上体现得更为明显，这些大学中的白人男性员工年平均薪资为5.5万英镑。就年平均薪资水平而言，白人女性、亚洲女性、黑人女性的收入分别比白人男性的收入低15%、22%和39%。

对于这一令人震惊的事态，我们的唯一希望是这些数据能对那种自以为是的所谓自由主义学术观念起到某种纠正作用，这种观念将大学视为独立于世界的某种先进的孤岛，并且认为大学比世界的其他地方更好。

引用一位女性资深教授私下的话说，"大学非但没有自由和进步，反而成了最恶劣的沙文主义(chauvinism)[译者注：沙文主义(chauvinism)指认为自身所在的群体、种族等优越于其他群体的非理性信念]、种族主义和自命不凡的最后一个大型堡垒。我

---

① https://www.theguardian.com/education/2018/sep/07/uk-universityprofessors-black-minority-ethnic.
② https://www.bbc.co.uk/news/education-46473269.

不知道这将如何推进科学事业,或证明它的价值"。

显然,目前的事态是令人完全无法容忍的,大学本身亟须继续设法解决这一问题,以确保大学不仅是尊重不同职级的女性以及非洲裔和少数族裔群体贡献的机构,同时也是推崇公平与尊重的文化氛围的地方。

与此同时,近几十年来,包括美国(部分州)、英国和澳大利亚在内的许多西方国家的大多数大学中的学生群体也日益多元化。例如,伦敦大学国王学院(King's College London)目前有51%的本科生属于非洲裔和少数族裔群体。近几十年来,上述三个国家的男女学生比例一直保持均衡(这在大学人口统计中有所体现)。当然,学生们普遍希望学校教职员的构成将越来越类似于学生群体的构成,这种期望显然是合理的。

学生们在课程方面也表现出了类似的期望,他们希望课程更加国际化,从而通过融合其他文明的知识和学说来改进和拓展传统的欧洲视角。大学在改善学生群体结构的平等性和多样性方面取得了成功,然而对于教职员群体却并未实现相应的变化。

论及性别,在大多数的大学中,就较低的学术职位等级而言,女性学者的比例与男性学者相当,但在晋升正教授的历程中,男性更具有优势。这背后的原因十分复杂,很可能存在一种偏见(无论是有意识,还是无意识)在维持着这种失衡。当我们审视非洲裔和少数族裔群体在英国大学中的地位时,会发现他们的处境更加糟糕。在英国的大学中,即使就较低的学术职位而言,他们所占比例也非常小,并且只有极少的非洲裔和少数族裔学者能够晋升为正教授。

英国于2005年推出了雅典娜章程(Athena SWAN, Scientific Women's Academic Network),以认可和表彰高等教育机构及科研机构在促进性别平等方面的优秀举措。

简而言之,该章程包含了如下一整套价值体系和期望:

- 认可如下观念:学术界需要所有的人才为之作出贡献,继而才能充分发挥出潜力；
- 了解各级组织为促进性别平等所需要作出的承诺（尤其是身居高位者积极主动的领导工作）；
- 制定推进学术领域性别平等的计划，重点关注高级职称中女性的缺乏以及女性在学术职业路径中的流失。
- 承认大学需要致力于解决不同学科、职业地位和职业支持机制之间的性别不平等问题，并认识到学科层面的相关差异，例如：
  - 女性在艺术、人文、社会科学、商业与法律学科获得高级职称的比例偏低；
  - 女性在科学、技术、工程、数学和医学领域的流失率居高不下；
  - 尽力消除女性面临的阻碍，尤其是在职业发展和晋升的转折时期（包括从博士阶段到开启长期学术生涯的过渡期）；
- 保证解决短期合同对于留住学术人员及其发展所带来的不利影响，着重解决对女性教职员产生的不利影响；
- 确保解决薪酬方面的性别差距。

该章程以及推广其价值观的相关行动迫使各机构着力于纠正性别失衡，如果高等教育机构没有开展积极主动的行动，将导致其失去入选政府主导的几个主要科学基础项目的资格。戴姆·萨莉·戴维斯夫人（Dame Sally Davies）是这一领域的主要领导者，她推动了上述改革并得到了广泛支持。因此，大多数英国大学都在开展详细的计划，以增加担任高级领导职位女性的比例。当然，这还有很长的路要走。

英国高等教育协会正在为加拿大的高等教育与研究部门开发这一套类似章程。

正如上述统计数据所显示的，非洲裔和少数族裔群体的境遇亟需改善。许多才华横溢的非洲裔和少数族裔学生正凭借优秀的博士论文从各个专业毕业，我们的任务将是确保他们有机会拥有令人满意的学术生涯，并拥有良好的晋升前景。

教职员的发展在一定程度上反映了一所大学所吸纳人才的类型,也在一定程度上反映了其招生情况(这一点十分重要)。顶尖大学总会招聘一部分国际性人才,事实上,从世界各地招聘人才的能力是衡量其成功与否的标准之一。

在这个日益国际化的世界中,大多数地区的学术水平都在提高,国际化应该促进而非限制大学教职员的多元性。然而,过去几十年的情况并非如此,因为大部分的人员流动都发生在欧洲和北美。

适用于大学高层领导者的标准也同样适用于大学理事会。大学理事会应该呈现一种合理的性别和种族构成,并且吸纳那些被教职员和学生视为榜样的人加入。

在这方面,榜样的重要性不容小觑。例如,伦敦大学国王学院最近在全校开展了一项展示女性导师学术实力的活动。这项活动建立了一个"名人墙",展示了100位杰出女性教授的照片以及她们的学术成就。遗憾的是,展出的这些教授中很少有来自非洲裔和少数族裔群体的,学生们显然注意到了这一点并且对此发表了意见。于是,这所大学采取了补救措施,学生们开展了另一场专门展示非洲裔和少数族裔杰出女性的活动。即便这样,这一事件很可能会导致相当一部分学生感觉到权利被剥夺,这一情况也促使大学下决心在合理的时间内实现非洲裔和少数族裔群体的权利公平。

尽管美国、澳大利亚和英国之间有着明显的历史与文化差异,但这三个国家都在这一领域面临着重大挑战。

我们只是想强调,对所有的大学而言,如果它们想要获得所需要的尊重以应对我们在本书中描述的变化所带来的挑战,那么它们就应该成为多元化且充满尊重的共同体。我们承认这很困难,但大学绝不能回避困难。大学应该在这些领域发挥良好的带头作用,而非成为后进者。如果大学未能在这些领域取得充分的进展,政府终将介入并凌驾于大学的自主权之上。

英国大学校长的薪酬问题

我们在本章中讨论的领导力水平问题,显然与近年来在英国和澳大利亚都成为公众议论焦点的大学领导者薪酬问题有着共通之处。

前几任英国教育大臣①都对一些大学校长的薪酬水平提出了批评,而在我们看来,他们错将大学校长的薪酬与学生学费水平联系在了一起。我们在本书的第8章中已经讨论了与学费有关的复杂问题,学费与校长的薪酬之间显然没有关联,并且校长薪酬仅占大学学费收入的极小一部分。大学领导者的薪资水平只是被利用作为一种极具破坏力的政治工具,使公众争论的焦点集中在学生财政问题上(这本就是长期富有争议的话题)。

此外,大学的薪酬水平不能与最高层级公共部门的薪酬相提并论,这是另一个充满政治色彩并且我们也对此知之甚少的领域。大学是自治性机构,应该以透明且可行的方式进行自我管理。任何政府机构都没有充分的理由来规范大学领导的薪酬水平。此外,传统上将大学校长薪资与首相的薪酬进行简单地比较也存在着缺陷,即没有考虑到从住房到退休后待遇等一系列额外的福利。

让我们深感遗憾的是,在前几任教育部大臣、政府,以及教师工会的公开施压下,英国学生事务办公室(The Office for Students)计划从2019年开始在年度报告中公布大学校长的薪酬细节,包括基本工资、绩效工资、养老金,以及应税与非应税收入等。显然,学生事务办公室还想看看院校负责人的薪酬与其他所有教职员薪酬之比,以及薪资超过10万英镑的高级教职员数量。此外,学生事务办公室还要求高校在提供和关于校长薪酬的说明时必须"详细"解释其对于机构的价值,以及对他们工作表现的评价过

---

① 尤其是安德鲁·阿多尼斯(Andrew Adonis)和乔·约翰逊(To Johnson)。

程。还有人建议校长的薪酬应该与院校的性质挂钩——这是不太可能令人信服的。

校长的薪酬情况必须完全透明。大学的年度报表应合理呈现校长的薪资情况并且易于为公众所获取。一段时间以来,此类信息已经在报刊上被公开。在一所自治性的大学中,薪酬水平理应由大学理事会在其薪酬委员会的指导下加以规范与监督。对于政府而言,无论是通过教育大臣对此作出直接的批评,还是通过学生事务办公室等监管机构进行管理,这些额外干预的意义即使是往好的方面也是值得怀疑的,往坏的方面说则是使院校失去了自主权——人们在将来或许会为此感到后悔。

然而这并不代表大学目前的薪酬厘定方式是合理的。总体而言,有太多的大学允许校长直接参与薪酬的厘定,例如让大学校长成为大学理事会下属薪酬委员会的成员,而这种情况本不应该发生。此外,一些校长似乎很难通过任何突出的工作表现证明其薪资水平的合理性,在大学教师退休金发放方式正在进行实质而艰难的改革之际(译者注:英国大学联盟准备于 2018 年将英国大学教师原本按月领取的定额退休金改为与股市起伏挂钩的浮动工资,英国广播公司预计上述举措将令每个大学教师的年退休金缩水约 1 万英镑),大学校长的薪资水平无疑是令人激愤的。

解决这一问题的办法是大学既要坚持其独立性,也要承认其自身仍然存在一些为公众所关注的现实问题,尤其是薪酬厘定过程的独立性,以及厘定薪酬过程中的绩效考核问题。大学本应带头将这些必要的改革举措落实到位,例如通过大学理事会就最佳改革方案的选择确定基本的意向。与此同时,学生事务办公室则不必管理这些事务。薪资、养老金,以及福利待遇的公开化和透明化,固然是可取的举措,但这应该由大学自身来完成——这就需要大学的领导者和领导层发挥其作用。

这场考虑不周的论战(很可能是一些人在英国充满艰难的政治氛围下有意为之)所带来的整体影响,削弱了大学在关于自身未来发展的公共舆论中的声音。我们知道,很多大学的公关部门都建议校长不要就任何问题接受采访,因为他们担心第一个问题就会涉及校长的薪酬。

但总体而言,大学面临的首要挑战是培养高水平的领导者。尽管改革是必要的,但大学校长的薪酬问题也只能排在第二,甚至是第三位。

❧ 有效的国家和政府层面大学领导力 ❧

本书的核心主张是:大学应承担起管理好自身的直接责任,并以正确的方式为应对国家经济和社会生活的挑战作出贡献。从政府的角度视之,我们认为这一核心主张不仅在原则上是正确的,而且还能促使大学为社会作出有影响力的贡献。

这种自治模式在过去一直是英国大学获得成功的坚实基础,应当加以发展,以应对当前与未来的挑战。然而,我们也注意到英国的做法与世界其他一些国家截然不同,这些国家的政府在管理大学方面发挥了更直接的作用。

大学自治模式意味着:国家领导层应主要关注与大学部门相关的重大战略问题。各个部门所具备的部门专长很重要,这也适用于大学部门以及其他部门。因此,国家期待全国大学系统、主要的学者,以及各个院校(如国家所需要的那样)尽心尽力地就那些引发全国性讨论的问题作出贡献。

英国、澳大利亚和美国的情况正是如此。几十年来,占据主流的呼声是在保证满足国家基本标准的框架内确保大学拥有更多的自主权,而这一框架也鼓励大学实现多元化。这无疑促成了我们在本书中集中讨论的三个国家优秀的大学部门。

我们认为,就大学而言,显然需要政府监督、问责,以及发挥领导作用的三个重要的战略性问题:

- 大学体系的整体性质与结构;

- 为大学提供资金,包括研究经费等;
- 评估大学的表现。

这三点都极其重要,甚至完全可以纳入选举宣言中,也可以被视作施政过程的重要部分接受监督(例如接受英国国会的监督)。我们将进一步探讨这三个问题。

大学体系的本质与结构

首先,即使允许机构自治,一个国家的大学体系维持何种基本形态在很大程度上仍是一项国家事务。各国的教育体系显然存在很大差异。美国的大学可能是世界上最为多元化的,充满活力的私立大学与那些杰出的公立赠地大学并驾齐驱。此外,美国的在线教育也十分突出(主要由私立教育机构提供)。与此同时,美国高等教育的入学率相当高,但与其他国家相比毕业率却非常低。此外,除私立院校外,大多数大学由州政府负责。

毫无疑问,美国拥有世界上最好的大学体系,但同时也是发达经济体中最差的大学体系之一。因为几乎没有哪所高校能与它的常青藤盟校或赠地大学相匹敌,然而那些水平较低的私立院校(尤其那些主营在线教育的机构)实力却相当薄弱。但总体而言,美国的大学在多样性和入学率方面都很突出,"百花齐放"的管理哲学似乎发挥了一定的作用。

在英国,大学体系的基本形态是在政府一系列有力举措的指导下逐步发展起来的。这种渐进式的发展造就了牛津大学、剑桥大学,以及一些优秀的城市大学。历史上的高级技术学院(Advanced Technology)、多学科技术学院、教育学院以及理工学院在不同时期升级为了大学,这些变革在很大程度上都由政府主导完成。与一些国家相比,英国当前拥有 150 所左右的院校,数量相对较少,这些院校总体上提供了较高水平的教育,但正如本书的第 4 章所言,不同的院校在科研产出方面有很大差异。

在澳大利亚,由地方政府举办的大学在发展模式上大多效仿英格兰和苏格兰。澳大利亚的大学数量在 20 世纪中叶之前都相对较少。澳大利亚的联邦和地方政府通过增加院校数量、积极推动大规模扩招,合力扩展了整个大学体系。这些决策(增加院校数量和大幅增加学生数量)都是由政府主导的。大学所做的是支持并适应这样的变革,而非主导。

澳大利亚和英国的另一项主要创举是开拓国际学生市场,美国也正在这一领域积蓄力量。这在任何一个国家都会涉及这样一个问题,即在维持大学录取标准的同时也要保证能够吸引那些通常需要支付高额学费的国际学生。高额的学费在道德层面上是合理的,因为当地的学生和他们的家庭已经通过税收(通常是好几代人所缴纳的税款)间接地为大学的基础设施建设作出了贡献。但并非所有人都能接受这一观点,那些国际学生学费占大学收入比例相对较小的欧洲大陆国家就并不这样认为。

开放国际教育市场的决定大多由政府推动(尤其是在澳大利亚)。澳大利亚的工党政府将国际教育定义为一个极有发展潜力的服务性行业。政府不仅制定了有利于发展国际教育的签证政策,也十分鼓励各个院校发展国际教育。其实大学部门比大多数人想象的更善于把握住这个机会。而政府主要从两个方面监管国际学生市场:调控院校运作的政策环境(这三个国家都十分欢迎国际学生),以及为国际学生的学习和毕业后的工作提供签证政策方面的保障。就一个国家在多大程度上希望发展国际学生市场而言,这显然是政府的职责。但各国的国际教育能在既有的政策环境下走多远,则仍取决于各个高校。

大学拨款与绩效

第二个战略任务需由政府牵头,这同时也是公众十分关注和感兴趣的问题——如何为大学体系提供资助。对于任何一所大学而言,其最核心的问题始终是如何拥有充足的资金。然而,大学本身并不是主要的资金来源,尤其对于公立院校而言。但对于常青藤盟校这类完全私立的高校而言,情况就完全不同了。美国的私立高等教育体系非常发达,而英国和澳大利亚的私立高等教育体系相比而言则规模不大。

一般而言,澳大利亚和美国的大学在成立之初其资金都来源于慈善活动,辅之以学生所缴纳的学费。随着福利国家的兴起,大多数国家机构最终都通过税收获得了充足的资金。近年来,人们逐渐认识到大学完全依赖公共财政支持这一模式将难以为继。在澳大利亚和英国,这促成了独具特色的学生/家庭自费资助模式,这一模式是通过贷款池系统实现的,学生在毕业后当薪资达到规定的门槛时再进行偿还。我们已在本书的第 8 章中对此进行了详细的讨论,在此处只是简单声明:帮助大学获得国家公共资助和私人资助在很大程度上应是政府的专责,这将体现在竞选宣言中并且将通过投票箱得到检验。大学中的许多人会对此有看法,但大学内部的观点不应成为主要的决定因素。

大学的表现

政府的第三项重大战略任务是确保全国的大学正常运行。当然,这就包括监管教育质量和学生的受教育体验,也包括增强对高等教育公平和多样性等问题的重视。坚持按照全方位的高标准来监管大学是政府的职责,我们认为大学本身也能够经受住各个方面高标准的挑战,因此政府在一些时候就不需要介入其中。如果有少数大学在某一方面表现不佳,这就可能会迫使政府进行干预,这将会对所有大学的管理方式产生严重的影响。

就我们在本书中所描述的大学影响现代世界的四大支柱性角色而言,政府的直接干预并非确保大学良好运转的最佳方式。如前文所述,这四大支柱性角色分别是:

- 了解世界的变化并对此做出解释；
- 提供利用变革过程实现总体利益的方法；
- 教育和培养掌握应对变革所需技能的专家；
- 在全社会营造一种崇尚知识的氛围和文化。

在这些具有重要意义的领域中，优秀的大学治理与领导力以及成熟的国家政策制定（包括制定激励政策，以及保持与其他的国家战略相一致等）需要相互结合，以产生最佳的功效。

政府机构与部长们

归根结底，国家对上述议题的主要责任应由当时的政府承担。在英国，管理高等教育这一政府职能曾由教育（与技能）部和贸易（与工业）部轮流负责。管理科研这一职能有时会从大学管理职能中剥离。这种安排并不具有连贯性和一致性，正是英国运作极不稳定的政府体制所带来的影响。科研活动一方面与工业和贸易领域的成功相关，另一方面则与中等和高等教育关系密切，因此上述两者的主管部门会争夺对科研活动的管理权。这一问题在许多国家都十分明显，即国家内阁部门和资助机构的监管职能划分缺乏连贯性，这可能会造成管理上的混乱。

在英国以及澳大利亚当前的公共/行政服务环境下，在一定程度上存在着政府希望控制大学的倾向。鉴于公共拨款的数额，大学的自治程度可能会招致政府的不满或诟病。2010 年以来，类似情况在英国一直十分严峻，甚至可能严重到让教育大臣们处于十分矛盾的立场。此外，这种希望控制大学的愿望与政府公共服务能力的不断空心化和弱化相互矛盾，因此政府试图干预大学的意图需要加以纠正。

然而矛盾的是，2012年英国政府的学生资助改革意味着能够被偿还的学费贷款比例变得更低（译者注：2012年的学生资助改革提高了毕业生的还款收入门槛，导致政府核销了未被偿还的学生贷款），相比以往的学生资助政策，这一举措为国家带来了更大的财政负担，也使政府在大学治理中的直接干预反而变得更加强烈。而政府这一举措更深层次的原因是，它们出于政治上的考量需要向年轻选民及其家长证明学费大幅上涨的合理性。

英国政府对大学的干预已经达到了惊人的程度，政府通过一系列具有针对性的干预举措极大地降低了大学的自主权（例如，逐步增加学生事务办公室的职能，包括推出卓越教学框架等）。有趣的是，这些干预来自英国的保守党政府，而澳大利亚的左翼政党也有类似的举措，但干预程度反倒要低得多。英国未能借鉴澳大利亚高等教育质量管理与标准署（The Tertiary Education Quality and Standards Agency，TEQSA）①的管理经验。2011年，当澳大利亚政府意识到自身业已对具有重要意义的大学自治权产生了消极影响时，便削弱了该机构的权力。2017年英国《高等教育与科研法案》（Higher Education and Research Act）在其序言中提及了大学自治的重要性，但政府却授权学生事务办公室成为一个亲自处理具体事务并有可能介入大学自治的监管者。所有证据都表明英国学生事务办公室打算使用这些权力，而只有时间才能证明这是否会进一步增强这个业已十分强大的部门，抑或产生相反的结果。英国学生事务办公室的实践成果在很大程度上取决于其管理人员和执行人员所具备的能力。值得庆幸的是，无论是执行层面抑或是领导层级的负责人都对高等教育部门有着深刻的了解。

在美国，大学在大多数情况下对政府干预的容忍度不高，并且在大多数的州立大学都保持了较高的自治程度，然而国家对大学治理的直接干预越来越频繁，政府任命理事会成员、大学校长，抑或是一些州立大学系统总校长的情况也越来越普遍。这可

---

① https://www.teqsa.gov.au。

能导致许多备受尊敬的大学领导者被解雇。最令人印象深刻的事发生于几十年前,时任加州州长的罗纳德·里根(Ronald Reagan)解雇了美国自二战以来最伟大的大学领导者——加州大学伯克利分校(University of California, Berkeley)的克拉克·克尔(Clark Kerr)。

在这种复杂多变的情形下,我们有理由提出如下问题:何种类型的高等教育大臣或州长才是最适宜的?大学需要一个相对稳定的政府部门主管,其人选需要具备顾问的特质,能与高等教育机构建立良好的联系,同时还需要对教育和科研的国际发展趋势具备敏感性。如果一位主张政府干预大学的部长过于亲力亲为地处理一些非常尖锐的意识形态问题,那将会是非常危险的。此外,必须非常谨慎地对待"通过引入新的全国性机制来重新设计大学体系"这类尝试,例如引入英国的卓越教学框架。在我们看来,制定合理的学术标准、合理的财政目标,以及提高大学的多样性与公平性标准必然是政府的职责。但只有在极少数情况下政府才需要对高等教育进行重大改革——然而近几十年来这在澳大利亚和英国发生过多次。在大多数情况下,政府官员们应该远离大学的"学术引擎",因为对高等教育领域的深度"修补"可能会过度干涉院校的自主权。

❦ 结语 ❦

大学领导力是一个复杂而难以讨论的议题,我们不敢宣称在本章中彻底地解决了这一问题。

但我们希望读者从本章中汲取的要点是:无论是单个大学,还是整个大学系统,大学和政府都需要适当地关注领导力的性质和水平。

我们认为,大学对英国的未来所作出的贡献十分重要,但整个大学体系只有在各个层面都得到良好的领导时,其贡献才能最大化。政府的政策应该鼓励这一点,而大学必须把领导力放在各项议程的首位。

政府应该创建一个更加完善、协作程度更高的治理结构,以提升政府的领导能力。

政府应该与大学一起支持那些知名且实力雄厚的高等教育领导力培养机构,并应该与大学共同制定评价大学领导力的明确指标。

政府应该削减学生事务办公室的监管职能,并且鼓励大学承担自身的领导职责。

政府应该改革财政资助体系,推动更多大学实现财政自立。

大学应创建更完善、更明晰的大学领导者招聘与解聘程序,审查自身治理结构,以使大学能够更好地面对未来的挑战。

大学应该创建透明的大学校长薪资待遇管理制度,以及从提升各层级领导力水平的角度审视学者的职业发展模式。

大学应该采取积极的举措(以我们在本章中所描述的方式)创建一个多元且相互尊重的大学共同体。

第10章　关于大学未来的十个问题

本书的作者之一查尔斯·克拉克(Charles Clarke)于2002年10月24日被任命为英国教育和技能大臣(Secretary of State for Education and Skills),他在上任后面临的第一个挑战是如何处理学生资助方面的问题。这是一个极富争议的领域,但该届政府需要在2005年大选之前就该领域采取包括立法在内的行动。经过紧张而迅速的工作,查尔斯于2003年1月22日发表了白皮书和提案。他的提案最终得以实施,但其间经过了许多波折。

这不是制定政策的最佳方法,因此我们不建议这样做——尽管这并非诸多富有争议的领域产生政治决议的典型类型。

本章提出了关于在未来几十年中大学发展的10个问题。提出这些问题很容易,但它们的答案却很难被预测,而且取决于大学在未来的一段时间里做些什么。

并且,大学必须决定由谁来回答这些问题:主要由大学本身抑或是主要由政府对此发表观点——这可能是一件好事,也可能是一件可怕的事。

当然,这些问题是关于未来的。在过去更为常见的是有关大学的编年史,这一类纪事至少是建立在某种历史基石之上的——虽然可能会因为当下的眼光而产生误解。未来则是另一回事,尤其是当社会发生如此巨大的变革时。

哈佛大学著名工商学者克莱顿·克里斯滕森(Clayton Christensen)率先提

出了商业领域颠覆性变革的概念①。他认为当前的大学模式已经被打破,随着信息革命的发展,社会变革与新需求及其解决方案的结合将使高等教育机构的变革成为可能。即使对当下最伟大的高等教育机构而言(例如克里斯滕森所任教的哈佛大学),当前的大学模式也已经过时。迈克尔·巴伯(Michael Barber)在他的著作《雪崩即将来临》(An Avalanche is Coming)中预测,教学乃至科研领域的技术变革发生得如此之快,当下的大学尚没有作好充分的准备,以至于现代大学的结构将在一代人的时间里被彻底清除。

其他一些人则很可能将他们的头埋在沙子里,持守着截然相反的看法。他们感到学术真理几乎没有发生改变,大学将在 21 世纪的余下时间里大体像从前一样延续。

哪一种观点是正确的?第二种人像渡渡鸟一样的行为显然是不正确的,然而主张将一切彻底破坏的先知们或许也不尽都正确。局面将变得微妙,这就是为什么需要提出关于大学未来的一些关键性问题,继而尝试提供一些答案。

这些问题与前几章相吻合且重叠。我们试图围绕这个瞬息万变的世界中大学的未来提出关键性问题,而这样的世界需要大学有能力作出巨大的贡献。

我们希望大学和政府对这些问题作出的回应是:

> 各国政府应确保该国及时应对所提出的问题和挑战,并在议会和其他场合对这些问题进行公开辩论。
> 政府应认识到这些挑战对世所公认的国家框架和大学文化意味着什么。
> 大学应继续为整个社会对大学教育的实用性和价值作出论证,并在此基础上不断地重新审视其使命。

---

① http://claytonchristensen.com/key-concepts/.

❧ 十个问题 ❧

1. 研究型大学已经成为一个半世纪以来最主要的大学模式,这种模式是否会延续到未来?
2. 多学科大学能否生存?
3. 未来将有多少大学得以存在,它们的规模如何?
4. 大学中国际学生的比例会增加还是减少?
5. 将会有多少学生以不同的方式进行课程学习?
6. 技术会取代并消除当前的教学方法吗? 随着信息化教育的增加,当前在地理空间上拥有大型校园的高等教育机构将发生什么?
7. 大学学位的质量以及"学位通货膨胀"现象将会如何发展?
8. 大学将保持言论自由吗?
9. 学术界会继续成为有吸引力且可持续的职业吗?
10. 就国内生产总值而言,繁荣的经济体将为高等教育部门投入多少资金?

❧ 问题一:研究型大学已经成为一个半世纪以来最主要的大学模式,这种模式是否会延续到未来? ❧

我们已经在前文中详细讨论了这个存在性问题的背景,特别是在本书的第 2 章和

第 4 章中,我们并不真正相信它的答案是简单的"是"或者"否"。

这种研究与教学相结合、以研究为基础进行教学的模式对教职员而言效果良好,并且大多数人会认同说这种模式对今天的学生来说也很好(尽管这种主张受到了一些诸如"教学排名"的挑战)。渴望在重要领域贡献新知识的愿望吸引了许多杰出的人加入其中——这是最为光荣的科研动机。

对于大学的员工而言,它提供了一种职业结构,即新知识的创造与教学相结合。对于大多数学者来说,这是极其令人满意的情绪状态。围绕终身教职制度(以及长期聘用合同)存在着一些重要的问题,对这些问题的讨论也许会持续数十年,并且讨论范围会超出个体创造性研究贡献或教学能力的范畴。尤其是在某些学科中,出色的研究通常是在学术生涯的早期进行的。在实行终身教职制的国家中,聘期可以持续一生。由于其保障了研究者个体的学术独立性并且预防了外界的干预和挑战,这一制度受到了高度评价。

然而,实行长期终身教职制产生了一个严重的后果,即向年轻人提供开展研究所需的学术安全保障变得愈加困难。在当前这个时代,年龄歧视是不合法的,当下关于学者适当退休年龄的讨论陷于两难境地。缺乏明确的资深学者退休年龄无疑会导致重大的代际不平等现象。

大学的自满情绪可能会造成多重困境,它使得对传统教职员工和大学结构进行改革变得极为困难——尽管变革的需求非常明显,例如新教学模式的出现,以及对更多灵活学习形式的需求。

但是,至少在绝大多数大学中,学术生活可能不得不更加接近社会其他领域的工作期望,即就业机会的延续将与绩效挂钩。

这一模式还在某种层面上定义了大学教师和中学教师之间的传统差异,即学术界既创造又传授知识的事实。这是学术生活所具有的声望和吸引力的核心。在大多数大学中,教学与研究之间的紧密联系仍然适用于大多数学者。然而,即使是顶级的研究机构现如今也常有侧重教学的平行晋升路径,这些路径关照了非研究型教育者的重要价值。

对于学生而言,以研究为主导的教学其好处尚不太明显。从经验上讲,处于知识创造最前沿的老师或许更能够激发学生对新知识的兴趣,并使他们中的许多人以特定的方式研究自己感兴趣的问题——这种研究方式或许是从未从事过研究活动的人难以胜任的。

与纯粹的教学机构相比,在开展突破性研究的机构中,知识环境或许更具有活力。另一方面,尽管为此付出了一些努力,但一流的研究型大学仍存在一种趋势,即研究在职业结构和晋升前景中占主导地位,而教学则退居第二。在英国,通过引入卓越教学与学生成果框架(TEF)来平衡业已建立的卓越研究框架已经获得了认可。显然,这是在尝试重新平衡大学的工作重心,同时也可能重新平衡学术职业的重心。

同样不可否认的是,不以从事研究活动为主要工作的机构也可以提供出色的大学教育。私立桂冠集团大学是一个绝佳的例子。它开办了许多优秀的大学,尤其是在西班牙语国家——这些大学为满足注册标准开展了一些研究,但并不把它作为核心使命的一部分。

这些机构教学质量优良,并且拥有一流的专业学院。它们相较于那些活跃的研究机构所能提供的教育缺少了什么?诚然,那些机构会激发学生主动探索新的领域,并可能(尽管这是非常值得怀疑的)在最高层次上激发智力活力。但这对大多数学生来说重要吗?或许并不重要。大多数人所期望的是获得能让他们在广阔世界中从事特定职业的教育,只有一小部分人会选择直接从事学术或研究事业,对于后者,如果他们选择在教学型机构中获得第一学位,他们完全可以在人生的其他阶段通过接受研究生教育培养研究兴趣。

简化主义的国家政策分析家指出,仅从事教学的机构效率更高,它们更关注教育成果(这同样富有争议),而且不稳定因素更少。简而言之,去这样的机构接受教育可能与高中高年级阶段没有什么不同。当然，那些主张将教学型大学作为大学主要模式的人可能会错过"机器中的幽灵"，即研究与教学共存的过去150年中一直为大学的发展提供了很好的支持。

以这种方式建立的大学往往是培养优秀毕业生能力最强的大学，并且由于显而易见的原因，它们会吸引最杰出的研究人员。他们的存在标志着学术界成为令人振奋的职业形象，并且有助于吸引杰出的人才。

研究和教育当然可以分开。这在某种程度上即是德国的现状：弗劳恩霍夫研究所和马克斯·普朗克研究所与充满活力的大学部门并存。这之所以能在德国运行是因为二者之间发展出了联系紧密的合作联盟，科研机构通过与之合作的大学授予博士学位。或许，如果马克斯·普朗克研究所的伟大科学家们能更多地从事教学工作，德国的大学将再次变得强大。以上现象均未回答以下问题：研究主导教育型大学模式能否在未来50年中作为一种普遍通行的模式生存。由于上文提到的原因，在这类高等教育系统中工作的学者带有一定的偏见，他们通常认为该模式的优点占据上风，但远不能断定这种模式一定会胜出。

政府和其他一些机构的简化主义思维或许看不到或难以珍视那些使研究型大学大放异彩的思维火花——这些火花很可能因为新的法规而不复存在。当前英国政府发展TEF的方式可能会破坏那些强大的高等教育机构，对这些仍在为本国和广泛的国家作出显著贡献的机构造成巨大伤害。

如果仅仅以最符合成本效益核算的方式提供大学教学，那么当前的研究主导模式可能会面临致命的压力，因为它面临着公立或私立大学采用多种学习模式的竞争。

基于本书的开头部分所阐述的原因，这将是一个巨大的耻辱。我们曾指出，为了使大学作为一个整体就应对世界的快速变化作出贡献，我们需要大学在所有四个支柱性领域都运作良好。我们将这四个支柱性领域界定为：

- 了解世界的变化并对此作出解释；
- 提供利用变革过程实现总体利益的方法；
- 教育和培养掌握应对变革所需技能的专家；
- 在全社会中营造一种崇尚知识的氛围和文化。

教学虽然至关重要，但只是大学的诸多关键角色之一，我们需要的是能在我们所界定的领域里发挥更广泛作用的大学。

我们都很清楚，"抵制所有变革"的做法和"变革必须一刻不停"的提倡者都没能提供可行的前进方向。使所有教育改革者感到恐惧的一个关键因素是，那些看上去明智的改革可能过于简单化，以至于破坏了那些对我们的社会作出过巨大贡献的大学的宝贵遗产。

应对这一变革过程的金钥匙是找到一种有机发展模式，将技术和其他变革形式所能带来的积极机遇与大学强大而重要的价值观融合在一起。

在本书中，我们试图就如何通过建立更好的研究与教学之间的关系、更流畅的大学合作网络、工作场所与大学之间更积极且动态的互动、僵化程度更低的教学机制、更优良的国际合作关系，以及生活对大学学习促进作用的提升等方面，就如何更好地促进这种有机发展模式的实现提出建议，使人们能够更有效地应对生活中不断加速的变化。

我们坚信，这种对变革过程的积极态度不应政府的要求而产生，大学本身及其领导者应该主动拥抱变革。

在我们所描述的每个领域中，那些亟需变革的方面都存在着一些倡议和项目——其中的一些非常积极且令人鼓舞。然而在这些领域中，几乎没有进行系统性转型的例子，如果有这样的例子存在，那么这将会使人们对于大学系统进行自我转型以满足现代需求的能力充满信心。政府不能将亟需的变革过程强加于大学，但可以鼓励它们的发生，这包括制定能促使变革蓬勃发展的合法且可持续的筹资框架。我们所提出的问题没有明确的"是或否"的答案。大学在未来成功转型的关键将取决于各个大学和政府中高质量的领导才能和思维，而这必须予以培养。

问题二：多学科大学能否生存？

一个有趣的现象是，现在世界上大多数真正的一流大学都是多学科的。换言之，它们都广泛地涵盖了自然科学和人文学科。在本书第4章中，我们提到了保罗·韦林斯（Paul Wellings）对此的论述。

本书所说的人文学科包括法学院和商学院，以及社会科学和狭义的人文学科。自然科学则包括工程、医学、信息技术等应用科学，以及物理、化学、数学等狭义自然科学。就传统而言，之所以将它们一同纳入大学的学科是因为事实证明，这种形式对于维持一个拥有大量教职员的庞大学术机构而言更为有效。在过去的十年中，由于教学和研究跨学科属性的兴起，这种共存得到了极大的加强。

当不同年龄、来自不同学科、从不同角度看待问题的个体聚集在一起时，应对这个时代所面临挑战的智力资源将大大增强。将跨学科性作为思维过程的核心来教育下一代学生，这对于大学而言才刚刚开始，但已经被证明是非常有价值的。

人们可以在那些最顶尖的大学里看到一些例子，例如哥伦比亚大学的地球研究中心（Earth Institute at Columbia University），这或许是世界领先的环境研究机构，而大量的例子存在于几乎每所大学中。目前，大学界正在进行的许多最激动人心的工作，即将不同学科融合在一起以解决重大的问题。一些研究资助机构[例如英国的研究委员会（Research Councils UK）]越来越认识到这一点。这并不是说就单一学科进行深入研究不再至关重要——这当然很重要。一个人不能在稻草砖上盖房子。但是,那些在组织结构中打破学科界限的大学将比那些没有这么做的机构更为蓬勃发展。

在某些国家/地区,单学科大学已成为标准模式。许多欧洲国家的现状都不同程度地反映了这一点。在美国,一些最著名的机构专注于某些有限的学科,麻省理工学院(MIT)就是一个例子。但值得注意的是,近年来,麻省理工学院已经在众多学科中积累起了专业声望,与其他机构的广泛合作也填补了学科空缺。

伦敦帝国理工学院(Imperial College)是一所出色的工程和自然科学大学,然而它现在已经合并了一所一流的医学院,并建立了一所一流的商学院。

其他一些机构继续在狭窄的领域中蓬勃发展并且表现出色。对科研人员而言,加州理工学院(Caltech)很可能是世界上最强大的科学研究机构——它规模很小但实力强大。加州大学旧金山分校(UCSF)和位于斯德哥尔摩的卡罗林斯卡学院(Karolinska)都是与其他学科没有紧密联系的高水平医科大学。伦敦政治经济学院(LSE)在社会科学方面提供了一流的教育。然而所有这些例外都无法反驳本章的关键论点。上述这些大学都在以新颖的方式克服单一学科所带来的问题——可能是通过侧重于那些可以通过单一学科方法进行研究的领域(这样的领域有很多),也可能是通过与邻近的机构以合适的方式结成联盟。

它们的成功并没有否定本书的主张,即跨学科路径对当今的高等教育界而言是一笔巨大的财富。国际组织所定义的重大挑战都需要采取多学科方法加以解决,无论是健康老龄化问题还是经济和地球的可持续发展。多学科高等教育机构很可能仍然会存在,至少会存在很长一段时间!

支持多学科和跨学科研究的观点在许多研究领域都得到了有力的印证,尤其在本科教学中或许更为强烈。尽管最近在英国开设单学科大学(例如法学大学)方面取得了一些进展,但毫无疑问,个体和更广泛的社会都将从多种知识的教育中受益。查尔斯·珀西·斯诺（CP Snow）在60年前写的关于"两种文化"的文章①令当时的决策者感到震惊，并且仍然是重要的政策关注点——无论是在教育领域还是在关注于如何构建受过良好教育的文明社会的文化政治领域。

正如我们在本书其他部分所论述的那样，大学的中心功能之一就是从最广泛的意义上教育社会公民，以应对世界范围内日益迅速出现的复杂挑战，而多院系的环境更有利于这一功能的实现。我们认为，至少在大学生生活的早期阶段，多院系大学仍然扮演着令人信服的主导角色。

我们的确怀疑研究人员对于跨学科工作方式的需求，但对于潜在的本科生而言，让他们得以在多学科环境中学习将成为鼓励多学科大学不断发展壮大的有力推动因素，强有力的推动也可能来自国际维度的因素。

然而，单科大学的教学也会由于（狭义的）成本和质量等原因对多学科大学构成极大的挑战。大学需要更加努力地完善其内部结构，以促进跨学科研究和教学，并与其他大学建立牢固的伙伴关系。这很可能意味着打破现有的一些壁垒。

同时，政府需要密切审查允许单科机构使用"大学"这一名称的决定，这一类决定在英国才刚刚发生过。

❧ 问题三：未来将有多少大学得以存在，它们的规模如何？❧

对于像伦敦这样的城市而言，合适的大学数量应该是多少？

当前四十多所的数量是几个世纪以来有机变化的结果，但没有特别的合理性。它

---

① http://s-f-walker.org.uk/pubsbooks/2cultures/Rede-lecture-2-cultures.pdf.

包括一系列完全不同类型的机构：一些重要的研究中心以及一些实力雄厚的教学型机构，一些多院系机构以及一些只研究或教授单一学科的机构。

对于当中的很多大学，其历史可以追溯到一个多世纪以前，尽管许多直到最近才被称为"大学"。对于一个城市而言，这种大学构成模式未必能很好地反映其未来在研究或教学方面的需求。这对英国和世界其他地区的其他城市而言也是如此。

自1945年以来，对于大多数西方经济体而言，每百万公民大约拥有两所大学。即使新技术出现，这个比率也可能会持续相当长的时间。这将意味着英国大学的数量将大幅减少。

在大多数其他领域，例如企业或政府，都会经历一个"合理化"过程——要么通过政府指令，要么通过主要受市场因素影响的"兼并和收购"过程。

在大学的世界中，前进的道路通常并不那么清晰。大学合并在过去确实发生过，特别是在理工学院成立之后以及在它们成为大学之前。这类合并就发生在当下。例如就在最近，世界领先的研究机构伦敦大学教育学院（Institute of Education）于2014年加入伦敦大学学院（University College London）。此外，另一项重要的大学合并是曼彻斯特维多利亚大学（Victoria University of Manchester）和曼彻斯特理工大学（University of Manchester, Institute of Science and Technology）于2004年合并组建了现在的曼彻斯特大学（University of Manchester）。其主要目标是为了增强英格兰西北部地区的科研竞争力，这一地区远离英格兰最具实力的研究型大学所集中的伦敦和英格兰东南部地区。

其他关于大学合并的提议，例如利物浦大学（Liverpool university）和兰卡斯特大学（Lancaster university）的合并，已然在学术意见的影响下不了了之。澳大利亚的一项重大合并计划，即阿德莱德大学（University of Adelaide）和南澳大利亚大学（University of South Australia）的合并，曾一度引发国际上的高度关注。这一计划最近却因二者在文化上的不匹配戛然而止。

大学界有一系列不同类型的"并购"动机。它们包括通过合并以最大限度地提高研究实力、形成交叉优势、通过合并提升学生体验（包括采用更多类型的学习模式和更有效地运用各种教学设施等），以及通过合并以创建一系列商业和功能经济（无论是基于扩大后的规模还是其他原因）。此外，如果大学面临财务困难（就像目前某些大学那样），合并或者被"收购"可能是更好的选择，即通过合并创建具有发展教学和（或）研究所需强大财务基础的机构。

英国的许多社区都希望自己的城市提升高等教育水平。正如我们在本书的第2章中讨论的那样，这一动机反映了那些最古老大学在建立之初的民意基础。而且，正如我们在第5章中讨论的那样，民众希望本地拥有一所大学的原因，通常是该大学的存在可以通过多种方式为当地提供额外的经济推动力。这当然包括提供教学和课程，尤其是在本地就读本科生比例越来越高的情况下。这种推动力通常还包括可以直接为当地经济作出贡献的应用研究。继2003/2014年立法之后（即2004年英国高等教育法案；Higher Education Act 2004），在柴郡、康沃尔郡、坎布里亚郡、德比郡、多塞特郡、格洛斯特郡、林肯郡、北安普敦郡、萨福克郡和伍斯特郡（Cheshire, Cornwall, Cumbria, Derbyshire, Dorset, Gloucestershire, Lincolnshire, Northamptonshire, Suffolk, Worcestershire）等以前根本没有大学的郡，大学的建立受到了热烈的欢迎。15年过去了，现在对其中一些地方的访问清楚地表明，这些大学为当地社区贡献了重大的积极影响。

这一改革的一个重要副产品是，当时许多成为大学的高等教育机构从单一学院（例如教师培训或艺术学院）转变为多学院机构。这种变化通过许多具有创造性的方式发生了，并将继续发生。

关于大学规模的问题则似乎没有明确的定论。在英国，过去的情况是单个大学的规模基本上是由政府通过其对资助机制的控制来决定的。然而，2012年（澳大利亚）和2015年（英格兰）关于取消大学招生人数上限的决定使得入学机会大大增加——这仍然是政治争论的焦点(例如在2019年澳大利亚大选期间)。现如今,大学之间的竞争正以更加激烈的方式展开(主要围绕着品牌和影响力),并且这一状况仍在迅速发展。

在英格兰,从2004年改革伊始,人们就已预计大学间将会展开学费水平的竞争。在2010年最高学费标准从每年3000英镑提高到每年9000英镑之后,人们的预期愈发强烈,但事实上这种竞争并没有发生。

从教育的角度来看,人们很难坚称任何一种大学规模(或教师规模)是最佳的——尽管有些人指出,美国的常春藤盟校(Ivy League universities)通常比英国许多成功的研究型大学招收更少的学生。然而,随着在线学习变得越来越普遍,成功与规模之间的相关性可能会降低。

因此,我们不希望任何具有"最佳"规模的大学占据主导地位,但大学规模问题始终会是合并和收购过程中产生的额外后果。对于一些大学而言,增加学生人数的选择是正确的,例如加拿大的多伦多大学或是英国伦敦的伦敦大学学院。而对于另一些大学而言,它们极具野心的发展战略可能会导致学生人数的减少——而且,许多最好的大学或许只会招收数量很少的学生。

那么,这种大学格局在未来将如何发展?在2003/2014年新法案(即2004年英国高等教育法案)的审议过程中,一些监管机构敦促时任英国教育大臣的查尔斯·克拉克(Charles Clarke)推动内阁获得授权,以在符合国家利益的情况下要求大学合并——出于例如提高研究质量、增加课程选择面,或是提升经济影响力等原因。

显而易见,这种权力虽然看起来很有吸引力,但潜在地威胁着大学的自治。而且由于原则和政治原因,这些建议没有得到落实。

人们充分确信,即使没有这样的政府权力(即要求大学合并的权力),大学也会自然而然地变得更少,并且越来越多地开展合作与协作。然而随后几十年里真实发生的情况却并非如此。

这并不是因为当前的高等教育格局是最佳的,而应该更多地归因于大学根本上的保守属性,它们对任何类型的变化都非常谨慎,尤其是那些将会导致大学消失的变化。

然而,应该指出的是,随着招生人数上限的取消,大学之间竞争将加剧,其影响很可能包括一所或多所大学的关闭或破产——这是许多人所预料的。对于这一类大学而言,解决此类危机的方法之一很可能是被另一所本地或非本地的大学"收购"。

大学间的合作也可能出于有更积极的动机,譬如出于在某一国家目前没有大学的地区建立大学。例如,东英吉利大学(University of East Angli)和埃塞克斯大学(University of Essex)最终于2016年联合创建了萨福克大学(University of Suffolk)。

考虑到我们在本书中提到的巨大变化,特别是在学习与教育技术模式方面的巨大变化,我们非常怀疑当前的高等教育格局是否能够持续很长时间。

我们希望大学的领导者能直面这些挑战。大学自身与当地社区一同谋划或许是最佳路径,而新的国际协作也十分必要。另一条路径将使政府(至少是英国政府)面临越来越大的压力,即获得2003/2014年未获得的权力,继而创造出一种更"理性"的大学格局——这显然不是实现此类变革的最佳方式。

因此,我们建议位于一座特定城市的大学应积极考虑该地区最合理的大学研究和教学分布格局,并考虑应采取何种措施加以实现。政府应该考虑它们可以提供何种激励措施来鼓励在全国范围内建立更为合理的高等教育格局。

§ 问题四:留学生比例会增加还是减少? §

我们在本书的第4章讨论过国际学生和国际研究人员在大学中的地位。预计在未来20年里,世界范围内的学生人数将翻一番。他们会到英国接受教育,抑或是英国必须去到他们那里提供教育？

除了在提升大学文化和质量方面所带来的教育收益外，国际学生还发挥着至关重要的经济作用。他们提供对许多英国和澳大利亚的高校而言必不可少的学费收入，而这对于美国和欧洲大陆的大多数大学来说不那么重要。

当前的问题是，这些生源和收入是否会在未来继续存在。

我们认为，人们普遍对前景感到自满。事实是，世界各地的高等教育学生人数正在迅速增加，所有的预测都显示这个数字将继续增加。出于我们在本书中所阐述的所有这些原因，我们认为这些预测的方向是正确的，即高等教育学生人数将继续增加。

此外，英语（包括澳大利亚英语和北美英语）将继续成为主要的世界性语言。对于那些寻求在世界主要经济和社会部门工作的人来说，流利的英语将仍是非常有用的技能——即使不是一项硬性要求。

唯一有影响力的语言挑战来自中国。但我们认为，即使考虑到中国日益增长的重要性，中文也不会威胁到英语在全球高等教育中的主导地位。

事实上，值得我们注意的是，在中国以及亚洲、欧洲和拉丁美洲的许多国家，在这些英语并非官方语言的国家，英语作为高等教育语言的地位正在继续扩张。

然而，了解这种扩张的原因是理解为什么英国和澳大利亚的主导地位可能受到威胁的关键。世界范围内，现今的国际学生市场是如此的庞大且充满机会，以至于世界上许多国家的大学都注意到了一项它们认为有益的举措，即通过英语教学媒介提供高质量的本科课程来吸引国际学生。

对于那些在传统上即被视为主要留学目的地的高校而言，作出追求国际化的决定显然为其提供了一种竞争手段。但是，英国和澳大利亚的全球市场份额及地位面临着三个更为严重的威胁。其一是美国，在那里国际学生被录取的机会相对较小。从绝对数字上看，美国的大学为国际学生提供了很多名额，但国际学生在美国大学学生总数中所占的比例相对较小。随着越来越多的美国大学开始吸引国际学生，这种情况正在发生变化。诸如位于洛杉矶的南加州大学（University of Southern California），这样的大学能够吸引来自环太平洋国家及更广泛地区的大量学生——他们愿意支付高昂的费用。我们认为，即使特朗普政府推行长期且更严格的移民控制和与中国的贸易战，这种趋势也仍然会加强（译者注：本书撰写于美国前总统特朗普执政期间）。即使在这种情况下，我们仍预计美国将成为来自世界各地越来越多寻求本科学历的学生的现实选择，这使他们能够在世界经济体系的上层就业。

其二是高质量大学教育的大规模扩张（包括英语教育），这主要发生在学生来源国，例如中国、印度、日本以及许多其他国家。这些国家的大学自身正越来越多地融入世界经济体系，因此对于这些大学掌握了英语的毕业生而言，凭借在本国获得的良好资格寻求跨国公司的工作机会成为现实。相较于在费用非常高昂的国家留学，这对他们来说是一个成本低得多的选择。

第三个威胁是在线高等学历教育规模的日益壮大。这显然意味着学生将越来越容易身处自己的国家接受大学学历教育——他们需实地访问大学校园的次数或许将十分有限。

因此，当前这种自鸣得意的观点将日益面临压力，即国际学生将带着他们的资金继续前往英国和澳大利亚的大学攻读本科和硕士学位。这将是一个竞争日益激烈的世界，而在这个世界中，作为当前重要留学目的地的大学将不得不认真审视自己的桂冠。

这显然是英国政府自残式的政策在很多方面都具有严重破坏性的原因，该政策即针对赴英国留学的国际学生设置签证壁垒。我们这里对那些困扰政府决策的幻想不做讨论，更不论及整个英国脱欧闹剧，我们只想说，现在绝不是针对那些想要来英国留学的国际学生设置额外障碍的时候。

但这不仅仅是一种愚蠢。在我们所预测的竞争日益激烈的市场中，大学既要在一定程度上欢迎国际学生,又要为所有前来学习的学生提供高质量的教育——它们需要对此非常明确。在这方面仍存在着一些需要解决的问题,而未来的成功将取决于大学在这方面做得有多好。

国际学生比例将会增加还是减少,这将取决于我们在此界定的各种因素将以何种方式发挥作用。总的来说,我们预计这一比例将在未来 20 年下降,但大学强劲的表现很可能将这一预期转向更为乐观的方向。但这一转变的实现需要来自大学的领导以及政府的激励。

❧ 问题五:有多少学生会以不同的方式学习课程? ❧

人们为增加获得本科学位的方式做出了许多努力。

尤其是通过欧洲"博洛尼亚进程"(Bologna Process)的推动,英国及类似高等教育系统的传统三年制课程已逐渐成为其他大学系统转型的范式。英国的模式被认为比其他那些使大学生涯耗时更长的类型更为有效,例如德国大学传统上耗时最长可达 6 至 7 年的模式。(译者注:作者此处显然站在英国本位的立场评论别国的培养模式,博洛尼亚进程所带来的学制转型实则存在诸多争议。)

与此同时,大学一直在努力提供不同的学习路径,例如学满 3 个学年,每学年包含 2 个或 3 个学期或短学期,或是每年学满 32 至 36 周时间(即三年内学满约 100 周时间),这种安排会导致设备、教学设施,以及员工工作时间利用率不足。

1968 年,时任英国高等教育大臣的雪莉·威廉姆斯(Shirley Williams)提出了两年制学位。她的提议引发了一系列模式的提出,包括高等教育文凭(DipHE)、基础学位、三明治学位、全日制工作穿插学习,以及当下被提出的学徒制学位等。最近,我们又看到了"加速"学位和"快速通道"学位。

所有这些以及世界各地的类似模式都有其优点,旨在满足某些特定类型的教育需求,它们通常将学习与工作更紧密地联系起来。这一变化,即大学学位中"工作"成分变得更为重要,很可能会引发"三明治式"学习模式的复兴。

英国开放大学引发了另一种形式的多样性,它现在在全世界有许多的模仿者——其中相当一部分都非常成功。在线教育的发展十分迅速,但可能还没有像许多人所预期的那样迅速,即出现了全新类型的大学以及这种学习模式在传统大学以外得到扩张。这种类型的学位可以加入线下学习成分,作为具有增值效益的补充。

随着这些不同的学位资格获取方式在各大洲大学中不断涌现,其中的许多方法为以前从未有过机会接受高等教育的学生创造了可能性,问题在于这些模式将在未来几十年里如何发展。面对这些挑战,随着其他获得学位的形式变得越来越普遍,我们并不确定传统的三年制学位是否会继续成为绝对主导模式。

新的学习模式甚至可能会主导学位授予的数量。大多数学生将在线获得学位,并能够在对自身而言最方便的时间和环境中学习。

我们认为,当前能够有信心作出的唯一预测是,在接下来的几十年里,通过三年全日制这一传统途径获得本科学位的学生比例将下降。

我们作出这一预测并不是因为参加此类线下课程学习的学生其绝对数量会下降,而是因为通过其他更多样化的途径获得学位的学生人数将会增加。

事实上,我们认为高中毕业后从19到22岁的大学学习模式不太可能有很大的变化。毫无疑问,如果可以负担得起,学生、他们的家人,以及潜在雇主将一如既往地认为这种全日制学位是很有价值的。无论其教育价值如何,它已成为发达国家很大一部分中产阶级家庭子女和越来越多的工人家庭子女的成年礼。改变更有可能发生在提升体验方面,例如通过提供更为实质性的国际化成分,而非减少这一成分。

在中学和大学之间选择休学一段时间可能会变得更加普遍,这既提高了学生选择课程的质量,也提高了他们在大学期间的工作能力。但这不会显著减少选择传统大学课程学习方式的学生人数。

因此,我们的结论是,应该发展更为多样的课程学习模式,这将具有扩大大学入学规模的效果,因此通过常规途径学习的比例将下降。但传统选项仍将广受欢迎。基于我们在本书的第 7 章中所讨论的原因,我们预计会有更多的学生在毕业后的生活中获得资格认证,并且几乎所有这些都将通过在线教育进行,脱产学习将会是有限的。

能够取得最大成功的大学,将是那些能够在此基础上最大限度地提高学生教育质量,继而改善整体学习体验的大学。

同时,政府需要寻求建立鼓励多样化学习形式的资助体系。

ᔆ 问题六:技术会取代并消解当前的教学方法吗?随着在线教育的增加,目前这些拥有大型实体校园的机构会发生什么变化? ᔆ

我们在回答问题 5 的过程中讨论了在线学习的发展,我们认为这将带来更广泛的入学机会,让更多人能够参与学习,但这不会导致传统全日制教育机构的关闭。

许多人曾饶有兴趣地观看了当年最好的国际象棋棋手之间的比赛——在国际象棋的世界里,加里·卡斯帕罗夫(Garry Kasparov)在与"深蓝"(Deep Blue)的对决中证明了自己的实力,但最终真"沃森"(Watson)证明了它的无与伦比[译者注:"深蓝"是美国 IBM 公司生产的一台超级国际象棋电脑;"沃森"是由 IBM 公司和美国德克萨斯大学历时四年联合打造的超级电脑,其命名是为了纪念 IBM 创始人 Thomas J. Watson(汤姆斯·J.沃森)]。毫无疑问,全新的基于计算机的学习范式将有能力在未来几年里为本科教育早期阶段减轻一些压力。可以想象,到 21 世纪中叶,它将进一步取代人类的部分工作，这可被视为目前正在被用于实践的"技术增强学习"的延伸。科幻小说中都预言了计算机辅助管理复杂数据库的情形。

这目前还没有进入我们的日常生活，但很明显，从扫描信息数据库到要求我们的电脑进行更多分析性和智力性的基础工作，这种变化终将会成为现实，且只不过是向前迈出了一小步。我们非常期待这一天的到来，但我相信学者和教师在未来几十年里仍然需要与学生交谈并为他们的发展提供协助。

我们在本书的第3章中提到的约瑟夫·奥恩（Joseph Aoun）的著作详细讨论了这一点①。

然而，这项技术将显著改变大多数教学活动的方式。这一变化过程将对当前大学的建筑和基础设施产生重大影响——事实上这种影响已经发生了。

如果依托校园的传统教育方式被在线教育不可抗拒的前进步伐所改变，那么当前用于本科教育的庞大校园显然将不再是必需的（事实上，庞大的校园仅在一年中相对有限的时间被使用）。它们将被改造成公寓、联排别墅，以及其他任何可以为开发商赚取利益的设施！

无论其水平如何，学习方法都将会发生重大的技术变革。"技术增强学习"正不可阻挡地进入那些最为传统的学校，这显然是合适的。在那些通常是面向大学一年级学生的大型课程中，500名甚至更多的学生坐在同一间教室里，他们所听到的内容与他们通过阅读任何一本标准教科书所获得的信息几乎没有区别。我们几乎可以肯定，他们没有提问或参与对话的机会。大多数学者都享受讲课的过程，许多优秀的大学也都坚持开设这样的课程，因此变化会十分缓慢——即使是像录制视频讲座这样温和的变革也会遇到阻力。

技术增强学习的应用或许能重新定义大群体学习，即由单个助教监督并帮助大量

---

① https://www.amazon.co.uk/Robot-Proof-Higher-Education-ArtificialIntelligence/dp/0262037289.

学生进行分小组学习。

新技术的使用将减轻教学负担,越来越多的教育工作者将精力用于和少数学生直接对话上。这至少意味着,目前大多数大学校园里常见的那种大型报告厅将变得过时。越来越多的学习可能会在非正式环境中进行,这些环境可能仍会包括大学校园,但也可能是人们的家中、社区中心,或是其他的工作场所。

这也意味着个别学生将在教学中获得更多个性化的关注,即真正关注他们各自的个人学习需求。这样的教学将十分有益,尽管这显然会非常耗时且昂贵,以至于可能会令人望而却步。

对于科研活动而言,人们对实验室和研讨会也许仍会像当下一样有着或多或少的需求。

就教育活动而言,无论学生和教师之间的在线通讯水平如何发达,供人与人之间进行线下交流的物理空间仍有其意义,因而它应当继续存在。

最终的结果将会是:大学校园的规模可能会变小一些,校园里的学生人数也会减少一些。但即使是在在线教育的时代,大学校园作为一种重要的实体很可能会继续存在。然而,对于其未来的运作方式则需要大量的思考和准备。

⑤ 问题七:大学学位的质量以及"成绩通胀"现象将会发生何种变化? ⑤

"标准在我那个时代不是这样的",这是一句在各个阶段的教育行业中都流传已久的格言——当然也包括现代大学。

这些批评者的观点通常在媒体上广泛传播,将大学置于真正的两难窘境:如果大学在教学和学习方面做得更好（正如我们所希望的那样），可能出现的结果将是更高比例的学生获得一等荣誉学位（或其他类别的优秀荣誉学位），而低分学生的比例将会较低。这似乎更应被视为大学成功的标志，而非标准不够严格。如果"优等"学位的比例下降，那么人们就会认为大学没有做好自己的工作。那些支付了高额学费的学生也可能期望获得高分，他们中的一些甚至采取法律行动来保证他们的投资回报！

况且，如果大学决定向特定比例的学生授予一等学位，它们最终是否会向那些在前几年没有获得一等学位的人授予学位以填满配额？或者与之相反的，它们是否会仅仅为了不让一等学位的数量过多，而没有给一些人授予他们应得的一等学位？无论哪种情形，代际之间都存在着巨大的公平问题。

机构之间也存在着公平问题。我们不认为一个国家任何一所大学的所有一等数学学位或法律学位都能体现出同等水平的学业成就。当然，公众对于不同大学所授予的相似学位也有着大相径庭的评价。无论公平与否，对于一部分大学（主要是那些研究最密集的大学）的学位而言，雇主会给予它们相对更高的地位，一些大学在审核博士申请人的学位时也是如此。

这种做法会对有关学生产生重大的影响，然而我们很难评判其公平性。

此外，荣誉学位的激励作用也面临着挑战。随着大学招生竞争变得越来越激烈，对学生（及其所缴纳学费）的抢夺可能会导致更多的大学提供"无条件"录取①并引发争议。与此同时，大学显然希望能够向申请者保证，选择它们的学生将有很大机会获得"优等"学位。

这些问题显然影响着学校和大学，它们主要反映了教育和政治上的"风尚"，而非实质性的问题。但它们确实给大学带来了挑战，并将持续施加影响。

确保学位（资格认证）的质量不受作弊、抄袭等问题的影响十分重要。在这一方

---

① 即无需满足特定的成绩要求。

面,大学需要保持严谨。

而更重要的是建立评估系统,以帮助学生学习和实现自我发展,以便他们从大学毕业时能够具有最强的能力去实现自我,并迎接他们所要面临的挑战。

我们认为,这一方面的问题将继续出现,除非实行国家学位授予制度,剥夺单个大学的这一权利。

假如一所大学没有发现自己受到了过度批评,则说明仍需要继续对其给予重点关注。

§问题八:大学还会维护言论自由吗?§

有鉴于大学的历史,提出这样的问题本应该完全没有必要。正如我们所知,言论自由一直是大学发展的核心。但正如我们在本书的第6章中所讨论的,大学需要解决许多办学方面的重要问题并应对诸多重大的争议。

近些年来,言论自由不可避免地面临着各类越来越频繁的挑战。45年前,争议通常围绕着是否应该为种族主义者和法西斯主义者提供"平台"——人们对于这些概念有着不同的定义。中东地区的冲突一如既往地成为争论的重要内容,尤其是围绕联合国在1975至1991年间通过的"犹太复国主义就是种族主义"的决议(译者注:1975年11月10日,联合国大会曾以72票赞成、35票反对、32票弃权,通过了3379号决议,该决议号召所有的国家将犹太复国主义视为种族主义,但这份决议并没有约束力,其象征意义大于实际)。

时至今日,同样的论点在大学中仍然存在,此外还涉及恐怖主义和其他更广泛的问题,例如跨性别者身份识别等。在历史领域,曾有人发起运动,要求移除塞西尔·罗德（Cecil Rhodes）等人的雕像，这些人被认为在建立大英帝国的过程中扮演了令人不可接受的角色，或是在历史上扮演了压迫者的角色。

在英国，政府错误地将大学纳入了2015年的《反恐与安全法案》，这给大学带来了巨大的困境。该法赋予英国大学一项法定义务，即大学应"适当考虑防止个人被卷入恐怖主义的需要"。

多年以来，法律形势已经发生的变化，当前的法规致力于防止以种族和宗教信仰为由"煽动仇恨"。

毫无疑问，大学是最佳实践与法律之间的边界受到最严格考验的地方。

但在我们看来，作为争论和批判性思维的发源地，以及墨守成规思维的挑战者，大学不应接受那些认为自己有权阻止他人发表其观点的人所持的立场，无论那些观点是多么具有攻击性和挑衅性——这对于大学而言极为重要。

事实上，在此前提下，我们坚持认为大学有责任更进一步，即采取一切必要措施保护这些人表达观点的权力。

这通常十分困难，因为在处理那些潜在的关乎公共秩序的问题时的确很敏感——通常是知易行难。

因此，如下原则应加以明确：

1. 大学应在当地法律范围内行事，警察和安全部门有责任维护法制。

2. 在这种约束之下，大学有责任维护法律规定的言论自由，并维持一种大学文化，即对真实而全面的知识和文化历史的偏好，按照其本来面貌揭示历史，而非考虑它可能或应该如何。

这当然并非易事，但我们仍然坚信，没有真正言论自由的大学最终无法履行其责任，即为未来作好准备。

℘ 问题九：学术职业会继续成为具有吸引力和可持续性的职业吗？ ℘

这是一个非常难回答的问题，因为在某种程度上，学术界作为一种职业选择从未像现在这样具有吸引力。我们为什么这么说？因为通向学术生活的途径仍然是博士学位，如今在世界各地的大学中攻读博士学位的学生人数比过去任何时候都多。诚然，他们中的许多人最终会在大学以外工作，即在工业界和商业界担任具有创造性的角色，但其余的人将成为未来的伟大学者。这一切听起来很美好，但当然也有其缺陷。在更广泛的社会领域中，终身工作（终身教职在过去即意味着终身工作）并不是常态。然而在学术领域，对此需要更为小心。一些时候，他们对于任期、工作量，以及养老金等问题的期望似乎与社会其他领域的情况并不完全一致。

在当今世界，终身任职并不寻常，基于最终薪资水平的养老金也正在消失，这既是由于寿命的显著增加对财政的影响，也是出于代际公平。

教学任务集中在一年中不到一半的时间里、个人具有非常高的自由度，这同样不是工作的常态。

学术生活长期以来所形成的这些特征在未来几年将必定发生变化。这种变化很可能十分重要。

大多数攻读博士学位并成功获得博士后职位（可被视为学术生涯的第一步）的人会发现很难进入下一阶段，即在本校或其他大学获得讲师职位（即美国的"助理教授"职位）。这仅仅是因为博士后人数比讲师职位多得多，每年因退休或新设立教职而新增的讲师职位少之又少。其结果是许多年轻的研究人员难以建立自己的科研事业。其中的许多人会带着失望离开，而另一些人则会坚持不懈，当然那些杰出的人总会有办法。这的确导致了一定程度的愤世嫉俗——当与年轻的研究人员和有抱负的学者讨论职业生涯时,这种情绪有时会十分明显。吸引大多数学者从事学术职业的关键因素是有机会进行研究和教学。对于大多数成为学者的人而言,之所以作出这样的选择,是因为这种相当独特的工作组合(即科研+教学)所具有的吸引力。如果将来减少或取消科研部分,学术职业的吸引力可能会大大降低。

然而,如果回顾历史进程就会发现,现在有比以往任何时候都多的人正在致力于新知识的产生。其人数很可能会继续增长,且很可能会是指数级的增长,而学术生活将成为这项活动的核心。因此,如果我们足够幸运,未来的学术职业将比现在更具有吸引力。

有些人会认为这种看法过于乐观,任何一种失误都可能导致完全不同的情况。归根结底,大学工作和学术职业是一种真正的特权,可以让人们接触到最充满活力的知识氛围。虽然当下的学术生活中存在着诸多压力,但相较于商业领域可以说是微不足道的,况且学者拥有更多的自由来追逐自己的兴趣。

然而事实是,高质量大学的领导者将需要努力创造一种学术职业架构,使之既能体现更为现代的职业生活场景,又能确保学者完全有能力发挥出社会所需要的重要作用。如果这件事得以成功完成,他们将使社会其他领域保持对大学的信心,而大学最终需要它们为此买单。这显然是一项巨大的挑战。

❧ 问题十:就国内生产总值(GDP)而言,一个蓬勃发展的经济体将会投入多少资金用于大学? ❧

与国民生活的大多数领域一样,资源对大学生活的质量至关重要。无论资源来自个人"消费者"(例如学生费用)还是国家(通过某种形式的税收),对资金支出方式的审查都是不可避免的——我们认为这也是可取的。这种审查的原因之一是,人们对于大学学位的经济价值日渐持怀疑态度,因此建议将相对更多的公共资金集中到"技术"或"学徒"资历教育上。

关于资源的争论不可避免地将人们带入政治领域,无论关乎党派与否。通过政治程序,人们可以选择筹集和使用资金的方式。在过去的35到40年里,要让民众认同他们应该为所获得的服务缴纳更多税款是极其困难的。在我们看来,这种状况不太可能发生显著变化——尽管就普通民众而言,越有吸引力的服务越容易筹集到资金。这就是为什么财政拨款长期被用于提高医疗保健标准的原因。

这同样解释了自1945年以来国防支出的急剧减少。这同样也解释了民众对于福利改革的持续关注,以确保资源流向那些真正需要的人,以及那些为公共投资提供资金的替代方式为何会兴起。

这是教育支出(尤其是大学支出)必须适应的环境。人们强烈支持在学前教育和基础教育上的支出,而且的确有研究表明,在较早的年龄段投入资金能更有效地减少教育和阶层分化。

的确,研究投入和大学投入对于促进经济增长和了解世界应当十分重要。但这一事实不应该使大学界回避本书的第4章中所做的讨论,即研究应在何处开展,以及它如何为我们的国民生活作出贡献。

在政府考虑应将多少比例的GDP用于大学时,这些问题都应加以考量。就目前而言,不同经济体之间的差别很大。如果将私人投资和公共投资放在一起计算,在大多数旧大陆西方国家,大约有1.5%的GDP用于大学部门。英国大约就是这个比例,而美国会略多一些,欧洲大陆的大部分地区则介于两者之间。在中国,伴随着其大学部门的指数级增长,目前该项投资占GDP的比例要比西方国家高得多。但随着中国高等教育体系的成熟以及近期的大宗资本投入,这一比例可能会有所下降。由于本书的前几章中所论述的原因,大学对于国民生活的贡献在未来几年不太可能变得无足轻重。青年人群入学率的不断提高、大学在学生毕业后生活中的参与度大幅增加、大学科研成果(尤其是跨学科研究成果)的重要性,尤其是伴随着信息革命的持续性指数级发展,人们对于教育和知识的日益关注,所有这些都使得大学在国家和社区生活中的地位将在未来几十年中加强而非削弱。

有鉴于所有这些因素,高等教育投资占 GDP 百分比很有可能会在未来两三年内增加。但这个结果绝不是预先注定的。在竞争激烈的公共资源领域,大学未来在资源配置方面绝对没有自满的余地。在大学的世界里,片刻的高枕无忧是没有意义的——资源的问题和大学的公共价值必须不断地被提出和证明。

这就是为什么在本书中我们将重点放在我们所认为是大学的四大支柱性角色上:

- 了解世界的变化并对此作出解释;
- 提供利用变革过程实现总体利益的方法;
- 教育和培养掌握应对变革所需技能的专家;
- 在全社会中营造一种崇尚知识的氛围和文化,继而促进相互理解和崇尚科学的美德。

实现它们中的每一项都是困难的,并且维持住这种角色会更加困难。达成其中的任何一个目标都有赖于大学专注而坚定的行动,而其中每一个目标的达成都会为社会潜力和经济实力的提升作出巨大贡献,这足以证明为我们的大学投入 GDP 中相对较小的比例是物超所值的。

大学需要在实践中致力于实现这些雄心壮志、直面具有改革意义的挑战,并解释和证明它们将如何实现这些目标,以此告诉民众它们值得拥有所需要的支持。

第 11 章 结语

本书的核心是坚信在加速变革的世界中,高质量的大学是帮助我们应对巨大挑战的最佳途径。我们已经列出了我们认为应该采取的四种举措。我们同时也认为大学有必要做出重大的改变,方能完成这些举措。在本章中,我们总结了在每一章中所得出的结论,首先是针对大学本身,其次是针对政府。这些观察是围绕英国的环境撰写的,但原则上也适用于我们所关注的其他国家。实际上,这本书所要传递的最重要信息是,大学能够且应该决定它们自己的命运,以及它们将有能力作出何种重要的贡献。与此同时,政府应该建立某种框架和系统以支持这种贡献的实现。我们的论点如下。

❧ 对于大学 ❧

使命与战略

大学应将应对瞬息万变世界中的挑战置于自身使命的中心。大学应该清晰地界定其工作路径:

- 了解世界的变化并对此作出解释；
- 提供利用变革过程实现总体利益的方法；
- 教育和培养掌握应对变革所需技能的专家；
- 在全社会中营造一种崇尚知识的氛围和文化。

它们应该清楚地解释实现其使命和诸多愿景的策略，它们应该将之建立在对大学在历史上对当地、国家，以及国际社会所作出贡献的叙述之上——包括它们曾发挥过的那些最有功效的作用——并为大学提出明确的转型方案。它们应开拓及发展大学未来的国际活动，包括为国际学生提供服务。

就大学的战略而言，一个明确的组成部分应该是发展与当地社区的相互关系，包括与当地商业界、工业界以及公民领袖的关系。这应该包括与这些合作伙伴和当地其他大学讨论该地区未来最佳的大学科研与教学形式，并考虑应采取哪些步骤来实现这一目标。

大学需要在实践中致力于实现这些雄心壮志、直面具有改革意义的挑战，并解释和证明它们将如何实现这些目标，以此告诉民众它们值得拥有所需要的支持。在此基础上，它们应该不断地证明大学对于整个社会的效用和价值。

治理与领导力

大学应建立更好、更清晰的招聘和解雇大学领导的流程，并审查其治理模式，使它们能够更好地应对未来的挑战。

它们应该从如下两个角度来优化学者的职业生涯：提升各级机构领导的素质，以及创造一种学术职业架构，使之既能体现更为现代的职业生活场景，又能确保学者完全有能力发挥出社会所需要的重要作用。这样它们才能使社会其他领域保持对大学的信心。

大学应针对校长的薪酬和资质建立透明的制度,它们应该采取积极的举措来促进大学共同体的多元化和相互尊重。

大学应更加努力地建立促进跨学科研究与教学的内部结构,并与其他大学建立牢固的伙伴关系。这很可能意味着打破一些现有藩篱。

它们应采取措施,明确区分其科研和教学预算,以提高透明度并建立民众对其使命的信心。它们还应致力于获得慈善性质的资金支持,积极发展捐赠基金,并为校友提供教育服务。

大学准入

大学应与当地学校和学院建立牢固的关系,开发各种类型的入学机制和大学预科课程,以鼓励来自更广泛社会群体的入学申请,并通过制定相应的招生政策和资助计划,激励来自最贫困社区的学生入学。

它们应审查他们的录取标准,以鼓励处于人生各个阶段的申请者,例如成年学生的申请。相关的举措可能包括提供更多的延期入学安排,以便学生在上大学之前获得更广泛的课外体验。

教学与工作

大学应努力提高教学质量和对所有学生的人文关怀。这包括在他们的课程中引入更多的国际元素,例如语言和文化教育。它们应持续专注于维持学术标准,包括采取各种措施避免"成绩通胀"。

大学应在其主要研究和教学领域与地方性和全国性的雇主建立牢固的关系。它们在开发课程时应着眼于学生未来的就业能力与工作,这包括为新的工作和学习模式作准备,也包括建立具有多元化入学时间点的终身教育课程结构及系统。它们应该提供一系列持续专业发展和专业知识更新课程,以及各类研究生学位项目入学机会,让学生可以选择在人生的各个阶段入学——无论是刚刚离开校园抑或是毕业已久。其教育形式将主要是非全日制和在线的。

它们应准备引入可能会对其校园的性质产生重大影响的新型教学技术。此外,大学应大力捍卫其民主文化和权利意识,以确保其仍然是真正言论自由的堡垒。

科研

大学应将研究重点放在解决问题、迎接重大挑战,以及发展能够阐明我们将如何应对变革的知识上,尤其是在那些证据最薄弱的学科中。它们应该在世界范围内(包括在发展中国家)建立更强大的系统性国际研究伙伴关系。

它们应该发展在地化研究和"知识转移",以加强地方经济的发展,并围绕自身积极组织起研究人员网络,与其他大学、继续教育学院以及本地高中的教师共同开展研究工作。

✽ 对于政府 ✽

使命与战略

政府应定期阐明它们希望大学为国家经济社会发展所作出何种贡献,并说明它们将以何种方式支持和促进其实现。它们应激励和奖励那些将应对变革置于其工作中心的大学。

政府对使命及战略的阐释应基于对该国大学历史及贡献的清晰叙述，以及大学希望以何种方式发展以应对未来的挑战。

该战略应包括建立一个全面的小学后教育及培训框架，该框架既要涵盖至关重要的 14—19 岁年龄段教育，也要促进全民终身学习。这需要兼具弹性和活力的资金基础。

政府应确保这些问题在议会和其他地方得以公开辩论，以便使该国正视问题和挑战，并及时解决这些问题——这包括了解这些挑战对公认的国家体系和大学文化意味着什么。政府应该考虑它们可以提供何种激励措施来促进在全国范围内建立更合理的高等教育供给模式。

地方、区域以及国家层级的政府应制定鼓励大学从战略层面建立功能强大、富有成效，以及具有持久性的合作伙伴关系，以支持大学在当地的经济社会参与度。

政府应促进雇主（私有及公有）与大学以及更广泛的教育系统就相互支持和满足彼此需求的方式进行系统性和建设性的对话。

政府与大学的领导者

政府应与大学合作，建立一个更强大的协作框架，以培养高等教育部门的领导者。它们应该支持广受认可及有效的领导力培训机构，并与大学合作制定明晰的"成功的大学领导者"指标。

它们应该减少学生事务办公室（Office for Students）的监管作用，鼓励大学承担自己的领导责任；它们应改革资助制度以促进大学的独立性。政府应认真审核任何一项允许单一学科机构使用"大学"名称的决定，这类决定在英国最近才发生过。

准入与资助

政府应承诺继续扩大大学教育的机会,特别是向那些社会经济地位较低人群提供教育机会,同时应继续审视那些有助于社会各阶层更好地进入大学的举措,包括为某些群体提供学生助学金、更好的大学—高中合作关系,以及更有效的大学申请程序。这些计划应特别针对处于最低经济社会地位的人群。

政府应与大学合作,制定一个可以促进终身学习的全国性框架。这将包括资助终身学习的新方式、与专业教育机构的合作,以及针对其他大学学习模块和资格的认证框架,以激励人们在已有资历的基础上开展进一步的学习。

资助系统应鼓励学习形式的多样性。政府应创建一个具有可持续性的法律和资助框架,以提高灵活性继而促进变革的发生。这个框架应该有明确的目标,其中应包括减少大学对国家的依赖。政府应认真考虑要求雇主为其雇用的大学毕业生支付高等教育费用。我们希望政府将学生贷款制度的覆盖面扩展到其他类别的课程项目以及终身学习,正如英国大学资金审查报告(Augar Review)所建议的那样[译者注:英国大学资金审查报告即奥加尔报告(Augar Review Report)由英国智库 Policy Exchange 发布]。

就现行制度而言,政府应降低助学贷款的还款门槛,依据与消费者物价指数(Consumer Price Index)相符的实际价格变化降低利率。维持性贷款应完全覆盖实际的学生生活费用,同时应重新向来自最贫困家庭的人群发放维持性助学金。学生应在年满18岁时被视为完全独立,并且政府应鼓励学生提前偿还学生贷款。

研究

政府应直接将更大份额的研究经费用于那些最具实力的研究型大学(这类大学约

占英国大学的三分之一),并通过各种举措促进其发展,尤其是在那些研究经费水平过低的地区。这可以通过鼓励大学合并或是建立合作伙伴关系来实现。阻碍它们成功的因素应该被消除,例如非必要的移民限制。政府应鼓励它们将自身定义为"研究型大学",并且应该在正式的政府政策中取消罗素集团(Russell Group)高校的优先地位,因为该大学集团并不包括英国所有评价最高的研究型大学。

研究资助者和大学在制定协议时,应该认识到所有学科的"蓝天研究"对于引领未来突破的重要性——伟大的大学将始终致力于"蓝天研究"并在应用领域进行探索。我们同时也认识到,对研究进行资助也是一种启迪和改变世界的手段。政府应继续奖励那些能够展现出强大社会影响力的研究,并支持那些着眼于探究如何使一个学科提升影响的研究,以此对科研活动如何能更有效地带来积极的变化加深理解。

政府应鼓励研究者和实践者之间借助诸如"What Works Network"等平台开展结构性的对话,以此增强研究的影响力。开展这种对话的力度和广度应得到加强和拓展。

出版商致谢

xv Neil Kinnock: Joe Biden plagiarised Neil Kinnock's speech in the British General Election, August 1987; **3, 5 MIT Press:** Joseph E. Aoun 'Robot-Proof: Higher Education in the Age of Artificial Intelligence', MIT Press, 26 Sep 2017 https://www.amazon.co.uk/Robot-Proof_Higher_Education_Artificial-Intelligence/dp/0262037289; **13 Queen Elizabeth:** Quoted by Queen Elizabeth; **19 The National Archives:** Higher Education Funding Council for England — HEFCE; **31 Adam Smith:** Adam Smith, 'The Wealth of Nations', who lectured in Edinburgh and was professor at Glasgow University from 1751–1764; **32 Oxford University Press:** David-Willetts, A University Education retrieved from https://www.amazon.co.uk/University-Education-David-Willetts/dp/0198767269; **48 World Economic Forum:** 'The Fourth Industrial Revolution: what it means, how to respond', https://www.weforum.org/agenda/2016/01/the-fourth-industrial-revolution-what-it-means-and-how-to-respond/; **52–53 Henry Holt and Company:** The Times Good University Guide 2020, John O'Leary, Times Books retrieved from https://www.amazon.co.uk/Times-Good-University-Guide-2020/dp/0008325480/ref=dp_ob_title_bk; **62 Times higher education: Best universities for graduate jobs: Global University Employability Ranking 2018, November 14 retrieved from https://www.timeshighereducation.com/student/best-universities/best-universities-graduate-jobs-global-university-employability-ranking; **74 United Kingdom Research and Innovation**: Mission Statement of UK Research and Innovation. Used by permission. Retrieved from https://www.ukri.org/about-us/; **77 Carnegie Classification of Institutions of Higher Education**: Created by the Carnegie Commission on Higher Education in 1970 and most recently published in 2018; **91 House of Commons**: The Office for Students' response to the Education Committee report on value for money in higher education, House of Commons; **92 The Economist Newspaper Limited**: Tsinghua University may soon top the world league in science research, Nov 17th 2018; **92 Hans Peter Hertig**: Quote by Hans Peter Hertig; **95 Higher Education Funding Council for England (HEFCE)**: King's College London and Digital Science (2015). The nature, scale and beneficiaries of research impact: An initial analysis of Research Excellence Framework (REF) 2014 impact case studies. Bristol, United Kingdom: HEFCE; **104 Hachette UK**: Agtmael, A. W., & Bakker, F. (2016). The smartest places on earth: Why rustbelts are the emerging hotspots of global innovation; **153 The Brookings Institution**: Tale of two Rust Belts: Higher education is driving Rust Belt revival but risks abound John C. Austin Wednesday, December 20, 2017; **106 Penguin Random House**: James Fallows, Deborah Fallows 'Our Towns: A 100,000-Mile Journey into the Heart of America'; **165 United Kingdom Research and Innovation**: United Kingdom Research and Innovation annual report retrieved from http://www.rcuk.ac.uk/about/aboutrcs/research-funding-across-the-uk/; **119, 121 Neil Kinnock**: Joe Biden plagiarised Neil Kinnock's speech in the British General Election, August 1987; **139 Department for Education**: Free speech in the liberal university, A speech by Jo Johnson at the Limmud Conference, Birmingham, 26 December 2017; **140 House of Commons**: House of Commons, Official Report, Parliamentary Debates Hansard, 17 May 2018; **140 House of Commons**: Serious barriers limit free speech in universities retrieved from https://publications. parliament. uk/pa/jt201719/jtselect/jtrights/589/58902. htm; **140 BBC**: 'Intolerance' threat to university free speech by Sean Coughlan, BBC News; **140 BBC**: Universities: Is free speech under threat?, by Rachel Schraer & Ben Butcher, BBC; **141 The National Archives**: Counter-Terrorism and Security Act 2015; **165 Aneurin Bevan**: Quote by Aneurin Bevan **169 Office for Students**: Quality and stand-ards, Office for Students (OfS) **175 Institute for Fiscal Studies**: Institute for Fiscal Studies, retrieved from https://www. ifs. org. uk/publications/9965; **176 Universities UK**: Higher education in numbers, retrieved from https://www. universitiesuk. ac. uk/facts-and-stats/Pages/higher-education-data. aspx **177 Higher Education Statistics Agency**: Destinations of Leavers from Higher Education 2016/17, 19 July 2018. https://www. hesa. ac. uk/news/19-07-2018/DLHE-publication-201617; **179 Her Majesty's Stationery Office**: Independent panel report to the Review of Post-18 Education and Funding May 2019. https://assets. publishing. service. gov. uk/government/uploads/system/uploads/attachment_data/file/805127/Review_of_post_18_education_and_funding. pdf, Chapter 7; **198 Lord Acton**: Lord Acton, the historian and moralist, expressed this opinion in a letter in 1887; **238 The National Archives**: Counter-Terrorism and Security Act 2015.